샬롬, 이 세상을 향한 하나님의 열정

죠이선교회는 예수님을 첫째로(Jesus First)
이웃을 둘째로(Others Second)
나 자신을 마지막으로(You Third) 둘 때
참 기쁨(JOY)이 있다는 죠이 정신(JOY Spirit)을 토대로
하나님 나라의 확장을 위해 지역 교회와 협력, 보완하는
선교 단체로서 지상 명령을 성취한다는 사명으로 일합니다.

죠이선교회 출판부는 그리스도를 대신한 사신으로
문서를 통한 지상 명령 성취와 하나님 나라 확장을 위해 노력합니다.

샬롬, 이 세상을 향한 하나님의 열정
Copyright © 2020 이대영

이 책의 저작권은 저자와 독점 계약한 죠이선교회에 있습니다. 신 저작권법에
의하여 한국 내에서 보호받는 저작물이므로 무단 전재와 무단 복제를 금합니다.

샬롬, 이 세상을 향한 하나님의 열정

이슬람 세계를 향한
총체적 의료 선교를 바라며

이대영 지음

죠이선교회

차례

추천사 · 7

들어가는 말 · 19

1장 ◆ 성경의 샬롬과 이슬람에서의 평화는 어떻게 다른가 · 23

구약 성경에 나타난 샬롬 · 26
  안부와 작별 인사의 샬롬 | 대인 관계에서의 샬롬 | 화목제를 표현하는 샬롬

신약 성경에 나타난 샬롬 · 32
  복음서에 나타난 샬롬 | 바울 서신서에 나타난 샬롬

희년 사상과 연관된 샬롬 · 38

평화의 언약: 하나님 나라, 복음, 그리고 샬롬 · 43

기독교 선교와 연관된 샬롬 · 53

이슬람에서의 평화에 대한 개념 · 59

1장 한눈에 보기 · 67

2장 ◆ 이슬람에서는 질병 치유를 어떻게 바라보는가 · 69

건강과 질병에 대한 이슬람의 관점 · 72

꾸란이 권장하는 질병 치유에 대한 이슬람의 관점과 행위들 · 76

질병 치료를 위한 이슬람의 민속적 행위들 · 79

무슬림들의 질병 치유에 대한 이해 · 92

무슬림들에게 정확한 복음을 전하기 위한 성경적 상황화 · 96

복음 진리에 기초한 질병 치유의 기적 · 105

2장 한눈에 보기 · 113

3장 ◆ 의료 선교, 어떤 방향으로 나아가야 하는가 · 115

의료 선교의 과거와 현재 · 119

총체적 선교의 이해 · 124
  분리될 수 없는 복음 전도와 사회·문화적 명령 | 총체적 선교란 무엇인가 | 총체적 선교의 개념은 어떻게 발전되어 왔는가 | 의료 선교를 통한 전인적 치유 | 이슬람 배경에서의 총체적 선교

구호, 재건, 개발 그리고 변혁 · 151

3장 한눈에 보기 · 161

4장 ◆ 아랍 세계의 기독교 의료 선교, 어떻게 샬롬을 이룰 것인가 · 163

의료 선교의 현실적 문제와 이를 극복하기 위한 제안 · 167
선교 병원의 지속적인 유지 발전의 어려움 | 현지 보건 의료 시스템과의 충돌 | 아랍 지역 의료 선교와 연관된 안전 문제들 | 기독 의료인 인터뷰

사례1: 현지 정부 병원에서의 의료 선교 · 180
'Y국-한국 친선 외과 교육 병동'을 통한 사역 | 전략적 요소들 | 현지 의료진들을 위한 다양한 수련 기회

사례2: 레바논에 거주하는 난민들을 위한 의료 사역 · 188
난민들에게 닥친 심각한 문제 | 전략적 요소들 | 레바논 의료 사역 프로그램

단기 의료 선교 사역과 그 역할에 대한 제안 · 193

의료 선교의 건강한 패러다임에 대한 제안 · 202
현지 교회 및 복음주의 단체들과의 협력 | 현지 정부 보건 의료 시스템과의 협력 | 실제적인 원칙과 계획

4장 한눈에 보기 · 218

나가는 말 · 219

참고 문헌 · 225
주 · 244

추천사

의술로 영혼을 섬기기 원하는 이들을 위한 교과서
—

나에게는 매년 두세 차례 의료 선교를 떠나는 의사 누이가 계신다. 의사가 아닌데도 매년 의료 선교팀에 참여하는 장로님과 성도님들이 계신다. 다녀온 후에 다시 갈 날을 준비하는 모습에서 '이들의' 감출 수 없는 기쁨과 감사를 본다. 동시에 의료 섬김을 받는 '그들'과 '그들의 나라에도' 도움이 되는 선교일까 고민하고, 오늘의 유익만이 아니라 지속적인 유익이 될 수 있는 의료 선교는 무엇일까 궁리하는 모습을 보았다. 애정을 가지고 수고롭게 참여한 사람만 던질 수 있는 질문이 있고 그들에게만 보이는 길이 있다. 의료 선교사로 신실하게 현장을 지켜온 목사이자 의사인 이대영 선교사의 노작(勞作)은 의료 선교에 의미 있는 길을 보여 준다. 오래도록 의술로 영혼을 섬기기 원하는 이들에게 손때 묻은 교과서로 전수되리라 확신하며 이 책을 즐거이 추천한다.

_박대영(광주소명교회 책임 목사, 〈묵상과 설교〉 편집장)

한국 교회가 아랍 지역의 선교를 통해 배우게 될 때 회복의 소망이 있다

―

지금 이 세상은 우리가 전혀 예측하지 못한 COVID-19로 인해 심각한 위기를 맞아 힘겨운 싸움을 하고 있다. 모든 것의 불확실성이 많은 사람을 두려움으로 이끌고, 사회는 더욱 양극화되어 가고 있다. 종교적으로는 근본주의자들의 폭력성이 세상에 위협을 가하는 상황이다. 특별히 한국 사회에서는 "기독교인이라서 죄송하다"는 문구가 나올 정도로 교회들의 이기적인 말과 행동이 지탄을 받고 있는 시기다. 이런 상황에서 「샬롬, 이 세상을 향한 하나님의 열정」이라는 책이 나오게 되어 어둠에 한 줄기 소망의 빛이 비춰짐을 본다.

샬롬은 깨어진 이 세상을 향한 하나님의 비전이고, 또한 이 세상을 향한 하나님의 열정이다. 샬롬은 하나님이 창조하신 모든 창조물이 그분이 의도하신 대로 모두 제대로 되어 있는 것을 의미한다. 샬롬은 개인주의적으로 접근할 수 없다. 샬롬은 공동체적이다. 샬롬은 모두가 더불어 잘 사는 세상을 꿈꾼다. 샬롬은 유대교, 이슬람교, 그리고 기독교가 모두 중요하게 다루는 것이며, 이를 추구한다. 그렇기에 아랍 지역 선교를 위한 주제를 샬롬으로 생각하는 것은 아주 중요하고 적절하다. 그뿐 아니라 전인적인 치유를 목표로 하는 샬롬이 의료 선교의 주제로도 무척 타당하다고 할 수 있다.

선교 신학에서도 평화는 하나님의 선교(*missio Dei*), 복음, 하나님 나라와 같은 성경의 큰 주제와 더불어 다루어지는 중요한 주제다. 하나님 나라, 즉 하나님의 통치 결과는 평화이기에 매일 "나라가 임하시오며"라고 기도하는 우리는 평화를 향해 걸어가고 있다. 평화의 반대말은 폭력이고, 폭력의 극단적 표현으로 드러나는 것이 바로 전쟁이다. 그렇기에 폭력과 전쟁으로 얼룩진 아랍 지역에 총체적 의료 선교를 통해 평화를 이루는 작업은 참으로 중요하다. 더구나 영혼 구원을 위한 선교가 아닌 전인적인 회복을 추구하는 총체적 의료 선교로써의 접근은 필수라고 할 수 있다.

이 책은 타당하고 적합한 주제와 접근으로 나아가면서 또 다른 중요한 이슈를 생각하도록 이끈다. 그것은 교회의 존재 목적이다. 교회는 지역 사회, 더 나아가 세상을 섬기기 위해 존재한다는 것을 암시한다. 저자는 의료 선교사도 지역 교회의 파송과 더불어 선교하는 가운데 선교지의 지역 교회들과 연대하는 것이 중요하다고 역설한다. 특히 4장에 나오는 선교에서 지역 교회들의 중요성에 대한 내용은 아랍 지역으로 선교사를 파송했던 한국 교회가 교회의 DNA를 제대로 회복해야 하는 때가 되었음을 알게 한다. 한국 교회가 다시 아랍 지역의 선교를 통해 겸손히 배우게 될 때 우리에게 회복의 소망이 생길 것이다.

지금 인류는 긴급하고 힘겨운 도전에 직면해 있다. 우리는 어떻게 옛 세상과 방법들을 단념하고, 모든 생명체가 번영할 수 있는 샬롬의 세상을 빚어 낼 수 있는지를 배워야 한다. 이 책은 선교에서 어떻게 모두 함께 생명을 향해 나아가야 하는가를 아랍 지역을 예로 들어 보여 준다. 그런데 이 책이 말하는 공동체적 가치는 모든 지역에서 유효하다. 작게 시작하지만 관계를 최우선 순위에 두고 사역해야 하는 것은 하나님의 선교에 동참하는 우리 모두에게 적용되는 것이다.

이 책은 이대영 선교사에게서만 나올 수 있는 내용으로 채워졌다. 의료 선교사로 사역하는 가운데 신학과 선교에 대한 목마름으로 배움의 여정을 걸으며 실천과 성찰의 반복을 다룬 내용이다. 이대영 의사, 선교사, 목사, 박사는 아랍권 의료 선교에 대한 심오한 통찰을 가지고 있으며, 이에 대해 아주 유용한 논문을 썼다. 그것이 이번에 책으로 출판되어 나왔다. 이것은 하나님의 부르심을 받아 순종함으로 반응한 한 사람의 모든 경험이 통합되어 나온 결정체다. 물론 이러한 결과물의 배경에는 아내 서현정 선교사의 전적인 후원이 있었음을 인정하지 않을 수 없다.

_서경란(미국 풀러신학교 선교학 교수)

의료 선교의 바른 방향을 안내해 줄 지침서

―

외과 의사인 이대영 선생은 간호사인 아내 서현정 선생과 함께 이슬람 국가 중에서도 강경하고 매우 열악한 Y국에 들어가서 의료 선교 활동을 했다. 전통적인 선교 병원이 아닌, 현지 정부 병원에 들어가 'Y국-한국 친선 외과 교육 병동'을 개설하여 현지 의사들과 간호사들을 훈련하는 프로그램을 진행하였으며, 레바논에서는 중동 지역 전쟁으로 이웃 나라에서 온 난민들을 위한 의료 사역을 진행하였다. 이대영 선생은 과거 의료 선교가 세계 선교에 어떠한 역할을 해왔으며, 앞으로의 변화에 맞춰 어떠한 모습으로 역할을 해나가야 하는지 고민하고 광범위하게 연구한 결과를 이 책을 통하여 나누고 있다.

모든 선교가 총체적 선교가 되어야 하듯이 의료 선교도 총체적 선교가 되어 복음 전도와 사회·문화 명령을 함께 통합하고 실천하여, 선교 현지에 효과적으로 하나님의 교회를 세워 나가야 한다는 결론을 제시한다. 저자는 이 책에서 왜 의료 선교가 총체적이어야 하는지를 잘 설명하고 있다. 사회 변화, 의학 기술 발전에 따른 의료 선교의 형태가 어떻게 변화해야 하는지 말하며, 전쟁, 테러, 폭력, 무질서 등이 난무한 이슬람 나라들을 위한 적절한 의료 선교의 모습을 제시하고 있다. 특별히 현지 보건 의료 시스템을 복음의 가치로 변혁해 나갈 것과 의료 선교가 반드시 현지 교회와 함께 사역해야 함을 강조하고 있다.

단기 의료 선교를 나가는 교회나 단체, 개인이 단기 의료 선교의 바른 방향성을 점검해 보고 준비하기 위해 이 책은 큰 도움이 될 것이다. 또 의료 선교 단체나 현지에 있는 의료 선교사, 새로이 헌신하는 의료인들도 이 책을 읽으며 어떤 방향성을 가지고, 어떤 모습으로 현지에서 섬길 것인지 점검하기 위해 이 책은 좋은 지침서가 될 것이다. 의료 선교 전략가와 의료 선교사들이 모여서 이 책을 주제로 포럼을 가지는 것도 좋을 것이라 믿는다.

_양승봉(외과 전문의, 의료 선교사)

무슬림과 하나님 나라 사이에
다리 놓기를 시도하다

―

우리는 어떤 편견과 선입견을 가지고 무슬림을 대하는가? 여전히 슈바이처의 잘못을 반복하고 있지는 않는가? 코로나 시대에 드높아진 한국 의료의 위상으로 인해 의료 선교에 날개가 달렸다고 속으로 쾌재를 부르지는 않는가? 이런 질문에 대해 저자는 '샬롬'의 신학으로 현실적이고 구체적인 대답을 제시한다. 선교 신학자이자 의사인 저자는 신학과 현장에 대한 균형을 유지하며 능숙하게 두 왕국, 즉 무슬림과 하나님 나라 사이에 다리 놓기를 시도한다. 특히 치유 신학에 대한 성찰을 통해 우리가 열망해야 할 샬롬은 제국주의적 선교나 우월감에서 발현된 동정, 고급 서비스에 끼워 파는 부록과 같은 복음이 아니라 무슬림의 신학, 문화, 관습, 가치들을 공평히 대하는 데서 출발하는 샬롬임을 깨닫게 한다. 그러므로 이 책의 주석에는 신학 서적부터 의료 저널, 심지어 무슬림 문화에 관한 웹사이트까지 담고 있는 성실함을 엿볼 수 있다.

따라서 이는 의료 선교를 재능 기부 정도로 여기는 신자들이 꼭 읽어야 할 책이다. 현장에서의 풍부한 경험과 샬롬 신학의 깊이를 아우르는 저자의 솜씨는 독자들이 사역의 경험으로 인해 빠지기 쉬운 완고함이나 현장과 동떨어진, 이른바 '원론'에 사로잡히지 않게 해준다. 기독교인들의 감성을 사로잡기 위해 무슬림의 실상을 왜곡하거나 과장하지 않으면서도 거시적으로는 여러 사역의 연합을 통한 총체적 복음과 미시적으로는 질병 치유에 대한 샬롬의 실천을 제안한다. 선교가 보고를 위한 과정이자 홍보를 위한 수단이 되어 버린 오늘날의 현실 속에서 저자는 스스로 뼈아플 수 있는 대담한 비판도 마다하지 않으며 의료 선교가 나아가야 할 방향, 곧 전인적 치유에서부터 사회 구조의 변혁을 역설한다.

끝으로 실제 현장에 대한 구체적인 제안과 냉철하지만 냉담하지는 않은 현실적 문제에 대한 고민은 섣부른 해답이 아닌 묵직한 과제를 남긴다. 그렇기에 이 책은 의료 선교를 꿈꾸는 이들에게 교과서가 되어 마땅하다.

_윤성현(런던갈보리교회 담임목사, 번역가)

아랍 세계를 사랑하여 샬롬의 통로가 된
한 의료 선교사의 애정과 노력

—

'평화', '샬롬', 이 말은 코로나 팬데믹의 긴 터널을 지나는 2020년에 전 세계 모든 이에게 공히 절박한 단어이며 원하는 상황일 것이다. 이대영 선교사의 이 책이 어두운 터널을 지나는 이들에게 가야 할 길, 도래할 상황에 대한 소망을 불어넣을 수 있지 않을까 하는 마음으로 이 책을 읽었다. 질병이나 상처로 고통받는 이들은 친절하고 믿을 수 있는 의료진을 만날 때에는 안도감을 갖고, 순적한 치료 과정 회복에 대한 확신을 가질 때에는 마음의 평화를 누린다. 육신 회복의 과정처럼 영혼의 평화를 누림이 바로 이와 같을 것이다. 평화의 진정한 의미와 영육의 평화가 몹시 절실한 아랍 세계를 사랑하여 샬롬의 통로가 된 한 의료 선교사의 애정과 노력이 이 책에 담겨 있다. 그가 사랑한 아랍, 레바논의 난민들에게 영과 육의 샬롬이 지금도 계속되기를 바란다.

이 책은 샬롬의 의미를 성경적으로 조명하며 아랍 지역에서의 샬롬과 묘한 대비를 보게 한다. 구약과 신약을 넘나들며 소개된 '샬롬'의 의미와 가치가 예수님의 사역, 하나님의 나라로 연결되는 내용이라 신학적인 가치뿐 아니라 살아 있는 소망으로 읽는 이의 가슴을 뛰게 한다. '적대감이 없는 상태'로도 설명되는 샬롬은 테러와 전쟁, 그로 인한 불안의 소용돌이에 휩싸인 아랍, 특히 가혹한 상태로 내몰린 평범한 이들에게 가장 절박한 소망일 것이다. 그들에게 평화가 속히 임하기를!

의료 선교사인 저자가 발견한 아랍 지역의 질병에 대한 현상들과 관점들은 매우 흥미롭다. 꾸란의 기록들과 민속적으로 내려온 질병에 대한 무슬림들의 관점과 행동에 대한 내용은 앞으로 무슬림들을 섬길 의료 선교사라면 꼭 읽어 봐야 할 내용이다.

　이대영 선교사의 저술 과정을 생각하니 성경적, 사회학적 고증을 위한 노력, 평화가 간절한 이들과 호흡하며 의료 선교의 방향을 제시하기 위한 고민으로 정작 본인은 한동안 평화를 못 누렸으리라 예상된다. 그 인고의 시간을 뒤로하고 책으로 열매가 맺힌 지금, 하늘의 평화를 맘껏 누리길 바란다. 이 책은 무슬림들에게 하나님의 평화를 흘려보내는 의료 선교사들, 무슬림 사역자들에게 큰 도움이 될 것이기에 한 사람의 동역자로서 저자에게 깊은 감사를 드린다.

　일단 이 책은 잘 읽힌다. 재미있고 흥미롭다. 또한 유익하다. 모든 그리스도인이 샬롬의 의미를 깊이 이해하고 소망하도록 돕는 내용으로 가득하다. 이 책을 놓치지 마시라!

_이대행(선교한국 사무총장)

의료 선교의 현장 이야기와 이론적 연구, 둘 다를 충족하는 책

―

하나님의 선교는 하나님의 열심으로 끊임없이 펼쳐지고 있다. 복음을 듣고 구원의 은총을 누리게 된 자들이 복음을 전하게 하심으로 말이다. 복음을 전하며 그리스도의 사랑을 나누는 길에는 목회자뿐만 아니라 의료진을 비롯한 다양한 전문직 종사자들의 헌신과 섬김이 있고 이것은 효과적인 것도 사실이다.

이번에 Y국과 레바논에서 의료 선교로 오랫동안 섬겼던 이대영 선교사가 그동안의 다양한 사역 경험과 연구를 바탕으로 현장감과 깊이가 있는 아랍 지역을 위한 총체적 의료 선교에 대한 책을 내게 됨을 매우 기쁘게 여긴다. 어느 분야든 현장 이야기 없이 이론적 연구만 있는 것과 이론적 연구 없이 현장 이야기만 모은 것은 둘 다 아쉬움이 크게 남는다. 그런데 이 모든 것을 충족하는 책이 나오게 되니 매우 기쁘다. 무엇보다 그동안 이대영 선교사의 선교 사역을 위해 함께 기도하며 응원하는 가운데 경험한 그의 인격과 열정은 늘 자랑스럽고 미소를 띠게 하는 하나님의 사람이며 동역자임을 확신한다.

이처럼 모든 면에서 귀한 선교사의 경험과 연구를 담아 나오게 된 이 책은 앞으로도 계속되어야 할 선교 사역의 정책을 수립하고 준비하는 일에 도전과 길잡이가 될 것으로 기대하며, 기쁨으로 이 책을 추천한다.

_임만호(드림교회 담임목사)

빛나는 성찰과 끈질긴 도전, 그리고 뜨거운 씨름의 흔적들

―

20년째 의료 선교 단체에서 일하는 사람으로서, 최근 10여 년간 가장 커다란 도전은 총체적인 선교와 지속 가능한 사역에 대한 고민이었다. 주지하다시피 하나님 나라와 복음은 한 영혼을 살릴 뿐만 아니라 이를 둘러싼 모든 환경에서 하나님 나라를 경험하게 하는 것을 추구한다. 그러나 현실에선 1-2주간의 단기 의료 사역이나 그저 연례행사처럼 의약품이나 의료

인력 지원 등을 통해서 현지에 있는 일부 환자를 돕고 섬기는 수준에 머물러 있다. 게다가 대부분의 이슬람 지역에서는 이마저도 녹록지 않은 게 현실이다.

이처럼 의료 선교의 한계와 제약들이 노출되는 상황에서 아주 엄격한 무슬림 국가, 그리고 비교적 여유가 있는 다른 아랍 지역에서 연이어 사역하면서 실제적인 의료 사역의 총체성에 대한 고민을 거듭해 온 이대영 선교사의 이 책은 정말 반갑고 고맙다. 저자는 단지 선교지의 의료적 필요를 채우는 것에 만족해서는 안 되고, 보건 의료 사역을 통해서 그 나라 사람들이 하나님 나라를 미리 맛보게 하고, 나아가 예수 그리스도와의 인격적 만남을 통해서 하나님의 샬롬을 경험하도록 모든 역량을 집중해야 한다고 역설한다. 또한 의료 선교는 환자 개인을 위한 의료적 도움에 그치지 않고, 현지 보건 의료 체계를 복음적 가치로 변혁할 수 있는 기회를 추구해야 한다고 우리를 설득한다.

저자는 아랍 지역에서 오랜 사역 경험을 갖고 있다. 현지 병원에서 현지 의료인들을 도울 때, NGO의 이동 진료 사역에서 난민들을 돌볼 때, 보건 의료 체계에 대한 치열한 고민과 밤샘 토론을 할 때, 저자의 열정과 헌신을 지켜본 한 사람으로서 나는 그가 이 모든 글을 얼마나 많은 생각 속에서, 얼마나 뜨거운 가슴으로 토해 냈는지를 잘 알고 있다. 저자는 이 모든 경험과 고민들을 토대로 지속 가능하고 실제적인 방안을 제시하는데, 이 부분을 읽을 때는 매우 감격스러웠다. 특히 현지 문화에 대한 깊은 이해와 인격적이고 치료적인 관계 형성을 통해서 선교사 주도가 아닌, 선교지의 교회와 병원이 주도적인 역할을 하도록 돕자는 주장은 탄성을 절로 불러 온다. 다른 선교 분야도 마찬가지지만 의료 선교는 현지 교회와 병원들에게 그들이 이 모든 사역에 궁극적으로 책임이 있음을 인식하게 하고, 스스로 보건 의료 역량을 강화하도록 해야 하기 때문이다.

만시지탄! 이 책을 읽고 난 후 무릎을 칠 정도로 안타까웠다. 이런 책이 10년 전에만 나왔더라면 어땠을까? 그래서 의료 선교와 국제 보건에 관심 있는 모든 사역자와 참여자, 후원자가 의료 선교와 보건 의료 사역이 갖는 통합성과 총체성, 그리고 지속 가능한 보건 의료 사역에 대한 고민을 시작하게 되었더라면 좋았을 것이라는 아쉬움이 크게 남는다. 지금이라도 이 빛나는 성찰과 끈질긴 도전, 그리고 뜨거운 씨름의 흔적들을 만나 보기 바란다.

_조계영(한국누가회 선교부 사무국장)

샬롬과 치유라는 두 가지 관점으로
복음과 선교를 돌아보다

—

이 책은 Y국과 레바논, 분쟁과 폭력의 땅에서 20년을 보낸 한 의사의 성찰이다. 의료를 통한 복음 전도를 하고자 했던 그의 열망은 하나님이 약속하시고 열망하시는 평화, 샬롬을 소망함으로 자라났다.

이 책은 독자로 하여금 샬롬과 치유라는 두 가지 관점으로 복음과 선교를 돌아보게 한다. 상처와 손상이 있는 몸의 회복을 넘어서 풍성한 샬롬의 삶을 우리에게 주시기를 열망하는 하나님을 생각하도록 도와준다. 또한 샬롬과 치유라는 관점을 통해서 이슬람과 무슬림들을 바라보게 하며, 그들이 그리스도인들과 그렇게 멀지 않은 사람들임을 깨닫게 해준다.

분쟁과 두려움, 상처와 질병뿐만 아니라, 무지와 편견, 불신이라는 점에서도 우리 모두에게 복음이 필요하다.

하나님의 샬롬이 어떻게 우리를 통해서 다른 이에게 전해지고 현실에서 가시화될까? 치열한 현장에서 보낸 세월은 저자로 하여금 다음과 같은 결론을 내리게 한다. 선교는 크고 거대한 것이 아니라 사람들과 동행하며 작지만 선한 일을 실천하는 것, 그리고 사람들과의 관계를 소중하고 깊게 여기며, 그들이 사는 지역 공동체가 성장하고 역량이 스스로 자라도록 돕는 것이다.

생각해 보면, 이 길은 예수님이 이 땅에서 사셨던 방식이며 하나님의 샬롬을 증거하신 방법이었다. 의료인이나 선교사들뿐만 아니라, 예수 그리스도의 제자로 살고자 하는 모든 이에게 이 책을 추천한다.

_조샘(인터서브코리아 대표)

들어가는 말

샬롬(shalom)[1]은 모든 인간과 전 창조 세계에 대한 하나님의 궁극적 열망이다. 샬롬은 하나님이 약속하신 가장 근본적인 은총이고, 예수 그리스도를 통해 우리에게 현실화될 수 있다. 아랍 지역[2]의 많은 사람은 끊임없는 전쟁과 폭력, 그리고 그 결과로 인한 심각한 난민 발생의 고통을 받고 있는데, 기독교 선교는 이슬람[3]에 의해 눈이 가려진 많은 무슬림과 진정한 샬롬을 나누어야 할 중대한 요청을 받고 있다. 이 책을 통해 샬롬의 성경적 개념을 이해하여 어떻게 기독교 선교가 성경적 가치를 드러내고, 폭력과 전쟁으로 인해 다치고 상처 입은 사람들을 그리스도의 사랑으로 섬길 수 있을지 살펴보기 원한다. 또한 의료 선교가 당면한 많은 도전을 극복하고 더욱 건강한 모습으로 섬기기 위해 선교적 원칙과 전략을 검토하고자 한다.

기독교 선교는 절망과 두려움으로 고통받는 사람들이 예수 그리스도의 복음을 통해 샬롬을 누릴 수 있고, 그들을 속박하는 죄에서 자유롭게 될 수 있음을 보여 주어야 한다. 최근 아랍 지역의 정치적, 종교적 상황이 기독교 선교에 어려움을 주고 있지만, 오히려 복음을 들어보지 못한 많은 미전도 종족과 아랍 무슬림들에게 복음이 전해질 수 있는 길이 열리게 되었고, 이 가운데 의료 선교는 중요한 역할을 하고 있다. 이런 상황 가운데 우리는 지난 선교 사역을 철저히 평가하여 선교지에 장기적이고 근본적인 변혁을 일으키기 위한 더 나은 원칙과 전략을 계속 발전시켜야 한다.

의료 선교는 질병 치료를 베풀면서 복음을 들어 보지 못한 많은 사람에게 복음을 나누는 체계화된 도구다. 하지만 의료 선교의 긴 역사와 현재의 활발한 활동에도 불구하고, 그 원칙과 전략에 대한 적절한 평가가 이루어지지 않고 있는 것이 현실이다. 의료 선교는 다양한 모습으로 선교지를 섬기는데, 이런 여러 형태의 의료 선교가 가진 각각의 장점과 단점에 대해 주의 깊게 평가하여 그 원칙과 전략을 발전시켜 나가야 한다. 지난 세기 동안 진행된 의료 선교의 역할에 대한 연구가 하나님의 선교 가운데 어떻게 더 나은 역할을 할 수 있을지에 대한 중대한 가르침을 줄 것이다. 이에 대한 주의 깊은 평가를 통해 의료 선교는 당면한 많은 도전 가운데 복음이 주는 변혁의 메시지를 더 효과적으로 전할 수 있을 것이라 생각한다. 이 책이 아랍 지역에서 무슬림들을 섬기고 있는 의료 선교사들과 더불어 많은 사역자에게 유익할 것으로 기대한다.

크리스토퍼 라이트(Christopher J. H. Wright)는 우리의 선교는 하나님의 백성으로서, 하나님의 창조 세계의 구속을 위해, 하나님이 창조하신 이 세계의 역사 안에서, 하나님이 이끄시는 하나님의 선교 가운데, 하나님의 초대와 명령에 대한 우리의 헌신적 참여를 의미한다고 설명하는데,[4] 의료 선교 역시 이 세상에 대한 하나님의 포괄적인 계획 가운데 세상을 회복하는 사역에 부름받았다. 이 책을 통해 많은 사람이 하나님의 선교에 대해 더 깊이 이해하고 그분의 뜻에 맞게 동역할 수 있기를 기대한다.

무엇보다도 사랑과 믿음으로 처음부터 지금까지 아름다운 친구로, 그리고 동역자로 함께해 준 아내 서현정 선교사와 아기의 모습으로 엄마, 아빠 품에서 같이 한국을 떠나 이제는 어엿한 대학생들로 자란 지우, 지민이에게 마음속 깊은 곳으로부터의 사랑과 감사를 전한다. 너무나 부족한 사람을 선교사의 영광스러운 자리에 불러 주셨을 뿐만 아니라, 온갖 어려움 속에서도 잘 견디고, 주어진 삶과 사역을 잘 감당할 수 있도록 해주신 하나님을 찬양하며 모든 영광과 찬양을 그분께 돌려 드린다.

1장 ──────── 성경의 샬롬과 이슬람에서의 평화는 어떻게 다른가

일상의 삶에서 모든 사람은 평화를 갈망하지만 전 세계는 지속적인 전쟁과 폭력에 시달리고 있다. 최근 과학과 기술의 놀라운 발전이 인간의 삶을 편리하게 했음에도 불구하고 범죄, 전쟁, 대량 학살, 인종 차별, 테러, 불평등한 배분과 자원의 오남용, 핵 시설의 위협 등 많은 사회적 문제는 여전히 모든 인류에게 심각한 도전들이다. 과학과 물질적 발전이 우리에게 온전한 평화와 행복을 가져다주지 못할 뿐만 아니라 오히려 인류를 더욱 비인격적으로 만들어 가고 있다는 사실도 부인할 수 없는데, 이러한 사실은 인간 스스로 인간의 근본적인 문제를 해결할 수 없다는 한계를 인정하게 한다. 세계가 당면한 문제들 중 많은 부분이 종교, 이데올로기, 사회적-정치적 시스템에서 발생한 오해와 차이, 인간의 자기중심적 욕심들과 연관되어 생겨난다. 이 문제들은 대부분 사람이 내리는 결정에 좌우되기 때문에 사람들이 더 나은 결정을 내린다면 많은 문제가 해결될 수 있을 것이라는 기대도 할 수 있다.

기독교 선교는 이런 세계적인 혼란 속에서 샬롬의 메시지를 나누는 데 중요한 역할을 해야 한다. 샬롬은 특별히 의료 선교에서 환자들을 돌보며 더 나아가 그들의 지역 사회를 회복시키는 모든 행위에서 실현될 수 있는데, 이는 의료가 근본적으로 모든 생명의 존엄성을 인정하고 그의 온전한 회복을 소망하기 때문이다. 먼저 성경에서 샬롬이라는 단어가 어떻게 사용되고 있는지를 검토하고 샬롬의 성경적인 개념을 살펴보자.

구약 성경에 나타난 샬롬

제임스 스완슨(James A. Swanson)이 구약 성경에서 사용된 다양한 형태의 '샬롬'에 대해 잘 설명해 준다.

> 구약 성경의 샬롬은 히브리어로 שָׁלוֹם([šā · lôm]: Strong's 3073, 7965)이다. 그리고 그 뜻은 (1) 평화, 번영, 즉 호의적인 환경의 온전한 상태 (2) 완전, 즉 집합적인 전체성 (3) 안전함, 구원, 즉 위험으로부터 자유로운 상태 (4) 건강, 즉 질병이 없는 상태, 그리고 온전함 또는 안녕 (5) 만족, 평온, 즉 기본적인 필요나 그 이상이 채워져서 만족한 상태 (6) 친구, 동료, 즉 서로 애정이나 존경을 가지고 함께하는 사람 (7) 축복, 즉 다른 사람에게 친절을 베푸는 행위 (8) 야훼 하나님(שָׁלוֹם יהוה [YHWH]) 야훼는 평화, 즉 제단의 이름 (9) 평화의 왕자(שַׂר שָׁלוֹם (śar šā · lôm, [Prince of Peace]), 즉 메시아의 이름[1]

테리 맥고니걸(Terry McGonigal)은 샬롬을 하나님의 창조 세계에서 그분의 영광을 드러내는 하나님 나라의 표현이라고 설명한다.

> 하나님의 다양성에 대한 계획과 그로 인한 기쁨은 창조 이야기 전체에 가득 담겨 있다. 이는 질서, 관계, 청지기 직무, 아름다움과 리듬이 샬롬의 필수적인 기반으로서 묘사되고 있는데, 이것이 바로 하나님이 우주를 계획하신 방법이다.[2]

샬롬을 위한 하나님의 사역은 창조 세계와 전 인류 역사를 통해 표현되고 있다. 비록 성별, 종족, 국적, 민족 등의 차이를 둘러싸고 나타나는 많은 충돌과 대립이 있다 하더라도, 샬롬은 인류에게 예수 그리스도의 구속 사역을 통해 하나님과의 관계가 회복된다는 메시지를 전해 준다.

안부와 작별 인사의 샬롬

히브리어 샬롬은 안부와 작별 인사에 자주 사용되었다. 하나님은 기드온과 만나셨을 때, "너는 안심하라(Peace to you). 두려워하지 말라. 죽지 아니하리라"(삿 6:23)라고 말씀하셨다. 이 인사가 사사기 19장 20절에도 나타나는 것을 보면 이스라엘 가운데 흔히 사용되는 안부 인사로 여겨진다.

샬롬이 출애굽기 4장 18절에서는 작별 인사로 사용된다. 모세가 이집트에 있는 그의 형제에게 돌아가기를 원했을 때, 모세의 장인 이드로는 모세에게 "평안히 가라"(Go in peace)고 했고, 사무엘상 1장 17절에서도 엘리가 한나에게 동일한 작별 인사를 하고 있다.[3] 또한 아닥사스다 왕이 방백 르훔에게 답장을 보냈는데, 이 편지에서 "평화"(peace, שְׁלָם[šelām])라는 인사로 시작하고 있다(스 4:17).[4] 느부갓네살 왕 역시 백성들에게 조서를 내릴 때 처음 시작하는 인사로 "너희에게 큰 평강이 있을지어다"(단 4:1)라고 기록한다. 이처럼 샬롬은 이스라엘을 넘어서 바벨론과 페르시아까지 상당히 넓은 지역에서 안부와 작별 인사로 사용되었다.

샬롬이 인사로 사용된 경우는 신약 성경에도 많이 나타나는데, 누가복음 8장 48절이 좋은 예다. 12년간 혈루증을 앓고 있던 여인이 예수님의 옷자락에 손을 대어 치유받았을 때 예수님은 그녀에게 "평안히 가라"고 말씀하시며 축복하셨다. 오늘날에도 샬롬은 많은 사회나 문화 가운데 여전히 사용되고 있다. 어떤 사람이 "샬롬"(שָׁלוֹם לְךָ, peace to you, 당신에게 평화를)이라고 인사하면, 상대방은 "알레이켐 샬롬"(שָׁלוֹם עֲלֵיכֶם, to you, peace, 당신에게도 평화를)이라고 답하며 인사한다.[5] 이것은 아랍 지역의 무슬림들이 흔히 하는 인사와 상당히 유사한데, 아랍어로 한 사람이 '당신에게 평화를'이란 뜻인 "앗살람 알레이쿰"(السَّلَامُ عَلَيْكُم)으로 인사하면 상대방은 '당신에게도 평화를'이란 뜻으로 "와알레이쿰 앗살람"(وعليكم السلام)이라고 답한다.

페리 요더(Perry B. Yoder)는 시편 35편 27절을 해석하면서 샬롬을 행복으로 설명한다.[6] 요셉이 그의 형제들의 안녕을 물었을 때(창 43:27)와 다윗 왕이 우리야에게 요압과 군사의 안부, 그리고 암몬과의 싸움이 어떠했는지에 대해 묻는 내용(삼하 11:7)에도 샬롬이 사용되었다. 이는 사람들의 육체적, 물질적, 그리고 정서적 안녕에 대한 개념을 포함하고 있다고 할 수 있다.

데이비드 앤드류(David Andrew)는 샬롬이 하나님이 보여 주시는 하나님 나라에 대한 총체적인 비전이며, 샬롬을 하나님과 친밀함을 누리는 영적인 상태로 설명한다.[7] 또한 그는 샬롬이 단순히 분쟁이 없는 상태를 의미하는 것이 아니라, 모든 관계 가운데 생명을 가져오는 충만하고 광범위

한 안녕이 존재하는 상태라고 정의한다.[8]

대인 관계에서의 샬롬

구약 성경에서 샬롬의 주요한 뜻은 인간관계와 밀접하게 연관되어 있고, 서로 간의 이익을 위해 가치 있는 것들을 서로 교환하는 행위로 상호 의존 관계에 기초를 두고 있다. 요더는 상호 관계 가운데 샬롬을 이루기 위해 이러한 관계가 맺어진 언약대로 행할 책임을 수반한다는 것은 분명하다고 설명한다.[9] 언약의 이행을 바탕으로 한 이러한 친밀한 관계는 서로의 이익을 증대하고, 개인 또는 국가와 같은 두 개체 간의 내적 및 외적인 평화를 누리게 해준다.

하나님은 남자와 여자를 창조하시고 그 관계 가운데 온전한 샬롬을 누리기 원하셨다. 더 나아가 하나님이 창조 세계를 통해 보여 주신 다양성 가운데의 통일성은 샬롬에 대한 주요한 성경적 개념이라는 것을 기억해야 한다. 맥고니걸은 남자와 여자가 서로 사랑하는 샬롬의 관계 가운데 하나님의 거룩한 속성이 그대로 드러난다고 강조한다.[10] 하나님의 법을 사랑하는 사람들은 큰 평화를 누릴 수 있다(시 119:165)고 기록되었듯이, 우리가 샬롬을 누리기 위한 필수적인 조건은 하나님이 세우신 창조의 법과 원칙을 따르는 것이다. 개인이 누리는 진정한 평화는 하나님의 법을 순종하는 사람들에게 약속되어 있고, 이것은 사람들과의 관계뿐만 아니라 나라들 간의 관계로까지 확대된다.

하몰과 그의 아들 세겜이 야곱 가족과의 관계에서 샬롬을 언급(창 34:21)했고, 창세기 37장 4절에도 요셉의 형들이 요셉을 미워하여 그에게 편안(peaceably, KJV)하게 말할 수 없었던 상황에서 샬롬이라는 단어를 사용하고 있다. 여기에서 보듯이 샬롬은 근본적으로 대인 관계에 의존하게 된다. 더 나아가 샬롬은 이스라엘왕 솔로몬과 두로의 왕 히람과의 관계(왕상 5:12)에서도 표현되어 있는데, 여기에서는 솔로몬 왕과 히람 왕의 개인적인 관계 이상으로 국가 간의 관계와 연관성을 가지고 표현되고 있다. 대인 관계는 거의 대부분 사회나 문화 구조 안에서 일어나기 때문에 관계의 성격은 그 사회의 문화에 강하게 영향받는다는 사실도 기억해야 한다.

하나님이 원하신 샬롬은 인간의 타락과 함께 영구적으로 손상되었는데, 이는 하나님의 모든 창조 세계에 영향을 끼치게 되었고, 이 땅의 어느 누구도 온전한 샬롬을 누릴 수 없게 되었다. 맥고니걸은 이러한 샬롬 관계에 끼친 타락의 광범위한 영향을 네 가지 영역, 즉 (1) 남자와 여자(창 3:7, 12, 16) (2) 인간과 창조주-보호자 하나님(창 3:8-13, 21-23) (3) 인간과 동물들(창 3:14-15) (4) 인간과 자연(창 3:16-20)으로 설명한다.[11] 이렇게 파괴된 관계의 회복을 위해서는 하나님의 간섭이 절대적으로 필요하다.

맥고니걸은 샬롬과 어원이 같은 두 단어, 즉 '올바르게 만들다'와 '회복하다'라는 뜻의 '샬렘'(shalem)과, '화목제'라는 뜻의 '셀렘'(shelem)에 대해 설명하면서 회복에 대한 개념의 중요성을 강조하고 있다.[12] 전자는 사람들과의 수평적인 관계를, 후자는 하나님과의 올바른 수직적 관계를 표현한다. 이 개념은 출애굽 이후에 하나님이 주신 계명(출애굽기 19-40장, 레위기, 민수기, 신명기)에도 잘 나타나 있는데, 이를 통해 하나님이 먼저 주도권을 가지고 파괴된 관계에 대한 회복을 시작하셨다는 것을 명확하게 알 수 있다. 사도 바울 역시 하나님이 우리를 자기와 화목하게 하셨고(고후 5:18-19), 만물과도 화목하게 되기를 기뻐하신다(골 1:20)고 기록하며, 하나님이 주도적으로 예수 그리스도를 통하여 이 세상을 회복시키신다는 것을 알려 준다.

샬롬은 "적대감이 없는 상태"로도 정의할 수 있는데, "평안하거나 고요한 상태로 (1) 사회의 불안이 없는 상태 (2) 지역 사회가 법과 관습을 잘 지킴으로 질서가 잡혀 있는 상태"라고 규정할 수 있다.[13] 전도서 3장 8절은 전쟁과 평화를 직접적으로 상반되게 비교하고 있다. 다윗 왕은 "사방의 전쟁으로 말미암아"(왕상 5:3) 성전 건축을 허락받지 못했지만, 솔로몬이라는 이름이 샬롬(שלום)에서 유래했듯이 평화의 상징인 그가 하나님의 성전을 짓도록 허락받았다고 설명한다.[14]

최근 아랍 지역에서의 난민 상황은 다른 민족과 종교에 대한 심각한 적대감을 불러일으키고 있는데, 이는 아랍 지역을 넘어 유럽과 북미에 이르기까지 광범위한 영향을 주고 있다. 난민들의 민족적 배경은 다양하지만, 특별히 아랍 지역에서 나온 난민들에 대한 적대감과 두려움이 커져가고 있다. 유럽과 북미 지역에서 일어난 이슬람 극단주의자들의 공격적인 활동은 무슬림에 대한 사회적 반발을 일으키고 있다.

하나님에 대한 인간의 의지적인 불순종은 하나님과의 관계뿐만 아니라 인간 간의 관계에서도 더는 샬롬을 누리지 못하게 했고, 더 나아가 개인이 속한 사회와 국가 간의 관계에도 적대감을 불러왔다. 적대감은 서로에 대한 증오심을 내포하는데, 이는 모든 인간 관계에 직접적인 영향을 주고, 결국 인간 스스로 이에 대한 피해자가 될 수밖에 없다.

화목제를 표현하는 샬롬

레위기 1-7장은 이스라엘의 다섯 제사, 즉 번제(the Burnt Offering), 소제(the Grain Offering), 화목제(the Peace Offering), 속죄제(the Sin Offering), 속건제(the

Guilt Offering)에 대해 상세하게 설명하고 있다.[15] 화목제는 영어 성경(NIV)에서 "the Fellowship Offering"으로 번역되기도 하는데, 이는 샬롬과 연관된 셀라밈(שְׁלָמִים)이라는 단어로 표현되어 있다.[16] 구약의 다른 제사들은 사람들이 먹을 수 없었지만, 화목제는 예배자들이 동물의 기름을 제단에서 사른 후 하나님 앞에서 나누는 축제로서 고기를 함께 나누어 먹은 유일한 제사였다(레 3장, 7:11-21, 7:29-34).[17] 이것은 화목제가 근본적으로 하나님과 이스라엘 백성들 간의 교제임을 잘 표현하고 있다. 이 제사는 예배자가 하나님과 더불어, 그리고 다른 사람들과 평화로운 관계에 있다는 것을 의미한다.[18]

화목제는 동물의 도축과 피 흘림의 희생이 필요한데, 이는 죄로 가득한 인간과 거룩한 하나님 사이의 관계가 깨져 있음을 상징한다.[19] 그러므로 이 화목제는 인간이 하나님과 화목한 관계를 회복할 수 있게 해주는 예수 그리스도의 완전한 희생의 의미를 보여 준다. 사도 바울은 교회 안에서 이스라엘 백성과 이방인 사이의 새로운 정체성에 대해 이야기하면서 예수 그리스도와 화목제를 연결해서 설명한다(엡 2:14-19). 예수 그리스도의 온전한 화목제를 통하여 회복된 관계는 단지 인간 개인과 하나님과의 관계 회복에만 머물지 않고, 모든 창조 세계로 확대된다.

신약 성경에 나타난 샬롬

신약 성경에서 헬라어로 샬롬이라는 단어는 εἰρήνη(에이레네)인데, 이 단어의 문자적 의미는 "하나 됨, 평화, 고요, 그리고 쉼"[20]이다. εἰρήνη는 적대감, 분쟁, 무질서가 없는 상태를 의미할 뿐만 아니라, 안전하고 안정된 상태와 느낌이라는 뜻도 포함한다.[21] 이 상태는 인간을 죄와 그 결과에 의한 속박에서 해방시키고, 하나님과의 궁극적인 평화를 누릴 수 있기 위한 그리스도의 십자가 사역에 전적으로 기초하고 있다. 이 단어가 성경 이외에는 단순히 전쟁의 반대 개념으로 많이 사용되었지만, 70인역에서 훨씬 넓은 의미로 사용되었다.[22]

복음서에 나타난 샬롬

누가복음 2장은 예수 그리스도의 탄생 때 수많은 천군이 그 천사와 함께 나타나 하나님을 찬송했다고 표현한다. "지극히 높은 곳에서는 하나님께 영광이요, 땅에서는 하나님이 기뻐하신 사람들 중에 평화로다"(눅 2:14). 평화는 하나님을 기쁘시게 하는 자들에게 약속되었다. 워렌 위어스비(Warren W. Wiersbe)는 유명한 '**팍스 로마나**'(*Pax Romana*; 로마의 평화)가 주전 27년부터 이루어졌지만, 전쟁이 없다는 것이 평화를 보증하는 것은 아니라고 기록한다.[23] 로마 제국은 예수님이 탄생했을 시기에 외부적인 번영과 안정을 누리는 **팍스 로마나**를 경험하고 있었지만, 천사들은 예수 그리스도에 의한 다른 차원의 궁극적 평화를 선포했다. 윌라드 스와틀리(Willard M. Swartley)는 이 부분을 정확하게 짚어 주고 있다.

> **팍스 로마나**는 정세의 이상적인 상태, 즉 그리스-로마의 언어와 문화가 하나로 통합된 번영과 질서의 시대로 기념되었다. 이런 모습은 샬롬의 히브리적 관념과 일치한다. 그러나 **팍스 로마나**는 로마의 번영으로 표현되는 '황금 시대'가 로마의 억압으로 인해 고통받는, 수많은 정복당한 사람의 고통—샬롬에 반대되고 샬롬을 조롱하는 모습—을 통해 이루어

졌다는 사실을 포함한다.[24]

이는 샬롬의 개념을 예수 그리스도와 세상적 왕국의 관계에서 더 깊이 살펴보아야 함을 시사한다. 그리스도인은 세상적 권력 아래에 살고 있다 하더라도 단호히 예수 그리스도를 주님으로 따르는 사람들이다. 이러한 그리스도인들의 결단은 주후 첫 2세기 동안 로마 제국의 통치 아래 극심한 핍박을 받은 것과 같은 힘겨운 상황을 맞게 했고, 이는 긴 기독교 역사 가운데에도 끊임없이 나타난다. 세상의 번영과 안정이 하나님이 열망하시는 샬롬과 궁극적으로 전혀 다른 것임을 알 수 있다.

성경에서 비둘기는 평화의 상징으로 자주 사용되고, 때로는 성령을 상징하기도 한다. 노아의 이야기에 등장하는 비둘기는 하나님이 홍수로 이 땅을 심판하신 후에 평화를 선포하셨음을 상징한다(창세기 8장). 비둘기가 하나님과 인간의 화해를 통해 궁극적인 평화를 이루어 주시는 성령을 상징하는 것으로도 이해할 수 있다. 12명의 제자들을 보내실 때, 예수님은 제자들이 세상에서 핍박당할 것을 예상하셨기 때문에 "너희는 뱀같이 지혜롭고 비둘기같이 순결하라"(마 10:16)고 요청하셨다. 예수님이 세례받으셨을 때 사복음서 모두에서 성령을 비둘기로 그리고 있는 것은 하나님과의 평화를 상징하는 것으로 큰 의미가 있다. 비둘기가 거룩과 순결을 상징하듯이, 죄 없으신 예수 그리스도께서 십자가 희생을 통해 모든 인류에게 궁극적인 평화를 베풀어 주셨다는 것을 보여 준다.

마태복음 10장 34-36절에는 평화에 대해 다른 강조점이 있다. 예수님은 사람들 간의 평화뿐만 아니라 믿는 자들과 하나님의 관계에서도 평화를 가져오기 위해 이 땅에 왔다고 말씀하셨다. 하지만 예수님이 이 땅에 오심으로 인해 예수 그리스도와 적 그리스도의 분쟁은 불가피해졌다. 이는 35-36절에 나오는 바와 같이 한 가족 내에서도 분쟁이 일어날 수 있음을 말하고 있다. 예수님은 분쟁을 상징하는 검을 가지고 오셨는데, 이는 하나님과의 평화가 사탄의 속성과는 상반되기 때문이다. 스와틀리는 신약 성경에 나타나는 많은 폭력과 분쟁이 은유적으로 영적 전쟁과 연관되어 있음을 관찰했다.[25]

그리스도를 따르는 사람들은 하나님의 평화가 사탄을 완전히 정복할 때까지 그들의 모든 속임수와 파괴에 대항하는 전쟁을 해야만 한다. 샬롬의 언약은 사탄을 정복하는 교회의 종말적 승리에 대한 영광스러운 약속일 뿐만 아니라, 우리에게 이 승리를 가능하게 해주신 분이 바로 예수님이라는 사실을 상기시킨다. 사도 바울은 예수 그리스도께서 그의 죽으심과 부활을 통해 악한 적들을 이기셨다는 사실과 그의 교회가 이 구원의 사역을 계속해야 함을 가르친다. 이를 통해 이 세상은 하나님이 약속하신 샬롬을 온전히 경험하고 누리게 될 것이다.

예수님이 성령님을 제자들에게 약속하셨을 때, 그분은 세상이 줄 수 없는 평안을 약속하셨다. 이 평안은 예수님의 구속 사역을 통해 주어진 선물이며, 성령님이 그분의 제자들에게 궁극적인 안식을 가져다 줄 것이라는 약속이다. 이 사실은 그분을 따르는 사람들이 마음에 근심 하지 말고 두려워하지도 말아야 할 이유다(요 14:27). 예수님은 마지막 고난을 앞두고 계셨을 때 제자들에게 그분 안에서 평안을 누리도록 격려하셨다. 비록 세상에서 환난을 당할 것이지만 그들은 예수님이 세상을 이기셨다는 선포를 통해 힘을 얻게 될 것이다(요 16:33).

바울 서신서에 나타난 샬롬

사도 바울은 샬롬이 오직 그리스도를 통해서 하나님으로부터 온다는 것을 명확하게 설명한다. 하나님이 그리스도의 고난을 통해 우리와 평화를 이루셨기 때문에(롬 5:1-3) 우리는 더 이상 하나님의 원수가 아니다. 이 구절에서 사도 바울이 말하고자 하는 요점은 우리가 믿음으로 의롭다 함을 인정받은 사실이 하나님과, 그리고 서로 원수였던 사람들과 평화를 회복할 수 있도록 해준다는 것이다. 이 관점에서 보면 바울 서신서에 나타난 샬롬과 연관된 가장 중요한 개념은 '화해'와 '회복'이다.

빌립보서 1장 2절에 언급된 것처럼 은혜와 샬롬은 서로 밀접하게 연관되어 있다. 우리가 하나님으로부터 오는 샬롬을 온전히 누리기 위해서는 십자가에서 보여 주신 하나님의 은혜에 인격적으로 반응해야 한다. 파괴된 관계의 회복은 하나님의 간섭 없이는 불가능하기 때문에 하나님이 십자가에서 보여 주신 자비로운 은혜가 없다면 샬롬 역시 없다. 더 나아가 우리는 예수 그리스도를 통하여 구원받는 것뿐만 아니라 하나님과의 깊은 관계 가운데 영적으로 성장해 간다(살전 5:23-24). 사도 바울은 평화의 하나님이 결국에는 사탄을 정복하실 것이고(롬 16:20), 이를 통해 우리가 샬롬을 영원히 누리게 된다는 약속을 확신시킨다.

사도 바울은 그의 서신서들을 통해 믿는 자들의 삶 가운데 평화를 주시는 성령님에 대해 상세하게 조명한다. 성령님은 모든 그리스도인 안에 거하신다. 평화는 성령님의 극히 중요한 속성일 뿐만 아니라 성령의 아홉 가지 열매 중 하나다(갈 5:22-25). 로마서 14장 17절은 하나님의 나라가 성령님 안에 있는 의와 평강과 희락이라고 표현하고 있다. 믿는 자들이 하나님의 뜻을 구할 때, 그들은 성령님이 베풀어 주시는 초자연적인 평화를 경험하게 된다.

마틴 만서르(Martin H. Manser)는 로마서 8장 14-17절에 대하여 "평화가 성령님의 임재하심에 대한 표시"[26]라고 했고, "성령 사역의 결과는 두려움과 반대되는데, 이 두려움은 평화와 반대되는 감정"[27]이라고 설명한다. 만서르는 사도행전 9장 31절에 대한 해석을 통해 온 유대, 갈릴리, 그리고 사마리아에 있는 교회가 엄청난 핍박 가운데서도 성령님이 믿는 자들을 강건하게 하시고 또 격려하심으로 평안의 시간을 경험했다고 관찰했다.[28]

성령님의 임재 하에 있는 모든 믿는 자는 어려운 상황 가운데 느낄 수 있는 불안과 두려움 대신 하나님이 주시는 평화를 누릴 수 있다. 사도 바울은 에베소서에 "평안의 복음"(the gospel of peace)이라는 독특한 표현을 사용하고 있는데, 이는 믿는 자들이 사탄의 계획에 대항하여 강건하게 설 수 있도록 해주는 하나님의 전신 갑주 중에 가장 중요한 부분(엡 6:15)으로 언급된다. 해롤드 훼너(Harold W. Hoehner)는 그리스도인들이 평화의 복음으로 사탄과의 싸움에서 강건하게 설 수 있다고 설명한다.[29] 다른 말로 표현하면 사도 바울은 평화의 복음이 믿는 자들로 하여금 발을 단단히 디디고 서 있는 확실함을 준다고 이야기하는 것이다.

비록 초대 교회가 예수님을 통해 하나님과의 새로운 평화의 언약 위에 세워졌지만, 초대 교회의 두 집단, 즉 유대인과 이방인 사이에는 심각한 긴장이 있었다. 하나님은 그리스도의 피로 유대인들과 이방인들 사이에 막힌 담을 허무셨고(엡 2:11-22), 전에는 서로 멀리 떨어져 있었던 유대인과 이방인이 함께 새로운 평화의 공동체를 이루게 되었다는 것을 명확하게 하셨다. 스와틀리는 초대 교회 역사에서 사도 베드로와 바울을 통해 보여주신 이방인들을 향한 하나님의 주권적인 계획을 다음과 같이 정리한다.

초대 교회의 역사를 살펴보면 이방인들이 새로운 믿음의 공동체에 들어오는 문제가 역사적인 드라마의 중심 주제를 차지하고 있다. 사울(바울)이 처음 회심(폭력의 사람으로부터 메시아의 화평케 하는 사람으로의 변화)하여 이방인들을 위한 선교에 부름받았지만, 처음 이방인을 모든 유대 그리스도인 믿음의 공동체에 초청하고 그에 대한 신학적 근거를 세운 사람은 베드로였다. 바울과 베드로는 이렇게 중대한 패러다임의 변화(두 역사적 사건들)를 함께 나누었는데, 이는 아주 특별한 의미를 가지고 있다.[30]

이사야 선지자의 예언대로 예수님이 모든 관계 가운데 화합과 완전함을 가능하게 하셨듯이 사도 바울은 유대인들과 이방인들이 그리스도 안에서 하나가 되어야 한다고 설득한다. 맥고니걸은 예수 그리스도께서 하나님과 인간 사이에 놓인 수직의 벽뿐만 아니라, 인간들을 서로 분리해 놓았던 수평의 벽까지 허물게 했다고 가르친다.[31] 사도 바울이 초대 교회에 지속적으로 강조한 이 샬롬의 메시지는 모든 사람이 같은 성령 안에서 그리스도의 사역을 통해 같은 하나님에게 나아갈 수 있는 하나의 공동체를 세워야 한다는 것이다.

희년 사상과 연관된 샬롬

레위기 25장 10-15절은 이스라엘 백성이 일곱 번째 안식년 주기의 끝으로 안식의 의미를 가지고 오십 년째 해를 거룩하게 해야 한다(희년은 1년의 7주 또는 7년의 일곱 번째 해 후에 오는 50번째 해[32])고 명령한다. 희년은 여호와의 은혜의 해(사 61:2, the year of the Lord's favor), 또는 자유의 해(겔 46:17, the year of freedom)로 불리는데, 희년에는 두 가지 필수적인 선포가 포함된다. 존 배리(John D. Barry)는 "이 희년의 기간에 경제적인 빚은 탕감을 받고, 땅은 빚을 갚기 위해 팔았던 원래의 가정에게 돌려주고, 빚을 갚기 위해 팔려간 노예들은 자유를 얻는다"고 기술한다.[33] 희년은 주인이나 종, 모두 하나님 나라에 속하는 하나님의 사람들이라는 것을 잊지 않도록 가르친다.[34]

희년은 모든 소유물의 완전한 반환을 선포하는데, 이 희년의 주된 목적은 "공동체 전체적으로 소수의 사람이 땅을 축적하는 것을 방지하고, 모든 사람이 그의 상속된 땅을 가짐으로 어떤 사람이 절대적으로 가난하게 태어나는 것이 불가능하도록 하기 위함"이다.[35] 희년은 공동체에 평등을 가져 오고 근본적으로 노예 제도를 거부한다. 더욱이 희년에는 씨를 뿌리지 않아야 하고, 스스로 자란 것이나 심지 않은 식물들이라도 그 산물을 거두지 않아야 한다. 하나님의 백성은 하나님이 필요한 모든 것을 제공해 주시는 분(여호와 이레; *Yahweh Yireh* 또는 *Jehovah Jireh*)이라는 약속에 따라 믿음으로 신실하게 살아야 한다(창 22:13-14). 존 앤더슨(John E. Anderson)은 다음과 같이 설명한다.

> 희년은 이스라엘이 그들의 신학적 정체성을 이해하도록 하고, 경제적으로 어려움을 겪지 않도록 하나님이 보호하신다는 것을 알게 해주는 중요한 사회 제도다. …… 희년 사상은 단순히 고대 이스라엘에 있던 부의 재분배에 대해 성취되지 못한 너무나 이상적인 방법을 소개하는 것이 아니라, 하나님의 백성과 그들의 땅에 대한 정의로운 관계를 위한 기초

로서 하나님께서 모든 것을 공급해 주신다는 최고의 경제적 분석의 견고한 기반을 제공한다.[36]

희년의 신학적 기초는 하나님이 전 창조 세계의 주인이시라는 것과 인간은 그 창조 세계의 청지기라는 것이다. 하나님은 "토지를 영구히 팔지 말 것은 토지는 다 내 것임이니라. 너희는 거류민이요 동거하는 자로서 나와 함께 있느니라"(레 25:23)고 명확하게 말씀하신다. 로날드 사이더(Ronald J. Sider)는 이에 대해 다음과 같이 설명한다.

> 땅의 주인이신 하나님은 그의 백성이 그가 베푸신 좋은 땅에 살며, 경작하고 그 산물을 먹고 모든 아름다움을 즐기도록 허락하신다. 그러나 우리는 단지 청지기다. 청지기 정신은 땅이나 경제적 자원에 대한 우리의 관계를 어떻게 성경적으로 잘 이해할 수 있는지에 대한 중요한 신학적 주제들 중 하나다.[37]

이와 더불어 희년 사상은 하나님과 인간 사이의 무너진 관계를 예수 그리스도를 통해 회복하시는 하나님의 계획과 밀접히 연관되어 있다. 희년은 하나님이 죄로 가득한 인간의 본성을 용서하심으로 회복을 선포하시고, 전적 타락으로 인한 모든 속박에서 인류를 해방시키신다는 의미를 가진다. 이스라엘 백성은 빚을 탕감해 주고, 빚으로 인해 종이 된 사람들을 자유롭게 해주어야 했는데, 이는 개인적으로나 공동체적으로 하나님이 원하시는 평화로운 질서를 회복할 수 있게 해주었다. 이런 관점에서 희년은 이스라엘 백성에게 이집트에서의 노예 생활로부터 자유롭게 해

주신 하나님의 구원을 다시 상기시켰다.

이사야 선지자는 "여호와의 은혜의 해"(사 61:2)를 통해 "사로잡힌 사람들에 대한 자유"를 선포한다.[38] 교회는 이렇게 죄악 된 본성의 종으로부터 해방되어 자유를 누리게 해주신 하나님의 선물에 감사하며, 여전히 죄에 사로잡힌 사람들과 복음을 나누기 위해 부름받았다는 것을 기억해야 한다. 데이비드 테규(David P. Teague)는 예수 그리스도께서 에덴동산으로 돌아갈 수 있는 길을 제공하셨고, 인간들이 하나님에 대한 잃어버린 지식을 다시 깨닫도록 해주셨다고 기록한다.[39] 그의 총체적 선교의 개념에 대한 강조는 창조주 하나님과의 관계에서 총체적인 회복에 주의를 기울이도록 하는데, 이 강조는 선교의 개념이 단순히 복음에 대한 언어적 선포와 사회 참여를 통합하는 것 이상임을 분명히 해준다.

누가복음의 예수님은 희년의 메시지가 하나님 나라의 복음으로 잘 그려지고 있는 이사야 61장 1-2절을 인용해서 그의 사역 시작을 선포하셨다(눅 4:18-19). 예수님이 이 땅에서 행하신 사역은 어떻게 하나님의 은혜가 실현되어 전 창조 세계가 평화와 완전함을 회복할 것인지를 보여 준다. "주의 은혜의 해"(눅 4:19)는 예수 그리스도를 통해 이루어질 구원을 비유로 드러낸다. 제리 아이어랜드(Jerry M. Ireland)는 예수님의 설교가 의로우신 왕께서 인간에게 베푸실 영적인 구원과 더불어 육체적인 회복도 강조하고 있다고 설명한다.[40]

예수님이 선포하신 구원은 모든 사람의 모든 영역에서 일어나는 완전한 변혁으로 이해되어야 한다. 하나님이 그의 백성에게 평화를 선포하시는 것은 죄로부터 해방되는 것뿐만 아니라 억압받고 소외된 사람들을 위한 하나님의 긍휼과 사회적 정의를 세우는 것도 포함된다. 아룰 샘(L.R.

Arul Sam)은 예수님이 행하신 일들이 그 사회에 철저한 변혁을 요구했기 때문에 그의 복음 역시 사회에 혁명적인 변화를 가져와야 한다고 강조한다.[41] 마크 고닉(Mark R. Gornik)은 볼티모어 뉴 송 커뮤니티 교회(Baltimore's New Song Community Church)의 경험과 비전을 나누면서 교회가 지역 사회에 어떻게 증인으로서의 삶을 보여 주어야 하는지를 강조하는데, 이는 누가복음에서 드러나는 희년의 사회-정치적 현상에 대해 잘 설명해 준다.

> 하나님의 희년 사상에 의한 통치 하에서 복음은 모든 것을 다시 올바르게 만든다는 뜻을 내포하고 있다. 가난한 사람들이 높임을 받을 것이고, 갇힌 자들이 풀려날 것이며, 죄는 용서받고, 죄의 저주는 역전된다. 우리는 예수님 시대에 '복음'이 정치적이고 사회적인 의미를 내포하고 있다는 것을 잊어서는 안 된다. 이는 내면적이거나 영적인 것만이 아니며, 세상의 정치 질서와는 다른 차원의 구원을 의미한다. 그리스도께서 선포하신 복음은 개인적, 그리고 사회적인 변혁을 말하는 것이다.[42]

스와틀리는 누가가 '해방'(release)이라는 주제에 대해 "복음을 설교하다"(gospelize; εὐαγγελίζομαι)라는 단어를 사용하면서 복음이 예수 그리스도를 통해 선포되는 죄로부터의 자유와 완전한 평화를 강조하고 있다고 본다.[43] 그는 희년에 대한 요더의 표현("하나님의 백성 가운데 존재하는 관계의 가시적인 사회-정치적, 경제적 재건")을 인용하며 희년의 진정한 의미를 설명한다.[44]

교회가 이웃들과 화평을 이루기 위한 노력에 우선순위를 두어야 하는 것이 복음의 핵심적인 메시지다. 희년, 즉 "주의 은혜의 해"에 대한 성경적 개념이 지역 사회에 변혁을 일으킬 수 있다고 믿는다. 교회는 화평케 하는 자를 세워 희년을 실천하도록 부르심을 받았다. 희년의 메시지는 제자들 개인뿐만 아니라 그들이 섬기는 교회와 지역 사회의 일상적인 삶과 사역을 통해 드러나야 한다. 이는 하나님 나라의 법과 원칙 하에서 삶의 새로운 시작을 열게 해준다.

평화의 언약: 하나님 나라, 복음, 그리고 샬롬

구약 성경에서 샬롬은 하나님에 대한 칭호나 이름으로 사용되고 있다. 기드온은 오브라에서 '하나님은 평화이시다'(Yahweh is Peace; The Lord of Peace)라는 뜻으로 하나님의 이름을 야훼 샬롬(שלום יהוה)으로 불렀다(삿 6:24).[45] 이사야 9장 6절에는 שר שלום(śar šā·lôm)이 기록되어 있는데, 이는 메시아의 칭호로서 "평강의 왕"으로 번역할 수 있다. 데이비드 도커리(David S. Dockery)는 "메시아의 왕적 칭호들은 그와 하나님의 관계를 증명하고, 그를 그의 통치 왕국에 평화를 건설할 수 있는 능력 있는 군사로 묘사하고 있다"[46]고 설명한다. 그는 "평강의 왕"이라는 칭호가 하나님 나라에서 현실화될 정의와 평화라는 특성을 면밀하게 설명한다고 주장한다. 이사야 선지자의 예언은 북이스라엘에 대한 심판(사 9:8-10:4), 아시리아 사람들에 대한 심판(사 10:5-34), 그리고 하나님의 흩어진 사람들에 대한 회복(사 11:11-12:6)으로 성취되었지만, 궁극적으로는 평강의 왕이 종말의 시간에 모든 나라를 통치함으로써 성취될 것이라는 것을 보여 준다.[47]

평화의 언약은 하나님이 새 땅에서 그분의 백성을 정의롭게 통치하시겠다는 약속이며 이는 레위기 26장 6-7절에도 잘 기술되어 있다. 하지만 이스라엘 백성에 대한 이 약속은 그들의 불순종으로 인해 완성되지 못했다. 하나님은 출애굽 이후에 모세를 통해 그의 명령을 이스라엘 백성에게 주셨지만, 그들은 의도적으로 불순종하고 하나님을 떠났다. 솔로몬 왕 역시 간절히 평화를 위한 기도를 드렸지만, 하나님 앞에서 그의 믿음을 끝까지 지키지 못했다. 말라기 2장 5절은 레위와 맺은 하나님의 언약을 생명과 평화의 언약으로 묘사하고, 6절은 하나님이 레위에게 이 언약을 주신 이유를 설명한다. 화평과 정직으로 하나님과 동행한다는 것은 레위가 그랬듯이 하나님의 명령에 믿음과 순종으로 반응하며 하나님의 법에 따라 정의롭게 살아가는 것을 뜻한다.

'평화의 언약'은 구약 성경에 네 번 등장한다(민 25:12-13; 사 54:9-10; 겔 34:25, 37:26). 평화의 언약은 엘르아살의 아들인 비느하스에게 처음 주어졌는데, 비느하스는 레위 지파의 제사장이었다. 비느하스가 바알브올에 대한 우상 숭배와 사악함에 빠져 있는 두 사람을 죽임으로써 하나님의 명예를 지켰고, 하나님은 이러한 비느하스의 열정을 보시고 그와 그의 자손들이 하나님의 제사장으로 섬기도록 언약을 주셨다.[48] 시편 기자는 하나님이 비느하스의 열정과 중보에 대해 대대로 지속되는 언약으로 상 주셨다고 확인시켜 준다(시 106:30-31). 하나님은 전심으로 그분을 구하고 이스라엘에서 정의롭지 못한 것들을 제거한 비느하스와 같은 사람들을 찾으신다.

평화의 언약은 하나님의 돌보심과 보호하심 아래에 있는 하나님 나라의 아름다운 땅으로 그려지고(겔 34:25), 하나님이 성소를 다시 건축하심으로써 그분의 임재가 그분의 백성들 눈에 보이도록 상기시키신다(겔 37:26).[49] 에스겔 34장에는 하나님이 이스라엘의 무책임하고 부패한 지도자들을 비난하신 후에 "한 목자, 그의 종 다윗", 즉 메시아를 그의 백성들 위에 정의로운 지도자로 세울 것이라고 약속하시는데(겔 34:23-24), 그 주체는 바로 하나님이다(겔 34:25). 그리고 그의 자비로운 약속은 예수 그리스도에 의해 온전히 성취된다. 에스겔 선지자를 통해 약속된 평화는 하나님과 회복된 관계를 통해 풍성하게 경험할 수 있고, 하나님의 정의로운 통치 하에서는 생명에 대한 어떤 위협도 없을 것이다.

하나님이 주신 생명과 평화의 언약은 다가오는 메시아 왕국에 대한 언약과 연결된다. 이사야 9장은 평강의 왕의 탄생과 그의 통치에 대해 기록하고 있는데, 이 평강의 왕은 다윗의 왕좌에서 하나님 나라를 통치할 것으로 예언되어 있다. 평강의 왕에 대한 하나님의 언약은 그리스도께서 통치할 하나님 나라의 건설을 암시하는데, 이는 이스라엘 백성이 긴 고난의 시간을 견딜 수 있는 소망이 되었다. 하나님이 구약의 역사를 통해 약속하신 궁극적인 평화는 메시아가 오셔서 정의롭게 통치하심으로써 이루어질 수 있다.[50] 왕의 정의로운 통치는 이사야 32장에 묘사되어 있는데, 왕께서 그의 영을 그의 백성에게 부어 주실 때 진정한 정의와 평화가 이루어지리라는 것이다(사 32:15-18). 요더는 "문자적으로, 이 구절은 샬롬을 정의로움의 응당한 결과로 묘사한다"[51]고 기술한다. 이것은 아시리아왕 산헤립이 이스라엘을 침공하기 전인 주전 701년에 이사야가 한 예언인데, 이사야가 예언했던 임박한 미래는 전혀 낙관적이지 않았다.[52] 하지만 이사야는 심판 후에 회복이 이루어지고, 정의가 다시 그 땅을 가득 채울 것이라고 예언했다. 평화의 궁극적 기초는 정의의 실현이다.

이사야는 하나님이 주신 평화에 대한 언약의 완전한 성취가 예수 그리스도를 통해서 이루어질 것을 예언한다. 그는 하나님의 평화로운 통치가 이루어질 때 새 하늘과 새 땅이 성취될 것이라고 예언하고 있다(사 65:17). 또한 메시아에 대해 그의 나라를 정의와 공정함으로 다스리는 평화로운 통치자로 묘사한다(사 11:3-5). 이는 궁극적으로 샬롬이 공정하고 정의로운 통치를 통해서 이루어질 수 있다는 뜻이다. 계속해서 이사야는 수사학적으로 메시아 시대에 이루어질 완전한 평화를 그림으로 그리고 있다(사 11:6-11). 이 예언은 그리스도께서 십자가상에서의 사역을 통해 이 땅에 완전한 정의를 이룰 수 있는 유일한 분임을 선포하는 것이다.

평강의 왕은 그분의 왕국을 회복하실 때, 그의 통치 아래에서 모든 창조 세계와 사람들에게 평화를 가져올 것이다. 하지만 이 구절을 단지 이 세상의 마지막 완성으로만 해석하는 경향은 옳지 않다. 이 구절은 샬롬이 이 세상에서도 경험할 수 있는 모습임을 암시하고 있는데, 이는 이 세상도 하나님이 만드신 아름다운 창조 세계이기 때문에 교회가 이 세계를 돌보아야 하는 책임을 소홀히 하지 않아야 한다는 중요한 의미도 내포하고 있다. 마크 브로커(Mark S. Brocker)는 이 땅의 나라와 민족 가운데, 그리고 모든 창조 세계와의 평화를 누리는 비전을 통해 인간이 하나님 나라에서 경험할 수 있는 샬롬에 대한 완전한 그림을 보여 준다고 설명한다.[53] 그는 기독교가 개인의 영혼 구원만 지나치게 강조하는 경향을 비판하면서, 교회가 하나님의 창조 세계를 돌보는 역할을 결코 소홀히 해서는 안 된다고 주장한다.

이사야 53장은 인간의 구원에 대한 가장 중요한 성경의 메시지인데, 이는 메시아가 고난받는 종으로 인간의 죄를 위해 이 땅에서 얼마나 많은 고난을 받을지를 예언하고 있다. 베스 스노덜리(Beth Snodderly)는 이사야 53장 5절에 기록된 메시아가 고난을 받으심으로 "하나님에 대항하며 그 죄악에 대해 한 사회가 다른 사회를 응징하는 반복적인 순환을 끝내고,"[54] 그가 받는 형벌을 통해 인간에게 궁극적인 평화를 주실 것이라고 기술한다. 사람들은 메시아의 희생을 믿음으로 죄의 결과에 의한 악순환의 고리를 끊고, 하나님, 사람들, 그리고 창조 세계와의 무너졌던 관계가 회복됨을 경험할 수 있다.

이사야는 이사야 53장을 통해 하나님의 언약이 예수 그리스도의 고난을 통해 성취될 것임을 예언하고, 이사야 54장에서는 바벨론 유수로부터 이스라엘이 회복될 것임을 예언한다. ESV와 NRSV는 이사야 54장의 제목을 '평화에 대한 영원한 언약'으로 기록한다. 이에 대해 월터 엘웰(Walter A. Elwell)은 "주님은 그의 평화, 자비, 그리고 언약의 복을 그의 백성에게서 결코 없애지 않을 것"[55]이라는 약속으로 해석한다. 그리버 또한 이렇게 하나님과 인간, 그리고 인간 서로 간의 평화를 이루어 주는 새로운 언약이 시작되었고, 이 새 언약은 평화의 언약으로 불리게 된다고 결론을 내린다. 이는 하나님의 진노를 완전히 해결해 주는 정의로운 언약이다(사 54:10; 겔 34:25, 37:26).[56] 예수 그리스도와 그분이 십자가상에서 이루신 속죄를 통한 평화의 언약을 믿는 모든 사람은 그분이 주신 평화를 얻게 될 것이고, 모든 창조 세계를 의롭게 다스리는 그분의 통치 아래에서 진정한 샬롬을 누리게 된다.

이사야 54장 9-10절은 노아의 때에 일어난 것과 같은 심판은 결코 없을 것이라는 하나님의 약속이다. 하나님은 그의 백성에게 다시는 노하지 않을 것이고, 그의 나라를 꾸짖지 않을 것이라고 단언하신다. 이사야를 통해 약속된 '평화의 언약'은 고난받는 메시아, 즉 주님의 정의로운 종에 대한 예언 바로 뒤에 주어졌다. 그리고 이는 이사야 55장에 기록된 축복의 언약, 즉 즐거움과 평화로 가득 찬 풍성한 삶에 대한 약속 앞에 놓여 있다. 스와틀리는 이에 관하여 다음과 같이 기술한다.

이사야서의 두 번째 부분은 (바벨론) 유수의 공황으로부터 샬롬에 대한 새로운 비전과 이해로 나아간다. 샬롬이라는 하나님의 질서가 이제 우주적인 조화 안에서 나타난 것뿐만 아니라 이스라엘은 샬롬을 전 세계적으로 확대하기 위한 대리인으로서, 그리고 증인으로서 그 역할을 하도록 부름받았다는 것을 보여 준다.[57]

하나님의 평화의 언약은 메시아의 탄생에 의해 성취되었고, 메시아는 하나님의 평화에 대한 약속을 온 세계에 확대시키는 초석이 되었다.

하나님 나라의 중요한 특징은 헬라어 바실레이아(βασιλεία)에 드러나 있는데, 이는 지배(rule), 통치(reign), 또는 왕국(a realm)의 뜻을 가진다.[58] 사랑과 정의의 완벽한 속성을 가지신 하나님이 그의 나라에서 그의 백성을 통치하실 때, 전 창조 세계가 샬롬을 경험하게 되는 것은 의심할 여지가 없다. 그러나 현재는 이러한 하나님 나라를 부분적으로만 경험할 수밖에 없다.

스와틀리는 샬롬의 뿌리가 절대적으로 정의와 공평, 믿음(에무나, הנומא), 언약(베리트, ברית)이라는 여호와 하나님의 속성에 기초하고 있고, 샬롬은 세상의 마지막에 하나님 나라가 완전히 완성될 때 예수 그리스도의 구속을 통해 "하나님-인간 사이의 관계" 가운데 현실화된다고 기술한다.[59] 이 평화는 평화의 열매(하나님을 사랑하고 이웃을 사랑하며, 원수 역시 사랑함으로 악을 악으로 갚지 않을 뿐 아니라, 선으로 악을 이기는 모습)로 드러나는데, 이렇게 그리스도인들의 삶 가운데 표현되는 모습을 통해 그리스도인들의 개인적인 삶과 더불어 그들이 속해 있는 공동체 안에 믿음, 소망, 거룩, 그리고 화합을 가져올 것이다. 이러한 모습은 하나님이 약속하신 회

복된 관계 속에서 온전한 샬롬을 경험하는 은혜를 나타낸다.[60]

회복의 개념으로서 샬롬은 예수님의 치유 사역에서도 잘 드러난다. 예수님이 세례 요한에게 "맹인이 보며 못 걷는 사람이 걸으며 나병 환자가 깨끗함을 받으며 못 듣는 자가 들으며 죽은 자가 살아나며 가난한 자에게 복음이 전파된다"(마 11:5)고 답변하신 것에서도 회복의 중요성을 볼 수 있다. 예수님의 사역에서 보여 주신 많은 치유 기적은 하나님 나라의 모습을 우리에게 보여 준다. 육체적 치유와 죄의 용서는 예수 그리스도의 지상 사역을 통해 하나님의 통치가 이 땅에 이루어지고 있음을 알려 준다. 스와틀리는 마태복음을 연구하면서 하나님 나라에서 드러나는 샬롬과 예수님의 질병 치유의 연관성에 대해 강조하고 있다.

> 하나님 나라의 시작에 대한 예수님의 메시아적 선포와 질병 치유는 뚜렷한 연관성을 가지고 있는데, 마태가 질병 치유의 기적을 기록한 말씀 가운데 '다윗의 자손'이라는 직함을 사용하는 것은 평화를 위해 사탄에 대한 승리를 가져오는 메시아적 '다윗의 자손'을 선포한다.[61]

하지만 예수님의 초림과, 샬롬의 온전한 모습이 성취될 예수님의 재림 사이에는 피할 수 없는 긴장이 존재한다. 예수님의 재림을 통해 그분의 언약이 완전히 성취될 때까지 하나님의 백성은 타락한 세상 가운데 하나님 나라의 가치에 따라 그분의 백성다운 삶을 살아야 한다. 샬롬은 세상의 마지막에 하나님의 완전한 통치를 통해 이루어지겠지만, 하나님의 백성이 하나님 나라의 원리와 가치대로 살아감으로써 이 땅에서도 경험될 수 있어야 한다.

주기도문을 보면 하나님 나라의 임박한 실현이 기대되는 듯하다. 하지만 인간의 역사를 통해 볼 때, 사람들은 끊임없이 질병, 불의, 압제, 그리고 증오를 경험한다. 예수님이 부활을 통해 죽음을 정복하신 바로 뒤에도, 초대 교회는 말할 수 없는 고난과 핍박을 받았다. 이러한 사실은 평화의 언약이 인간의 역사 동안 두 가지 다른 차원이 있다는 것을 보여 주는데, 이는 타락한 세상 가운데 살아가는 하나님의 백성에 대한 "이미 이루어진, 그러나 아직"(already, but not yet)이라는 메시지다.

평화의 언약은 산상수훈과 팔복(마 5-7장), 그리고 평상수훈(눅 6:17-49)에도 잘 표현되어 있다. 여기에 세상적인 왕국과 하나님의 왕국 사이의 예리한 비교가 나타난다. 하나님의 백성은 이 두 왕국이 그 정의에서부터 전혀 다르다는 것을 인식해야 하고, 이 땅에서 살아갈 때 세상이 아닌 하나님 나라의 가치관으로 살아가야 한다. 만약 하나님의 백성이 하나님과의 친밀한 관계 속에서 살아간다면 제한된 이 땅에서의 삶에서도 궁극적인 샬롬을 맛볼 수 있다.

평화의 언약은 근본적으로 하나님의 사랑과 정의의 속성에 기초하고 있는데, 사도 베드로는 이 모든 것이 그리스도의 사역을 통해 성취되었으며, 결과적으로 우리가 누릴 새 하늘과 새 땅의 본성을 "의가 있는 곳"(벧후 3:13)으로 기록하고 있다. 케빈 드영(Kevin DeYoung)과 그렉 길버트(Greg D. Gilbert)는 새 하늘과 새 땅의 주체가 항상 하나님이라는 것을 강조한다. 하나님의 백성이 이 세상에서 하나님의 대리인으로 그의 나라를 세우는 데 부르심을 받았다 하더라도, 샬롬의 새 하늘과 새 땅은 절대적으로 "하나님이 그의 백성에게 주신 선물"임을 강조한다.[62] 스와틀리는 전 우주적 교회가 이해해야 할 비전을 다음과 같이 설명한다.

다양한 상황의 요구, 기회, 그리고 도전 가운데 하나님의 비전, 즉 이 땅의 평화, 이전에는 원수였던 사람들과의 화해, 그리고 많은 민족을 새로운 창조 세계로 초대하는 하나님의 열망을 본다.[63]

비록 구약 성경에 하나님 나라에 대한 직접적인 언급은 없다 하더라도 구약 성경의 주된 주제는 그의 선택된 백성인 이스라엘뿐만 아니라, 모든 창조 세계에 대한 여호와 하나님의 왕권과 주 되심이다. 그에 반해 신약 성경의 중심 주제는 명확하게 하나님의 나라라는 것을 알 수 있다. 이는 갈릴리에서 예수님이 사역을 시작할 때 선포하신 "회개하라, 천국이 가까이 왔느니라"(마 4:17, 막 1:14-15)라는 명령에 직접적으로 잘 드러나 있을 뿐만 아니라, 그분의 많은 가르침이 직간접적으로 하나님 나라와 관련되어 있다.[64]

팔복은 하나님의 임재를 경험하는 개인과 그들의 공동체를 위한 하나님 나라를 잘 그려 준다. 데이비드 터너(David L. Turner)는 팔복을 두 부분으로 나눈다. 앞에서부터 네 가지 복은 제자들이 하나님에게 가지는 수직적인 관계, 그리고 나머지는 제자들과 사람들에 대한 수평적인 관계와 연관되어 있다. 샬롬의 개인적인 특성은 영적인 가난, 회개, 하나님에게 전적으로 의존하는 겸손, 윤리적으로 정의롭고 올바른 삶의 양식이고, 사회적인 특성은 다른 사람들에 대한 자비로움, 청렴, 정직, 다른 사람들과 화평하고 적대심을 끊는 것, 정의에 대한 소망이다.[65] 예수님은 일곱째 복으로 "화평케 하는 자"(마 5:9, the peacemaker; 헬라어로는 ειρηνοποιός[에이레노포이오스])라는 단어를 쓰셨는데, 차드 브랜드(Chad O. Brand) 등은 이를 "증오와 적대감이 있는 곳에 평화와 화해를 이루도록 활발하게 일하는 사람들"로 정의한다.⁶⁶ 화평케 하는 자에 대한 내용은 공동체를 위한 두 번째 영역에 속하고 이에 대해 스와틀리는 다음과 같이 설명한다.

> 팔복은 정체성을 형성하는 것에 대한 선언이다. 팔복은 복음이 하나님의 은혜로운 선물, 즉 복(blessedness)임을 알게 해준다. 화평케 하는 자가 되고 그렇게 살아가는 것이 하나님이 주신 은혜의 선물임을 보여 준다. 화평케 하는 것은 하나님의 백성의 중요한 덕목이며, 믿는 자들이 경작하고 실천해야 할 가치다.⁶⁷

스와틀리는 하나님의 백성은 원수를 사랑함으로 화평케 하는 자가 되어야 하는 것(마 5:44)에 특별한 강조점을 둔다.⁶⁸ 화평케 하는 자라는 단어는 성경 전체에서 유일하게 산상수훈에만 사용되었다. 케네스 베일리(Kenneth E. Bailey)는 화평케 하는 자가 "모든 영역에서 관계의 회복을 위해 일하는 사람들"이기 때문에 평화 유지자(peacekeeper)나 평화주의자(pacifist)와는 다른 성격을 가지는 것으로 구별하고 있다.⁶⁹

분쟁이 가득 찬 세상에서 사람들은 악의적인 관계 가운데 지쳐 있다. 스와틀리는 하나님의 샬롬을 위한 가장 근본적인 개념으로서 화해의 중요성에 대해 강조하고 있다.⁷⁰ 예수님은 분쟁 가운데 하나님의 평화적 속성을 드러내라는 목적을 가지고 그의 제자들을 부르신다. 화평케 하는 자는 하나님의 구속 사역이 사람들의 마음속 깊은 곳을 만지도록 도와야 한다. 평상수훈이라고 알려진 예수님의 가르침 중 누가복음 6장 35절에도 유사한 사용이 있는데, 예수님은 화평케 하는 자들이 그들의 원수를 사랑하고 선대할 뿐만 아니라, 더 나아가 아무것도 바라지 않고 그들이 가진 것을 나누는 사람들이라고 묘사한다. 그리고 이들에게는 하나님 나라에서 하나님의 아들과 딸로서의 큰 상을 약속하셨다. 스와틀리는 "화평케 하는 것은 하나님의 도덕적 속성에 뿌리를 두고 있다"[71]고 기록하는데, 하나님의 자녀들은 그들의 이웃을 사랑함으로써 매일의 삶 가운데 하나님의 속성을 드러내야 함을 강조한 것이다. 평화의 언약은 그리스도께서 보여 주신 그의 명령과 윤리적 성품에 따라 신실하게 살아가는 하나님의 백성에게 약속되었음을 기억해야 한다.

기독교 선교와 연관된 샬롬

지난 20년간 전 세계적인 노력에도 불구하고 많은 지역에서의 분쟁이 여전히 해결되지 않고 있다. 2017년도의 통계는 지난 10년간 세계 평화 지수가 2.14퍼센트 하락했고, 놀랍게도 2008년 이후 테러로 인한 사망자는 247퍼센트 증가했음을 보여 준다.[72] 이러한 통계는 폭력에 의한 심각한 위협을 잘 보여 준다.

아랍 세계의 많은 사람을 적절하게 돕기 위해 그들의 필요를 제대로 인식하는 것이 필수적이다. 무슬림들 역시 평화롭게 삶을 살아가기 원하지만, 세상 모든 사람과 동일하게 질병, 고통, 가난, 죽음과 같은 삶의 공통된 상황을 마주할 수밖에 없다. 복음은 삶의 모든 영역을 다룬다. 딘 길리랜드(Dean S. Gilliland)는 예수 그리스도의 성육신(incarnation)에 대한 설명을 통해 신학의 총체적 모델을 보여 준다.

하나님이 유대인들에게 기대하신 삶의 방식을 한 단어로 표현한다면 바로 샬롬이다. 영적 문제가 삶의 다른 영역들과 연관이 없는 것처럼 다루어져서는 안 된다. 예수님의 가르침은 개인적인 신앙, 정치, 사회적인 관계, 종교적인 관습, 윤리적인 문제 모두 중요한 주제였기 때문에 그의 메시지는 권위가 있었다. 그러므로 복음은 삶의 전 영역을 품는 통합체다.[73]

드영과 길버트는 예레미야 29장 7절에 대해 샬롬이 하늘에서의 궁극적이고 영원한 평화의 상태일 뿐 아니라, 세속적 세상 또는 더 나아가 하나님을 거부하는 이방 도시에서도 기독교 선교가 추구하는 평화와 연결되어 있음을 설명한다.[74] 하지만 하나님이 바벨론에서 살아가는 이스라엘 백성에게 요구한 것은 단순히 그들이 그곳에 거주함으로써 하나님의 은혜를 가져오는 것이 아니라, 그들이 하나님의 선택된 백성으로서 하나님의 온전한 속성을 드러내어 바벨론 사람들이 하나님을 알고 죄를 회개하여 하나님의 심판에서 구원을 얻도록 하는 것이었다.[75] 이렇게 샬롬은 사람들에게 하나님 나라의 가치를 실천함으로 보여 주어 그들이 하나님을 알고 그리스도의 복음을 받아들이도록 하는 더 적극적인 개념임을 깨달아야 한다.

예수님의 성육신은 어떻게 기독교 타문화권 선교가 그리스도인들과 진리 밖에 있는 사람들 사이의 다리 역할을 할 수 있는지를 보여 준다. 하나님은 타락한 세상에 그의 아들을 보내셔서 사람들과 화해하는 그분의 궁극적 소망을 보여 주셨다. 예수 그리스도에 대한 믿음을 통해 온전하게 회복된 관계는 주위 이웃과의 관계를 풍성하게 한다. 그리스도인들의 아름다운 성품이 현지 사람들과의 친밀한 관계 가운데 표현될 때, 현지 사람들은 그리스도인의 말과 행동을 신뢰하게 된다.

목사이자 공동체 사역자인 로버트 린티컴(Robert C. Linthicum)은 유대인의 역사에 대한 이해를 통해 샬롬을 설명한다. 그는 샬롬이 개인적 윤리의 문제라기보다는 인간관계와 연관되어 있음을 강조하고, 하나님은 그분의 백성을 통해 온 세계에 샬롬이 온전히 실현될 수 있기를 원하신다고 말한다.[76] 그는 월터 브루그만(Walter Brueggemann)이 제안한 개념을 지지하는데, 브루그만은 샬롬의 의미를 '가진 자들'(haves)과 '가지지 못한 자들'(have-nots)이라는 상반된 두 집단과의 관계와 연관하여 설명한다. 사회에서 억압받고 착취당하는 사람들에게 샬롬은 자유를 의미하지만, 가진 자들에게는 하나님이 부여하신 자원에 대한 찬양과 경영이라는 뜻을 가진다.[77] 이런 모습은 거의 모든 사회에서 볼 수 있는데, 이는 사람들이 샬롬의 개념을 자신의 이익을 위해 자신의 사회 경제적 기준으로 해석하기 때문이다. 그의 의견에 따르면 비록 가지지 못한 자들도 샬롬에 대한 책임이 있지만, 그 사회에서 힘을 가진 자들은 더 큰 책임을 가진다. 그 사회의 정치적, 영적 지도자들이 도덕적으로 무너져 사람들의 착취자가 될 때, 사람들은 그들의 지도자에게서 자신들의 착취를 합리화하는 이유를 찾는다. 결과적으로 사회 전체가 샬롬을 누리지 못하게 된다. 이러한 현상은 왜 사회의 지도자들이 그들의 사회에 더 큰 책임을 가지는지에 대한 이유를 정확하게 설명해 준다.

사람들의 사회 경제적 신분에 관계없이 모든 사람은 절대적으로 샬롬이 필요하다. 그러나 현실적으로 가진 자들의 샬롬은 가지지 못한 자들과는 다른 방법으로(때로는 상반된 방법으로)얻어지거나 유지될 수 있다는 것이다. 두 상반된 집단이 샬롬을 누리기 위한 복잡한 긴장은 피할 수 없는 것처럼 보인다. 가진 자와 가지지 못한 자 모두 샬롬을 경험하고 동등하게 만족할 수 있는 유일한 길은 모두가 정의와 공정함을 실천하는 것이고, 서로 자비와 사랑을 베푸는 것이다. 이런 관점에서 교회가 그 사회에서 중요한 역할을 해야 하는데, 린티컴은 다음과 같이 제안한다.

> 교회의 필수적인 과업들 중 하나는 자유와 구원을 찾는 사람들뿐만 아니라 사회의 지도자들과 평화를 추구하는 사람들을 그리스도에게로 불러모아 샬롬을 이루기 위해 함께 일하며 온전한 정의와 공평을 실천하도록 하는 것이다. 이렇게 하여 사람들이 하나님과, 그리고 서로 간에 깊은 신뢰 관계를 이루어 하나님이 의도하신 대로 사회를 이루어 가는 것이다.[78]

예수 그리스도를 통해 회복된 하나님과의 인격적인 관계는 경제, 정치, 사회, 종교의 모든 영역에서, 그리고 개인과 공동체적 삶 모두에서 드러나야만 한다. 린티컴이 설명한 것은 정의와 공정, 그리고 사랑과 자비를 실천하는 사회 구조를 세움으로써 샬롬이 드러나게 된다(사 32:17-18)는 것을 보여 준다. 그리스도인 개인과 그들의 교회 공동체가 어떻게 이웃, 특히 사회에서 소외된 사람들을 돌보는지를 보면 그들이 맺고 있는 하나님과의 관계가 어떠한지를 알 수 있다.

교회가 샬롬을 실현하기 위해 도전해 온 사회 경제적 문제에 더하여, 아랍 지역에는 소홀할 수 없는 중요한 문제가 있다. 아랍 지역의 많은 나라는 이슬람의 종교적 권위에 의한 독재 및 절대주의로 지배되고 있고, 이로 인해 민주적 발전이 저해되었을 뿐만 아니라, 서로 다른 종교 집단 간의 심각한 긴장과 폭력으로 점철되어 있다. 클린턴 스톡웰(Clinton

Stockwell)은 이 지역의 근본적 문제를 이해하기 위하여 아브라함에 뿌리를 둔 세 개의 주요 종교들(기독교, 유대교, 이슬람)에 대해 연구하였다.[79] 대부분의 근본주의자는 그들 자신의 신학적 믿음에 절대성을 부여하는데, 이들의 보수적인 믿음은 다른 신앙을 배척하고 증오하는 경향이 있다.

무슬림들은 그들 스스로를 알라에 대한 진정한 예배자로 생각하면서, 성경은 변질되어 타락했고, 꾸란이 알라로부터의 마지막 계시라고 믿는다. 유대인들은 그들이 하나님이 유일하게 선택한 민족이고, 하나님이 목적을 가지고 약속하신 땅을 그들에게 주셨다고 믿어 그들만이 그 땅을 소유할 수 있다고 믿는다. 보수적 이슬람 국가들은 고립과 분리주의에 고착하여 이슬람의 보수적인 전통과 신앙을 그들의 정치적 이익을 위해 악용하고 있다. 종교적 극단주의는 항상 불행과 비극의 통로가 된다.

샬롬의 성경적 개념은 다른 신앙을 가진 사람들 간에 어떻게 화합을 가져올 수 있는지에 대해 고민하게 한다. 모든 타문화권 사역자들은 예레미야 선지자가 바벨론으로 추방된 이스라엘 백성에게 쓴 글(렘 29:7)을 통해 샬롬의 의미를 고민해야 한다. 이 편지에서 바벨론에 있는 이스라엘 백성은 그들이 살던 곳에서 그들 자신뿐만 아니라 그들의 억압자들을 위해서도 샬롬을 추구하고 또 기도하도록 요구받았다. 린티컴은 바벨론을 전적 타락의 실제적인 동의어[80]로 보았고, 요한계시록 17장과 18장 역시 하나님의 정의와 공평한 통치에 반하는 도시로 바벨론이라는 이름을 사용하고 있다. 워렌 위어스비는 이를 사람들의 정신과 운명을 지배하기 위해 추구하는 정치적, 경제적 시스템[81]으로 규정한다. 하나님은 예레미야를 통해 하나님의 백성이 전적으로 타락한 바벨론에 샬롬을 전하는 전령이 되도록 명령하셨다.

오늘날 복음주의 교회는 무슬림들과 같이 복음에 저항하는 사람들을 대할 때 하나님의 뜻이 무엇인지 깊이 고민해야 한다. 무슬림 극단주의자들에 의한 테러와 폭력으로 인해 많은 사람이 무슬림에 대한 강한 두려움과 증오를 가지게 되었다. 이와 더불어 최근 이슬람 혐오증으로 인해 무슬림들에 대한 증오 범죄가 증가하였는데, 특히 무슬림 중 사회의 약자들이 이러한 폭력에 많이 노출되었다. 이런 이슬람 혐오증은 복음주의 교회 내에서 오히려 더 심각하게 나타나는데, 이는 교회가 하나님의 사랑과 복음을 나누기 위해 부름받았다는 소명에 맞지 않다는 것을 인식해야 한다.

하나님을 거부하는 결과는 악에 포로 된 사람들의 삶의 모든 영역에서 드러난다. 이런 사회에서는 많은 사람이 사회적 폭력으로 인해 고통받는다. 이와 반대로 치유와 회복은 샬롬의 가시적인 징후임이 틀림없다. 베스 스노덜리는 자신이 섬기던 곳에서의 무분별한 폭력과 부정부패에 대한 배경과 샬롬의 총제적 개념을 다음과 같이 설명한다.

> 하나님은 예레미야 선지자를 통해 악으로 가득 찬 도시와 그 가운데 사는 사람들에게 말씀하셨다. "내가 이 성읍을 치료하며 고쳐 낫게 하고 평안과 진실이 풍성함을 그들에게 나타낼 것이며"(렘 33:6). 이 구절은 사회적인 것과 영적 치유, 그리고 육체적인 것과 영적인 것이 분리되지 않음을 보여 준다. 샬롬은 총체적이다.[82]

스노덜리는 더 나아가 정치적인 불안정과 불의로 점철된 곳에서 교회가 두어야 할 우선순위에 대해 고민하게 한다.

그리스도의 몸은 여러 다른 분야에서 샬롬을 '행하거나' 또는 '만드는' 은사를 가진 사람들을 포함한다. 정의, 평화 유지, 경제적으로 자립할 수 있도록 해주는 기술 개발, 건강, 질병과 싸우거나 질병을 없애기 위한 활동들은 잠재적으로 하나님 나라의 가치를 드러내고, 결과적으로 고통받는 사람들과 그 사회에 샬롬을 가져온다.[83]

아이어랜드는 하나님의 정의가 고아나 과부 같은 가난하고 소외된 사람들과 연관하여 고려되어야 한다고 강조했다.[84] 기독교 선교는 그들이 섬기는 곳에서 가장 약하고 어려운 사람들에게 특별한 관심을 가져야만 한다. 더욱이 하나님의 정의는 기독교 선교의 모든 영역에 더 적극적으로 드러나야 한다. 이를 통해 복음으로 변화된 현지 사람들이 그들의 사회에서 어떻게 하나님의 정의로움을 실천할 수 있을지 더 깊이 고민하게 될 것이다. 복음의 메시지에 의해 사람들의 삶에 변혁이 일어나고 정의로움이 그들의 지역 사회에 실현될 때 모두 샬롬을 누릴 수 있게 되는 것은 의심할 여지가 없다.

이슬람에서의 평화에 대한 개념

아랍어 단어 살람(سلام)은 평화라는 뜻으로 아랍어의 다양한 표현에 사용된다. 아랍어 살람(سلام)과 히브리어의 샬롬(שלום)은 같은 어원을 가진 셈족의 단어다. 이슬람(Islam)이라는 단어의 어근은 's-l-m'으로 평화라는 뜻을 가지는데, 그 이름에도 나타나듯이 이슬람은 평화를 아주 중요한 가치로 여긴다. 평화라는 개념은 이슬람의 신학과 문화에 깊숙이 배어 있고,[85]

무슬림들은 꾸란의 가르침을 따라 알라에게 절대적으로 복종함으로 온 세계가 평화를 이룰 수 있다고 믿는다.

앗-살람은 이슬람에서 알라의 아흔아홉 가지 이름들 중 하나인데, '완전'(the perfection)과 '평화와 안전을 베푸는 자'(the giver of peace and security)라는 두 가지 뜻을 가지고 있다.[86] 꾸란 역시 우주의 질서에 나타난 조화와 평화라는 특징을 모든 인류가 따라야 할 모범으로 묘사하고 있다. 후세인 알굴(Hussein Algul)은 알라가 하늘과 땅을 창조했을 때 각 부분이 서로 충돌하지 않고 평화롭게 그 기능을 할 수 있도록 설계했다고 기술하면서, 무슬림들은 스스로를 알라에게 복종시켜 평화와 안전에 이를 수 있다고 해석한다. 또한 꾸란이 사회적 관계와 국제 관계에도 평화와 화해의 중요성을 강조하고 있다고 기술한다.[87]

레바논에 거주하고 있는 열두 명의 무슬림을 만나 이슬람의 가르침과 아랍 지역에서 현재 경험하는 정치적 혼란과 평화의 개념에 대해 설문을 통해 물어 보았다. "평화가 그대에게"(As[t]-Salaam-Alaikum)라고 하는 그들의 인사에도 잘 나타나듯이, 인터뷰에 참여한 열두 명 모두 이슬람은 기본적으로 평화, 관용, 사랑의 종교라고 생각했다. 그들은 다른 종교 모두 관용의 모습을 가져야 하고, 알라의 본성이 평화이듯이 어떤 분쟁도 없이 이슬람과 공존해야 한다고 생각했다. 특별히 이중 한 명은 모든 종교가 알라에 의해 계시되었기 때문에 그들 모두 서로 보완하여 완전하게 되어야 한다고 기술했다. 다른 두 명은 알라의 이름들 중 하나가 평화라고 기록했고, 그중 한 명은 알라의 메시지를 왜곡하는 매체가 이슬람에 혼란을 일으키는 요인이 된다고 비난했다.

다섯 명의 참여자가 현재 이 지역에 일어나는 혼란의 주요 원인으로

석유와 같은 자연 자원을 약탈하기 위한 아랍 지역 안팎의 세력을 지목했다. 이와 연관하여 한 사람은 아랍 지역의 무슬림들이 그들의 권리를 약탈당하고 있다고도 말했다. 세 명의 참여자는 현재 이슬람 국가들에 일어나고 있는 혼란의 이유를 이슬람의 가르침대로 살지 않는 무슬림들 때문이라고 비난했고, 또 한 명의 참여자는 이 혼란이 알라가 주는 시험의 한 부분이라고 언급하면서 모든 무슬림은 진정한 평화를 위해 이슬람의 가르침으로 돌아가야 한다고 했다. 한 참가자는 정치적인 차별과 분열이 사회 구조적 문제, 즉 실업, 불평등, 열등한 교육 시스템과 같은 문제들을 초래했다고 말했다. 두 명은 이슬람 공동체에 평화를 가져오는 방법이 자카(زكاة)[88]라고 언급했다. 자카는 이슬람의 다섯 기둥 중 하나로 가난하고 어려운 사람들에게 선을 베푸는 것이다.

이슬람이 평화에 대해 강조하고 있다는 인식과 대조적으로 꾸란의 많은 구절(수라 2:191, 193; 3:118; 4:75, 76; 5:33; 8:12,65; 9:73, 123; 33:60, 62)은 무슬림들에게 전쟁을 통해 이슬람을 위해 싸우라고 요구한다. 또한 이슬람에 대항하는 사람들을 무자비하게 죽여야 하고(수라 5:33), 무슬림이 아닌 사람들을 멸절시키도록 요청(수라 9:5)한다. 조슈아 길룸(Joshua Gillum)은 종교적인 테러리즘을 "두려움, 공포, 증오, 종교적이고 정치적인 목표를 추구하는 데 있어서의 파열을 일으키는 행위 혹은 시도"로 정의한다.[89] 그는 이슬람에서 종교적으로 동기가 부여된 테러리즘에 대해 항변해 왔는데, 이에 관련된 사람들은 진정한 무슬림이 아니며, 이슬람은 평화로운 원칙에 기초를 두고 있는 종교라고 주장한다.[90] 존 에스포지토(John L. Esposito)는 이슬람과 연관된 폭력의 주된 요인으로 정치적 배경의 중요성을 피력한다.

최근 수십 년간 이슬람의 이름으로 자행하는 폭력과 테러리즘은 단순한 폭력적 이슬람 신학이나 관념 자체가 원인이 아니라, 역사적이고 정치적인 요인들의 산물이다. 꾸란의 폭력적인 구절에만 초점을 맞추면 이슬람의 테러와 연관된 독재자들의 정책과 폭압적인 정치 제도, 그리고 그들의 서구 동맹의 중요한 연관성을 간과하게 된다.[91]

이러한 견해는 아랍 지역에서 일어나는 모든 테러 행위가 단순히 종교적 동기를 가진 것으로 간주될 수 없고, 오히려 복잡한 역사적, 문화적, 경제적, 정치적인 이슈들이 그 이면에 존재하고 있다는 것을 생각하게 한다. 하지만 이슬람 세계에서 그들의 필요를 채우기 위한 수단 중 하나로 테러리즘을 사용하는 극단적인 무슬림들이 있다. 비록 많은 무슬림은 이러한 극단주의자들이 진정한 이슬람 신앙을 따르는 것이 아니라고 주장하지만, 이들이 그들의 테러리즘을 옹호하기 위해 꾸란의 가르침을 사용하는 것은 부인할 수 없다. 니아즈 샤(Niaz A. Shah) 역시 많은 꾸란 구절이 무슬림이 아닌 사람들에 대한 폭력을 지지하고, 이 싸움에 함께하지 않는 무슬림들을 위선자로 규정한다고 설명한다.[92] 이렇듯 꾸란에 기초한 이슬람의 신학이 이슬람 테러리즘을 지지하는 근본이라고 볼 수 있다. 또한 무슬림들이 소수일 때는 평화롭고 관대한 모습을 유지하지만, 일단 사회에서 다수의 주도 세력이 되면 정치적인 힘과 권위로 종교적 소수자들을 압박하는 경향을 보인다고 기술한다.

자신들의 종교적 요구 사항이 그 사회에서 관철되지 않을 때, 무슬림이 종교적 합리화를 통해 심각한 테러 위협을 하는 모습은 많은 곳에서 관찰된다. 많은 무슬림은 다른 종교를 가진 사람들과도 화목을 이루며 살려고 노력하지만 이슬람의 정치, 종교 지도자들은 그들 자신의 이익을 위해 폭력을 지지하는 꾸란의 가르침을 이용하여 평범한 무슬림들을 선동하기도 한다. 폭력을 요구하고 정당화하는 꾸란의 가르침 역시 이슬람의 테러리즘에 중요한 책임이 있음을 부인할 수 없다.[93]

이슬람에서 구원의 개념은 이슬람법의 준수 여부 및 선한 행위에 의해 좌지우지되기 때문에 어떠한 무슬림도 그들의 구원을 장담할 수 없지만, 이슬람을 위한 성전(聖戰)인 지하드는 낙원으로 들어가는 보증된 길이다(수라 101:6-9).[94] 이는 지하드에 참여하는 무슬림들이 이슬람을 위해 기꺼이 죽으려고 하는 이유들 중 하나다. 꾸란은 무슬림들이 억압을 받거나 그들의 신앙으로 인해 불의를 겪게 되는 경우에 전쟁과 폭력을 정당화한다. 미국 이슬람 최고 위원회는 지하드를 다음과 같이 설명한다.

> 지하드의 문자적 정의는 노력(struggling) 또는 분투(striving)인데, 무함마드의 포교 활동 가운데 진행된 비무슬림들과의 종교적 전쟁이다. 지하드는 꾸란과 이슬람 경전을 통해 이슬람의 신성한 제도로 확립된 무슬림들의 종교적 의무 및 본분으로, 특별히 이슬람을 확대하고 무슬림에게서 악을 쫓아내기 위해 명령될 수 있다.[95]

헌신된 무슬림은 지하드를 위한 진정한 내외적 노력을 요구해야 하며, 사람들과 이슬람 신앙을 나누는 데 최선을 다해야 한다. 지하드가 항상 폭력적인 개념만 가지는 것은 아니지만, 그들의 신앙을 보호할 다른 방법이 없을 때는 폭력이 정당화될 수 있다. 즉 위협이 있는 상황에서는 이슬람 종교 권위자들이 정의로운 전쟁의 개념으로 지하드를 선포할 수 있다.⁹⁶ 압둘라 사이드(Abdullah Saeed)는 꾸란이 정당화하는 폭력에 대해 다음과 같이 설명한다.

> 이슬람법에 따르면 전쟁으로서의 지하드는 단지 침략이나 부당한 공격에 대해 조국을 방어하기 위하여, 종교(이슬람)를 (개종이 아닌)전파하기 위하여, 그리고 평화 조약을 위반하는 사람들을 처벌하기 위하여 허락된다. 침략의 위협이 없는 곳에서, 이슬람을 전파하는 데 자유가 있는 곳에서, 그리고 무슬림과 다른 사람들 간에 평화가 있는 곳에서는 지하드가 사용될 수 없다.⁹⁷

에스포지토는 이슬람 극단주의자들이 수라 9:5를 그들이 적으로 규정한 사람들에 대해 무조건적 폭력을 정당화해 주는 것으로 잘못 적용하고 있다고 주장하면서, 적들이 그 침략 행위를 멈출 때는 그에 대항한 폭력도 멈추어야 한다고 설명한다.⁹⁸

꾸란은 연대순으로 메카 수라(Meccan Surahs)와 메디나 수라(Medinan Surahs)로 나눌 수 있다. 꾸란의 초기 부분인 메카 수라에서는 폭력적인 행위가 단지 무슬림들을 공격하는 사람들에 대항해서 싸우는 경우에만 인정되었는데, 주후 631년 이후 기록된 메디나 수라에서는 공격적인 명령이 많이 나타난다. 초기에 무함마드는 사람들과 평화로운 관계에 강조점을 두었지만, 메디나에서 무함마드의 가르침을 거부한 유대인들과의 심각한 충돌 이후 메디나 꾸란에서는 폭력적인 단어를 더 많이 사용하게 되었다.⁹⁹ 그러므로 지하드의 정통적인 교리는 무함마드의 생애 중후기, 즉 주후 7세기와 8세기에 발전되었다고 할 수 있다.

몇몇 극단주의 집단을 제외한 거의 대부분의 무슬림은 지하드가 본질적으로 적들의 긴박한 침략 상황에 대비한 자기 방어를 위한 교리이기 때문에 단순히 다른 종교를 가진 사람들에 대항하는 경우에는 적용될 수 없다고 믿는다. 하지만 최근 수세기 동안 이슬람 국가들에 대한 경제적, 정치사회적 착취에 대항하여 군사적 활동을 요구하는 극단주의자들 가운데 지하드를 재해석하는 노력이 있다.[100] 바쌈 셰디드(Bassam M. Chedid)는 모든 무슬림이 이슬람의 샤리아법에 기초하는 신앙으로 돌아가야 하고, 열정적 신앙의 실천과 희생을 주저하지 않는 진정한 지하드를 통해 그 잃어버린 힘을 다시 찾을 수 있을 것이라고 주장한다.[101]

비록 기독교와 이슬람이 동일하게 평화를 추구한다고 하지만, 그 평화의 개념에는 근본적인 차이가 있다. 무슬림들은 공동체에 더 깊은 가치를 두기 때문에 평화의 개념을 화합과 통합으로 인지한다. 필 파샬(Phil Parshall)은 무슬림들이 평화에 대해 모든 것을 광범위하게 포함하려고 하는 데 비해, 서구 중심의 기독교는 포스트모더니즘의 문화적 영향으로 개인주의적 내면의 평화를 추구한다고 평가한다.[102] 여기에서 신학적인 이해로 깊이 들어가면 이보다 큰 차이가 있음을 알 수 있다. 이슬람은 죄를 인간의 본성에 영향을 끼치는 문제로 보지 않을 뿐만 아니라 하나님과의 샬롬을 잃어버리게 된 근원적인 문제로 인식하지 않는다.[103] 무슬림들은 평화를 단지 폭력과 적대감이 없는 상태로 인식하고, 알라에 대한 인간의 절대적인 복종을 통해 얻어질 수 있다고 믿는다. 그리고 진정한 평화를 위해 알라의 거룩한 간섭이 필요하다고 믿지는 않는다. 하지만 기독교에서의 진정한 평화는 죄로 인해 하나님과의 무너진 관계가 예수 그리스도를 통해 회복될 때에만 경험될 수 있다고 믿는다.

릭 러브(Rick Love)는 평화를 무슬림들이 경험하는 하나님 나라의 윤리에서 가장 중요한 부분 중 하나로 간주한다.[104] 평화가 그 공동체에 분쟁을 해결하고 조화를 가져다주기 때문에 화평케 하는 것은 무슬림들이 하나님의 사랑과 용서를 경험할 수 있도록 해주는 강력한 증거다. 특별히 명예와 수치에 기반을 둔 아랍 문화에서는 관계 회복을 통해 화평케 하는 일이 절대적으로 중요하다. 러브는 교회가 공동체이고, 화평케 하는 것은 공동체의 필수 덕목이기 때문에 화평케 하는 것이 교회 개척과 교회 생활의 중심이라는 것을 강조한다.[105] 그는 화평케 하는 것을 이슬람 세계에서의 교회 개척과 성장을 위한 중요한 영적인 훈련임을 강조하는데, 이는 매일의 삶 가운데 맺는 이웃들과의 관계 가운데 적극적이고 지속적인 헌신을 요구하기 때문이다.[106]

1장 한눈에 보기

- 샬롬은 하나님이 설계하신 창조 세계의 본래 속성이며, 하나님은 사람들이 평화롭게 창조의 열매를 즐기기 원하셨다.
- 샬롬은 하나님이 창조하신 모든 것이 풍성하게 자라가며 함께 기뻐하고 즐기는 모습을 반영하지만, 타락한 창조 세계는 하나님의 거룩한 간섭이 없이는 어느 누구도 샬롬을 경험할 수 없게 되었다.
- 예수 그리스도께서 십자가에서 회복의 사역을 완성하심으로 샬롬으로의 길을 열어 주셨는데, 잃어버린 백성에게 보여 주신 그분의 사랑이 죽음의 절망 가운데 있는 많은 사람에게 전달될 수 있기를 간절히 원하신다.
- 기독교 선교는 평화의 복음이 사람들과 지역 사회에 변혁을 일으킬 수 있는 유일한 길임을 인식하고 이를 위한 온전하고 총체적인 복음으로 샬롬의 메시지를 나누어야 한다.
- 샬롬의 소식은 기독교 선교의 다양한 사역을 통해서 무슬림들의 총체적인 변화를 이끌고, 타락한 억압적 사회 구조를 변혁시킬 것이다.
- 기독교 선교는 단순히 개인의 영혼을 구원하는 것만이 아니라, 진리를 나누고, 사회 정의를 실천하며, 자비로운 공동체를 건설하고, 바벨론과 같은 도시에 하나님의 교회를 개척하는 총체적 접근을 통해서 샬롬 공동체, 즉 하나님 나라를 세워 가야 한다.
- 교회가 존재하는 궁극적인 목적은 세상 어느 곳에서든 하나님의 샬롬 공동체를 실현하는 것임을 잊지 말아야 한다.

2장 ──────── 이슬람에서는 질병 치유를 어떻게 바라보는가

질병과 사고는 모든 사람에게 심각한 두려움과 불안을 주기 때문에 질병의 원인을 알아내어 제대로 치료받고자 하는 것은 인지상정이다. 로버트 클랙스턴(Robert Claxton)은 치유(healing)가 기본적으로 건강하게 하고 질병이나 상처를 낫게 한다는 뜻의 온전(whole)이라는 의미를 가지고 있는 고대 색슨족 단어인 'hal'이라는 단어에서 유래했다고 설명한다.[1] 문화적 배경에 따라 질병 치유를 위한 다양한 방법이 있는데, 이는 치료와 처치들 이면에 있는 세계관의 뿌리를 드러낸다.

하나님은 현대 의료를 통해 환자들을 치료하시지만, 때로는 과학이나 의학이 적절하게 설명할 수 없는 기적적인 방식으로 치료하셔서 그분의 능력을 보여 주실 때도 있다. 또한 하나님은 질병 치유의 은사를 받은 그리스도인을 사용하시기도 한다. 치유를 베푸는 영적, 과학적 접근 모두 사람들의 이목을 끈다. 하나님은 그분의 의지에 따라 여러 방법을 통해 질병 치유를 베푸신다.

필자가 외과 의사로 응급실에서 근무했을 때, 모든 검사상 정상 소견을 보였지만 설명할 수 없는 심각한 복통을 호소하는 젊은 여성 환자를 만난 적이 있다. 그 여성은 통증을 참기 힘든 것같이 보였지만, 치료를 맡은 내게는 공손하고 예의를 잘 갖추었다. 하지만 그녀의 아버지가 응급실에 들어오는 것을 보는 순간 그녀는 아주 이상한 음성으로 아버지에게 소리 지르기 시작했다. 교회 목사인 아버지를 비롯해 당시 응급실의 모든 당직자는 그녀에게 일종의 영적인 문제가 있다는 사실을 분명하게 인지할 수 있었다. 때로는 영적인 힘이 인간의 신체적 및 정신적 건강 모두에 연관된다는 것은 부인할 수 없다.

기적은 빛과 어둠의 세력이 대결할 때 나타난다. 인간은 모두 건강한 삶을 살기를 열망하고, 또 질병에 걸렸을 때 낫기 위해 최선을 다한다. 이슬람 배경에서 치유와 연관된 여러 문제를 주의 깊게 관찰하고, 그 문제를 성경적인 관점에서 평가함으로써 무슬림들과 복음을 더 효과적으로 나눌 수 있다. 의료 선교는 특별히 질병 치유를 위해 사용되는 민속적 행위들(folk practices)[2]을 잘 이해하여 여기에 적극적으로 참여하는 무슬림들에게 성경의 진리를 올바르게 나누어야 한다.

건강과 질병에 대한 이슬람의 관점

세계 보건 기구(World Health Organization [WHO])는 "건강(健康)을 단순히 질병이나 허약함이 없는 상태가 아니라 신체적, 정신적, 사회적으로 완전한 안녕의 상태"로 정의하는데, 이는 1970년대와 1980년대에 지식적, 환경적, 영적 건강 같은 주요 요소들을 포함하여 광범위하게 받아들여졌다.[3]

최근에는 이 정의가 사회적 및 경제적으로 투영된 삶으로 이끄는 능력도 포함하도록 수정되었다.[4]

무슬림들은 알라가 의료적으로 희망이 없는 경우까지 포함해서 모든 병과 질환을 치유할 수 있는 존재라고 믿고 있다. 이들은 건강을 유지하기 위해 꾸란이 가르치는 방법을 따르고, 더 나아가 공동체적으로도 건강을 지키고 증진할 수 있는 시스템을 통해 건강을 유지할 수 있다고 믿는다. 이슬람은 개인의 건강을 증진할 수 있는 여러 행위를 장려하는데, 꾸란은 무슬림들에게 이 땅에서 적법하고 건전한 것(수라 2:168)과 좋은 것(수라 2:172)을 먹도록 명령하고 있다. 또한 무슬림들에게 과식이나 음주하지 않는 건강한 식습관을 가지라고 하며(수라 7:31, 20:81), 산모들에게는 자신과 아이의 건강을 위해 출산 후 2년 동안 수유하도록 조언한다(수라 2:233). 흥미롭게도 야자나무나 포도나무 열매와 같은 음식을 먹거나 마시도록 권하기도 한다(수라 16:67).

이에 더하여 이슬람에는 음식에 대한 특별한 제한들이 있는데, 이는 무슬림들이 이슬람의 가르침에 따라 음식이 그들의 신체, 정신, 그리고 영혼에 영향을 준다고 믿기 때문이다. 할랄 인증 사업(Halal Certification Services)은 금기(하람, حرام)를 이슬람법에 의해 금지되는 것으로 정의하는데, 여기에는 술이나 돼지고기와 같은 음식과 더불어 이슬람법에 의해 허용(할랄, حلال)되지 않은 모든 것, 간음이나 남용과 같은 행동들, 그리고 죄로 얻은 잘못된 재산 등이 있다.[5] 할랄이라는 표식은 문자적으로 "허용된" 또는 "허가받은" 이라는 뜻을 가지고 있고, 이는 음식이 이슬람법과 전통에 의해 적절하게 준비되었음을 인증한다.[6] 세디드는 할랄은 적법하다는 뜻이고 하람은 금지된 것이라는 의미로 사용되는데, 이슬람의 종교적, 윤리적 시스템의 불가결한 부분으로 구약 시대 이스라엘 백성에게 주어진 음식물에 대한 규례에 뿌리를 두고 있다고 설명한다.[7] 죽은 동물들의 피와 돼지고기는 세균과 여러 해로운 요소를 가지고 있다고 여겨져 엄격하게 금지되어 있고, 할랄 음식은 무슬림의 건강과 영성을 유지할 수 있도록 해준다고 여겨진다(수라 5:3).

무슬림들이 건강을 증진하고 질병 치료의 효과가 있는 것으로 믿는 몇 가지 이슬람의 행위가 있다. 그중에 하나가 '우두'(الوضوء, ablution)인데, 이는 무슬림들이 기도하기 전 알라 앞에서 깨끗한 상태가 되기 위해 입과 더불어 오물과 먼지에 노출되어 있는 몸의 부위를 씻는 행위를 말한다.[8] 무슬림들은 이 행위가 입, 눈, 피부 등에 일어날 수 있는 감염, 심혈 관계 질환의 위험을 감소시킬 수 있고, 동시에 영적 이익을 준다고 믿는다. 또 다른 행위는 '이스틴자'(استنجاء)로 소변을 본 후 그 주변을 씻어 냄으로써 불결함을 제거하는 행위다. 무슬림들은 '이스틴자'가 비뇨기 감염에 큰 효과가 있다고 믿고, 화장실을 사용하고 '이스틴자'를 행하지 않으면 우두나 '살라'(صلاة)가 유효하지 않다고 생각한다.[9] 또한 무슬림들은 치아용 막대(مسواك[미스와크])로 치아를 닦도록 권장되는데, 우마르 아다무(Umar F. Adamu)는 이것이 알라를 기쁘게 할 뿐만 아니라 그들의 입을 정결하게 해주는 행위라고 설명한다.[10] 치아용 막대 '미스와크'는 구강 위생에 치료 효과가 있다고 알려진 칫솔 나무(Salvadora Persica L.)로 만들어지는데, 이슬람 학자인 마얀크 트리파티(Mayank Tripathi)는 이 나무의 보호를 강조하면서 오용하지 않도록 경고하기도 한다.[11] 수라 67:30와 50:9는 무슬림들이 건강을 유지하기 위하여 깨끗하고 순수한 물을 마시도록 강조한다. 더 나아가 물을 마시는 방법도 가르치는데, 소화기와 호흡기에 손상을 끼치지 않

도록 한꺼번에 마시지 말고 여러 번에 걸쳐 나누어 마시도록 권한다.[12]

이슬람의 영성은 건강을 유지하기 위한 방법과 더불어 삶의 모든 영역에 배어 있다. 아다무는 영적인 건강을 삶 가운데 영적 관계의 중요성을 인정하는 건강의 동적인 상태로 정의하면서, 생명에 대한 기계론적 관점 이상을 보지 못하는 현대 의학의 한계를 비판한다.[13] 하지만 현대 의학 역시 신체적인 질병과 연관된 영적 문제의 중요성을 배제하지 않지만, 이슬람 신앙에 기초한 다양한 치유 행위 중에는 현대 의학의 관점으로 받아들일 수 없는 비이성적인 것들이 있다.

무슬림들은 그들의 운명이 예정되어 있고 자신의 운명에 대해 제어할 방법이 없다고 믿는다. 그들이 제어할 수 있는 것은 제한된 자유 의지인데, 선한 것과 악한 것 중 선택하는 것, 알라를 믿는 것과 믿지 않는 것 등이다. 꾸란에 의하면 마음이 냉혹한 사람과 믿음을 거부하는 사람이 가장 심각한 질병을 가진 사람으로 간주된다(수라 2:10). 또한 무슬림들은 신체적인 질병이 영성과 밀접하게 연관되어 있음을 강조하는데, 신체의 질병은 마음의 문제에서 야기된다고 믿기 때문이다. 무슬림들은 알라가 자신의 마음을 고칠 때에만 질병을 치료해 준다고 믿는다. 알리 안사리(Ali Ansari)는 다음과 같이 결론을 내린다.

> 우리가 알라의 왕좌로 예언자의 성스러운 여정(holy journey, المعراج[미라지])을 가고 또 돌아오며 눈이 반짝일 때, 우리 역시 마음의 기적을 보고 완전한 이해와 완전한 건강을 경험할 수 있다.[14]

아담 아사르(Adam Asar)는 무슬림의 질병 치유를 위한 영성을 강조한다.

이슬람의 영적 치유는 역사의 시작부터 실천되어 왔다. 이 긍정적 에너지가 적절히 사용될 때 알라에 의한 질병 치유의 기적적 형태로 나타나 모든 종류의 물리적, 정신적 사회적 문제들, 무질서 또는 질병에 대한 치유를 제공한다. 이는 완전한 자연적, 총체적 영-혼-육의 치유다.[15]

히샴 캅바니(Hisham M. Kabbani)은 영적 치유 방법에 대한 새로운 관심이 현대 의학의 발전을 더욱 도울 것이라고 주장한다.[16] 그는 영적 치유가 활동적인 에너지를 통해 일어난다는 가설을 세우고 이를 과학적 방법으로 증명하기 위해 노력했다. 무슬림들이 고통과 질병의 의미를 알라에게 묻는 과정을 통해 영성이 깊어지면 질병의 기적적 치료가 일어나고 치료약들의 효과도 커진다고 주장한다.[17]

꾸란이 권장하는 질병 치유에 대한 이슬람의 관점과 행위들

하니프 셰라리(Hanif D. Sherali)는 꾸란에 기록된 '치유'(healing, شفاء[쉬파])에 대해 다음과 같이 기술한다.

> 무슬림들이 가진 독특한 힘이 있는데, 이것은 꾸란에 계시된 알라의 말씀이다. 이는 삶을 안내하고, 축복하며, 특별히 '치유'(쉬파)를 일으킨다. 이 '쉬파'는 문자적으로 다양한 육체적 질환에 대한 치유를 의미하지만, 더 중요하게는 개인의 부정직, 거짓과 속임수, 억압, 폭정, 동료들에 대한 착취와 같은 사악함으로 말미암은 교만, 배은망덕, 질투, 시기, 편견, 증오와 같은 영적 질병들을 위한 치유이기도 하다. 또한 꾸란은 삶의 시

험과 시련으로 인한 정서적 고뇌, 우울, 낙심에 대한 치유도 제공한다.[18]

알라는 무슬림에게 유일한 치유자다. '쉬파'는 꾸란에서 여섯 번 나타나는데(수라 9:14, 10:57, 16:69, 17:82, 26:80, 41:44), 야히야 오예우리(Yahya Oyewole)는 알라가 치유를 제공하는 존재이기 때문에 치유 기적이 이슬람 신앙에서 중요한 부분을 차지한다고 설명한다.[19] 아다무는 부적이나 마법으로 일어나는 기적적인 치유를 지지하지 않는데, 이는 알라의 선지자를 통한 기적적인 치유가 때로는 멸시나 비웃음을 받을 수 있기 때문에 무슬림들은 꾸란과 순나에 기록된 이성적인 행위들만 따르도록 호소한다.[20] 그는 치유의 기적에도 불구하고 사람들의 믿음 없음 때문에 오히려 비통해 한 예수님의 모습(마 11:18, 17:17, 23:37; 막 3:22)을 예로 드는데, 수라 5:110에도 믿음 없는 자들이 예수님의 기적을 보고도 마술에 불과하다고 폄하한 것이 기록되어 있다.[21] 아다무를 비롯한 이슬람 학자들은 비록 알라의 선지자들을 통해 이루어지는 기적적인 치유가 알라의 능력을 보여 주는 것처럼 보인다 할지라도 악한 영에 의한 가짜 기적과 주의 깊게 구별하도록 권면한다.

하지만 꾸란이 권장하는 행위들 중에도 미신적인 요소를 포함하는 경우가 많다. 무슬림들은 꾸란 자체가 질병 치유의 신성한 힘, 즉 환자들이 가진 음성의 에너지를 상쇄시키는 양성의 신성한 에너지가 있다고 믿는다(수라 17:82, 41:44). 그래서 많은 무슬림은 환자들 앞에서 꾸란의 특정한 구절들을 암송 또는 낭독하는데, 이 구절들의 의미를 이해하지 못한다 하더라도 그 자체만으로도 영적인 힘과 만족을 가져다줄 수 있다고 믿는다.[22] 필 파샬은 무슬림들이 질병에 걸린 경우 특별히 꾸란의 첫 번째 수라인 알-파티하(الفاتحة)를 암송한다고 설명한다.[23] 알-파티하는 '시작'을 의미하는데, 신생아의 탄생을 축하하기 위해 초대받은 이맘(이슬람 교단의 지도자)도 아기가 이슬람 신앙에 들어가는 문을 열어 주기 위해 알-파티하를 암송한다.[24] 어떤 무슬림들은 꾸란의 구절들이 쓰여진 종이를 부적같이 가지고 다니기도 하고, 때로는 이런 종이를 물에 완전히 적신 후 그 물이 성스럽게 변한다고 믿으며 마시기도 한다.[25] 또한 이슬람 영적 지도자가 꾸란의 구절을 암송한 뒤 물이 든 잔 위에 숨을 내쉬면, 무슬림들은 이 물이 치유를 위한 특별한 힘을 가지게 된다고 믿는다. 파샬은 북아프리카 지역의 유사한 사례를 소개한다.

> 맘맘에 있는 한 모스크에서 남자아이들은 하얀 물감이나 분필로 칠해진 나무 판에 쓰여진 꾸란을 배운다. 갈대 줄기로 만들어진 펜으로 암기해야 할 꾸란의 구절을 나무 판에 쓴다. 이를 까맣게 탄 양의 털과 잇몸으로 만들어진 잉크에 잠기게 한다. 나무 판을 깨끗하게 씻을 때 사용된 물은 "성스러운 물"로 불려지고, 모스크 바깥에 있는 큰 항아리에 보관해 둔다. 이것은 불평이 많은 사람에 대한 특별한 치료로 명성이 있다. 환자들이 이것을 마시는데, 이것은 알라의 말을 마시는 것과 동일하게 여겨진다.[26]

하지만 이런 행위들이 과학적으로 그 치료 효과가 증명되지 않고, 이로 인해 발생되는 화학적 독성이 건강에 해롭다고 여겨 권하지 않는 무슬림 학자들도 있다.[27]

알라가 치유의 원천이라는 믿음에 기초하여, 무슬림들은 알라의 이름들 자체가 치유의 힘을 가지고 있다고 믿는다. 몇몇 이슬람 학자는 무슬림들에게 기적적인 치유를 얻기 위해 그 이름들을 사용하도록 권유한다. 꾸란에는 그 이름이 언급되어 있지 않지만, 무슬림 선지자의 이야기에 등장하는 앗-샤아피(الشافعي)는 "모든 창조 세계의 치유자"라는 뜻을 가진 알라의 이름이다.[28] 이 알라의 이름은 "치유하는 자"로 번역되고, 알-부카리(Al-Bukhari)가 쓴 「환자의 책」(the Book of Patients)에도 언급되어 있다.[29] 무슬리마(Muslimah)는 이브라힘 카림(Ibriam Karim)이 알라의 이름을 질병이 생긴 신체의 특정한 부분에 지정한 것을 설명해 준다. 그는 환자들에게 통증 부위에 손을 얹고 그 통증과 질병이 없어질 때까지 지정된 알라의 이름을 찬양하도록 가르친다.[30] 이와 더불어 무슬림들이 치료 효과를 믿는 몇 가지 방법이 있다. 꾸란은 꿀의 치유 효능에 대해 기술하는데(수라 16:68-69), 저자가 일했던 Y국의 병원에서도 환자들이 의사에게 꿀을 가져와 상처 치료에 사용하도록 요구하기도 했다. 또한 많은 무슬림은 물이 특별한 치유의 힘을 가지고 있다고 믿고, 열병과 같은 경우에 주의 깊게 사용하고 있다.

질병 치료를 위한 이슬람의 민속적 행위들

질병 치유는 모든 사람의 생명과 연관된 중요한 문제다. 프레드릭 가이저(Frederick J. Gaiser)는 다음과 같이 기술했다.

> 한 사회의 문화가 대체로 원래대로 유지되고, 또 다른 문화권과 분리되어 있다면, 사람들은 큰 문제 제기 없이 그 문화에서 학습된 가능한 질병

치유 방법을 사용하여 고통과 질병에 대처한다. 하지만 다른 문화와 접촉하게 될 때 이러한 방법과 정의에 대해 질문이나 의문이 많이 생기게 된다.[31]

모든 종교는 질병 치유를 중요하게 다루는데, 이슬람도 예외는 아니다. 빌 무스크(Bill Musk)는 이슬람을 꾸란에 기초를 둔 '공인된 고등' 종교와 전통적인 행위에 기초를 둔 '통속적 하등' 종교로 구분했다.[32] 그는 '통속적 하등' 종교가 즉각적인 매일의 삶에 대한 문제들, 즉 두려움, 질병, 외로움, 죄책감, 복수, 수치심, 무력감, 갈망, 무의미, 질병, 공황 등을 다루는 반면 '공인된 고등' 종교는 삶의 근원, 운명, 궁극적인 삶의 의미 등과 같은 포괄적인 문제를 다룬다고 설명한다.[33] 이슬람권 선교사들은 복음을 적절하게 전하기 위해 이러한 '공인된 고등 이슬람'뿐만 아니라 '통속적 하등 이슬람'을 잘 이해해야 한다.

'통속적 하등 이슬람'과 '공인된 고등 이슬람'의 종교적 행위를 볼 때 어느 정도 문화적인 근접성이 보이지만, 서로 양립할 수 없는 다른 면들도 있다. 민속적 행위들은 이슬람의 가르침과 밀접한 연관성이 없다 하더라도 그 사회의 전통에 중요한 토대를 두고 있다. 사실상 '공인된 고등 이슬람'조차 이슬람의 사회-종교적 체계 내에서 여러 심각한 삶의 문제를 다루기 위해 민속적 행위들을 허용한다. 다른 말로 하면 이슬람은 적절한 종교적 체계를 만들어 무슬림들이 질병 치유의 비이성적인 습관들을 바꾸지 않아도 될 정당성을 제공해 준다는 것이다.

아랍 지역 무슬림들 사이에서 점, 마술, 액막이, 부적, 또는 특정한 주문을 외우는 것은 질병으로부터 자신을 보호하고, 환자들에게 치유를 가져다주는 중요한 방법으로 간주되기도 한다. 비록 이슬람의 가르침이 이 중 일부를 명시적으로 금지하기도 하지만, 이러한 행위들은 질병 치료의 초자연적 도움을 위한 방편으로 흔히 관찰된다. 몇몇 무슬림 학자는 '셔르크'(شرك, 하람[이슬람 법에 의해 금지된]으로 간주되는 행위)가 아닌 꾸란의 구절이나 단어를 쓴 부적이나 액막이를 사용하는 것을 찬성하기도 한다.[34] 반면에 아사르와 같은 학자들은 그 자체를 우상 숭배로 간주하여 반대한다.

> 행운을 불러오고 악을 쫓아내는 부적의 효과를 믿는 믿음은 셔르크를 범하는 것이다. 이는 알라의 선지자 시대에 아랍 사람들이 목걸이, 팔찌, 염주, 껍질 등을 부적으로 찼던 것과 같다. 알라의 선지자는 이 모든 행위를 거부했다.[35]

사리 유셀(Salih Yucel)은 이런 혼동을 다음과 같이 정리한다.

> 선지자 무함마드는 처음에는 부적에 알라 이외의 영들과 연관된 힘을 일으킬 수 있는 특정한 단어들이 포함되어 이슬람의 엄격한 유일신 신앙을 손상시킬 위험 때문에 금지했다. 이후 그는 부적의 내용이 꾸란이나 하디스의 구절이고, 질병 치유가 부적이 아닌 알라에게서 나오는 것을 믿는 경우에 한하여 부적 사용을 허락했다. 부적에 사용된 꾸란이나 하디스의 구절은 기도문으로 읽힐 수도 있다.[36]

이 행위의 근본적인 동기는 꾸란에 질병 치유의 기적적인 힘이 있다는 믿음에 기초한다. 많은 무슬림이 악한 영과 질병에 무력하다는 것을 잘 인지하고 있기 때문에, 민속적 이슬람의 여러 신비주의적 행위를 따르고자 하는 욕구가 강하다. 무슬림들의 질병 치유를 위한 민속적 방법이나 행위에서 드러나는 무슬림들의 근본적인 욕구를 살펴보는 것이 도움이 되리라 생각한다.

첫째로, 가브리엘 고메스(Gabriel J. Gomes)에 따르면 무슬림들은 알라가 멀리 떨어져 있고, 기독교인들이 믿는 하나님에 비하여 인간 사정에 덜 관여한다고 여긴다.[37] 이러한 믿음 때문에 질병 치유를 원하는 무슬림들은 중간 매개자를 통한 민속적 행위들을 찾게 된다. 비록 무슬림들은 꾸란을 알라가 준 계시라고 믿지만, 알라는 여전히 인지할 수 없는 존재로 여긴다. 무스크는 때로 '공인된 고등 이슬람' 신앙 역시 의도적으로 '통속적 하등 이슬람'이 지고 있는 짐의 일부를 함께 지도록 변화되었다고 기술한다.[38] 그는 '공인된 고등 이슬람'이 절대적인 삶의 영역에 대해서만 다루고 무슬림들의 현실적 욕구는 해소해 주지 못하기 때문에 건강을 유지하고 질병을 치유하기 위한 수단으로 민속적 행위들이 광범위하게 허용된다고 설명한다. 무스크는 이러한 욕구에 관해 다음과 같이 결론 내린다.

> 알라의 적극적이고 신성한 간섭을 인정하지 않는 공인된 고등 이슬람은 대부분의 무슬림이 따르는 민속적 행위와 경쟁해서 이길 수 없다. 왜냐하면 공인된 고등 이슬람은 무슬림들의 근원적인 필요를 만족시킬 수 없기 때문이다.[39]

'공인된 고등 이슬람'과 달리 수피(Sufis)는 꾸란을 계속 암송함으로써 알라와 개인적인 관계를 추구한다.[40] 수피즘(صُوفِيّ, sufiyy) 또는 타사우프(مُتَصَوّف,

mutasawwuf)는 무슬림들이 직접적인 알라와의 개인 경험을 통하여 신성한 사랑과 진리를 찾고자 하는 신비주의적인 이슬람 신앙과 행위로 정의된다.[41] 파샬은 수피의 영성주의가 이슬람에서 영적 공허를 느끼는 무슬림들의 욕구를 채워 준다고 설명한다. 그는 수피즘이 무슬림들로 하여금 종교적 의식에서 정신과 마음으로 그 강조점을 옮김으로써 영성, 사랑, 자유로 채워지도록 돕는다고 기록한다.[42]

소피아 김(Sophia Kim)은 이집트에 있는 신전 문화를 수피즘과 연관된 민속적 행위들의 하나로 보고, 알라와 친밀한 관계를 통해 개인적인 문제를 해결하고자 하는 무슬림들의 욕구를 잘 알 수 있다고 설명한다.[43] 수피 무슬림들뿐만 아니라 많은 무슬림이 당면한 현재의 문제를 해결하기 위해 이슬람 성자들의 신전을 찾는 것을 흔히 볼 수 있다.

둘째로, 대부분의 무슬림은 진(الجن)이라는 영적 존재들이 모든 가능한 노력을 통해 무슬림들을 알라에게 등을 돌리게 할 뿐만 아니라 질병, 간질 발작, 유행병 등을 일으켜 자신들의 존재를 알리고자 한다고 믿기 때문에 이들에 대한 상당한 두려움을 가지고 있다.[44] 진은 알라가 인간을 창조하기 전에 연기가 나지 않는 불의 화염으로부터(수라 55:15) 만들었다(수라 15:26-27)고 꾸란에 기록되어 있다. 이들은 인간과 천사 사이 세계의 특정한 영적 존재로 여겨진다. '진'이라는 단어는 아랍어 동사인 잔나(جن)에서 유래했고, '덮다, 숨다, 감추다, 가리다'로 번역될 수 있다.[45] 이렇게 진은 눈에 보이지 않는 존재이고 자유 의지를 가지고 있는 것으로 간주된다.[46] 진은 인간이 살지 않는 산, 묘지, 버려진 빌딩, 화장실, 쓰레기 더미와 같은 더러운 곳에서 사는 것으로 믿어진다.[47] 아다무는 진이 어떻게 사람들을 지배하는지 다음과 같이 설명한다.

진에 의한 지배는 사람들이 예측할 수 없는 변덕이나 사랑같이 진의 한 부분에 대한 육체적 욕망을 가졌기 때문일 수 있다. 하지만 가장 흔한 진의 지배는 진에게 잘못을 저지른 사람들에게 진이 주는 형벌로 일어난다.[48]

아사르 역시 비슷한 개념으로 무슬림들이 진에 의해 지배되는 기전을 설명한다.

진은 새로 발견된 숙주에서 그 지배를 증대하면서 피와 같이 흐른다. 그 결과 각 장기, 사지, 그리고 궁극적으로 뇌에 성공적으로 침투함으로써 그 사람을 진의 날개 아래 둔다.[49]

진은 불타는 듯한 특징을 가지고 있기 때문에 정신적 질병을 포함한 여러 신체적 문제를 일으킬 수 있다. 바하르 고리푸어(Bahar Gholipour)는 무슬림들이 많은 정신 질환자의 환상과 같은 증상이 진에 기인하는 것으로 믿고 있다고 보고한다.[50] 여러 의료적인 문제를 가진 무슬림들을 만날 때 무슬림들이 믿고 있는 진의 특징을 잘 모른다면 적절한 대응이 어려울 수 있다.

무슬림들은 진이 이슬람을 배신하도록 하는 중요한 이유라고 믿기 때문에 이를 방지하기 위한 민속적 행위들이 필요하다고 생각한다.[51] 무스크는 진의 정체와 그 역할에 대해 다음과 같이 기술한다.

이론적으로는 중립이지만, 진은 나쁜 것으로 여겨진다. 그들은 남자, 여자, 그리고 어린이들에 대해 격렬한 질투심을 품고 있고, 지속적으로 그들을 다치게 하기 위해 기회를 노린다.[52]

무슬림들은 꾸란이 악한 영들을 이길 수 있는 힘을 가지고 있다고 믿어 진을 달래기 위해 수라 23:97-98을 많이 암송한다.[53] 또한 이슬람 법에 금지된 셔르크가 없는 부적은 진에 의해 지배된 사람들을 돕기 위해 사용된다.[54]

무스크는 무슬림들이 까리나(قرينة), 즉 진의 동료로 '인간의 이분된 영'을 여러 질병의 원인으로 간주한다고 기록한다.[55]

> 까리나 또는 인간 개인의 이분된 영에 대한 개념은 초경험적인 세계에 있어 '존재'의 또 다른 표현이다. 이 이분된 영은 인간의 삶에 다양한 사건을 일으킨다.[56]

수라 43:36에도 까리나(동료)는 영적 존재로 사람들에게 악한 일을 하게 만드는 것으로 기술되어 있다. 까리나는 한 개인의 동료로 그 사람의 전 생애를 잘 알고 다른 점성술적 활동과 더불어 미래 예견에 관여하는 것으로 알려져 있다. 무슬림들은 까리나로 인한 불운과 질병으로부터 벗어나고자 여러 민속적 방법을 사용한다.[57]

셋째로, 미래의 불확실성과 질병에 대한 두려움은 사람들이 정령 신앙과 연관된 미신과 점 등 민속적 행위를 찾게 하는 강한 동기가 된다. 성경은 이러한 미신적 행위들에 대해 강하게 비판한다.[58] 레오나르드 고스(Leonard G. Goss)는 미신(occult)을 다음과 같이 설명한다.

미신적 행위를 하는 자들은 숨겨진 지식(*gnosis*, 영적 인식, 신비적 직관), 즉 관용 어구 낭송, 특정한 몸짓, 조화되지 않는 요소들을 서로 섞는 것, 치유를 위해 주문을 거는 것, 또는 비밀스러운 의식을 시도하는 것과 같은 정통적이지 않은 미신적 방법을 사용하여 물질의 본성을 바꾸기 위해 간섭한다.[59]

점은 흔히 사람들이 질병의 원인 또는 치유를 위한 특별한 방법을 찾을 때 사용되고, 일상의 삶에서 그 길을 안내해 주는 역할을 한다. 때로는 꾸란이 질병의 원인과 치유 방법을 알게 해주는 영적 힘에 접촉하기 위한 도구로 사용되기도 한다. 무스크는 흔히 점을 치는 방법으로 꾸란의 구절을 사용하는 것도 소개하는데, 이는 무슬림들이 꾸란을 무작위로 펼쳐 그들의 상황과 연관되는 구절을 찾아내어 적용하는 것이다.[60] 점은 효과가 있든 없든 무슬림들이 무엇을 해야 할지 알려줌으로써 그들이 겪고 있는 어려운 상황으로 인한 두려움을 해소해 준다.

파샬은 기독교 신앙에서는 하나님에 대한 두려움이 하나님의 사랑으로 그 강조점이 바뀌지만, 기독교 신앙을 가지지 않은 사람들에게는 광범위한 두려움이 그대로 존재한다고 설명한다.[61] 정령 신앙(애니미즘)[62]에서는 질병이 조상이나 영적 존재에 대항하는 죄를 범함으로 발생된다고 여겨진다. 정령 신앙은 질병에 걸리게 되는 원인에 대해 큰 관심을 가지고 있다. 무슬림들, 특히 수피 무슬림들은 영적 영역을 침해하거나 금기된 것을 범하는 것 등을 질병의 주된 원인으로 생각한다. 현대 과학에 기초한 사람들은 질병의 원인을 자연 법칙에 따라 설명하지만, 정령 신앙을 가진 사람들은 이러한 자연 법칙 이면에 어떠한 영적 힘이 있다고 믿는다. 그래서 그들의 조상이나 영적 존재에 의해 야기된 질병의 원인과 해결법을 알려 줄 점과 같은 민속적 행위들이 필요한 것이다.[63]

무슬림들의 일상의 삶 속에서 흔히 볼 수 있는 여러 '통속적 하등 이슬람'의 예가 있다. 이슬람의 다섯 기둥 중에 하나인 자선 기부가 '흉안'(the evil eye)에 대항할 수 있는 예방 조치가 될 수 있다. '흉안'은 해를 끼칠 수 있는 눈이나 시선, 또는 그런 눈이나 시선을 가지고 있다고 여겨지는 사람을 일컫는다.[64] 자카리아스 코체(Zacharias Kotze)는 흉안을 특정한 사람, 신, 동물, 신화적인 형체의 시선이 다른 사람에게 손상, 질병, 더 나아가 죽음을 일으킬 수 있다고 믿는 민속적 개념으로 정의한다.[65] 흉안에 대한 두려움은 질투심으로 가득한 영적 존재가 무슬림들이 가진 어떤 소중한 것들에 대해 해를 끼칠 것이라는 불안감 때문에 생긴다.[66] 무스크도 흉안의 근본적인 개념에 대해 다음과 같이 기술한다.

> 소중한 사람이나 물건은 다른 사람의 질투에 의해 지속적으로 공격당하기 쉽다. 그런 질투와 시기는 눈을 통해 투영된다.[67]

꾸란도 '흉안'에 대해 "시기하는 자의 재앙으로부터 보호를 구하노라"(수라 113:5)고 언급한다. 시기와 질투는 무슬림들의 삶에 재앙, 특히 여러 질병을 일으키는 실재하는 힘 중 하나로 여겨진다.

파란색과 하얀색으로 눈 모양같이 그린 장식품인 흉안은 악한 흉안을 떨쳐 내기 위해 사용된다. 무슬림들이 흉안으로부터 자신을 보호하기 위해 부적을 지니고 다니기도 하고, 운전자들은 그들의 자동차에 꾸란의 구절들을 써 놓기도 한다. 신생아는 연약해서 흉안에 의해 쉽게 다친다고 여겨지는데, 가족들은 아기에게 부적으로 팔찌를 주어 특별한 보호를 받도록 한다. 아제르 까마르(Azher H. Qamar)는 무슬림 가정의 육아 방법이 흉안에 대한 두려움과 밀접한 연관을 가지고 있고, 이는 그들의 삶에 광범위한 영향을 주고 있다고 기록한다.[68] 아랍 지역에서 흔히 볼 수 있는 또 다른 부적이 '함사'(خمسة; 파티마의 손 [the hand of Fatima])[69]인데, 무슬림들은 이것을 지니면 악한 영으로부터 보호받을 수 있다고 믿는다.

운명론은 무슬림들의 삶 전체에 강항 영향을 주고 있다. 마크 번스타인(Mark Bernstein)은 다음과 같이 운명론을 정의한다.

> 운명론은 일어날 일은 무엇이든지 반드시 일어난다는 이론이다. 모든 일어나는 사건이나 일상사는 반드시 발생해야 하며, 반면에 일어나지 않은 모든 사건과 일상사 역시 필연적이다. 운명론은 우리에게는 인간의 일상사에 대하여 우리가 행할 수 있는 것들 이외의 다른 어떤 것을 행하는 힘(능력)은 결여되어 있다고 주장한다.[70]

달야 코헨-모르(Dalya Cohen-Mor)는 꾸란에 "쓰여진" 또는 "책 내에 있는" 등의 언급이 이슬람 신학에 연관된 예정론이라고 말한다.[71] 하디스에 알라는 인간이 태어나기 전에 각 사람의 운명을 천사에게 받아 적도록 한다고 기록되어 있다.

> 압둘라의 이야기: 알라의 사도, 진리와 진실로 영감을 받은 사람이 말했다. "(당신의 창조에 관하여) 너의 모든 것이 첫 사십 일 동안 어머니의 태중에서 모여지고, 그 이후 그는 또 다른 사십 일 동안 덩어리가 되고, 그

이후 또 다른 사십 일 동안 하나의 육체가 된다. 그리고 알라는 천사를 보내어 네 단어를 쓰도록 한다. 그가 행할 일들, 그가 죽는 시간, 그가 사는 동안 사용할 도구들, 그리고 그가 종교적으로 비참하게 될지 아니면 복을 받을지에 대한 것들이다. 그 다음 혼이 그의 육체에 숨으로 불어 넣어진다."[72]

이러한 운명론적인 믿음이 일반적인 무슬림들의 삶 가운데 깊이 자리 잡고 있고, 삶에 대한 결정론적인 관점은 미래의 불확실성과 불행에 대한 두려움을 안고 있는 이슬람 사회의 전통과 밀접하게 연관되어 있다. 셰디드는 모든 것이 알라의 뜻에 의해 정해져 있어서 인간의 뜻은 헛된 것이라고 무슬림들의 운명론적 신학을 정리(수라 3:145, 6:59, 7:188, 9:51)한다. 그리고 알라는 모든 혼의 운명을 정의롭지 못한 방법으로 미리 정하는 반면, 성경의 하나님은 그분의 선하심, 은혜, 그리고 정의로운 방법으로 행하신다고 비교한다.[73]

아랍 지역에 방문하면 누구나 쉽게 "인샤 알라"(انشاءالله), 즉 "알라가 원한다면"이라는 아랍어 구절을 들을 수 있다. 어떤 좋은 일이 미래에 일어나는 것을 바라거나 계획할 때 무슬림들은 꼭 "인샤 알라"라고 말하는데, 어떤 일이 일어나든지 그것은 알라의 뜻에 의한 것이라는 의미를 가진다. 비록 아랍 지역의 기독교인들도 동일한 구절을 자주 사용하지만, 이 구절 이면에 있는 세계관은 서로 많이 다르다. 필자와 함께 병원에서 일했던 압둘라[74]라는 Y국 간호사는 이 아랍어 구절이 어떻게 무슬림의 삶에 영향을 주었는지에 대해 이야기해 주었다.

한 사람이 친구에게 다음날 어느 정도의 현금을 빌려주기로 약속했다. 그 친구가 "인샤 알라"라고 말하도록 설득했지만, 그는 그 정도의 현금은 충분히 빌려줄 수 있을 것이라고 믿었기 때문에 "인샤 알라"를 말하지 않았다. 그런데 그날 바로 그의 아들이 갑자기 죽어 그는 그 돈을 친구에게 빌려줄 수 없게 되었다.

알리[75]라는 병원 행정 직원은 그의 믿음이 결코 운명론과 연결되어서는 안 되고, 이 문제는 예정과 자유 의지에 대한 문제라고 주장했다. 그는 이 생애에서 일어나는 선한 것과 악한 것 모두 사후를 위한 하나의 시험으로 간주되는데, 이 모든 것이 알라의 허락 없이는 일어날 수 없다고 설명했다. 하지만 알리의 의견이 종말론적인 사고와 관계가 있는 반면, 그의 일상은 모든 것이 알라에게서 왔고 인간은 그에 대해 어떤 것도 할 수 없다는 믿음에 기초하여 살아가는 듯했다.

필자가 만난 아랍 지역의 많은 사람은 그들의 나라와 정치 지도자들에 대해 부정적인 의견을 피력하면서도 이슬람의 가르침에 대한 위대함은 지나칠 정도로 강조했다. 보통 대화의 처음은 그들 나라에 대한 긍정적인 생각으로 시작하지만, 그들의 어려운 삶에 대한 불평으로 끝이 났다. 그들은 알라가 그들을 도와줄 것이라고 말하지만, 희망은 그다지 크지 않은 듯했다. 무슬림들은 그들 각 개인에 대한 알라의 궁극적인 뜻과 계획을 알 수 없기 때문에 알라의 용서를 받아 낙원에 들어갈 수 있을 것이라는 확신 또한 없다.

사실상 불행에 대한 두려움과 연관된 이슬람의 사고는 매우 운명론적이다. 운명론은 "인샤 알라"의 정신에 의해 지배되는 무슬림 사회의 모든 면에 영향을 끼치는데, 의료 영역도 예외가 아니다. 예를 들면, 필자가 일했던 Y국의 병원에서 환자 보호자에게 수술 후 사망 및 합병증 발생 가능성에 대해 설명했을 때, 많은 환자 가족은 모든 결과가 알라에게서 오는 것이고 자신들은 그에 대해 아무것도 할 수 없다고 반응했다. 모든 무슬림은 알라의 뜻에 절대적으로 복종해야 한다고 믿기 때문에 그들은 알라에게 질병이나 죽음의 이유에 대해 묻지 않는다. 알라에 대한 운명론적 이해는 환자들을 대하는 의료인들의 태도에도 깊숙이 침투해 있다. Y국의 병원에서 근무하던 의사와 간호사들은 필자가 심폐 소생술 교육을 시작하기 전까지는 죽어가는 환자를 살리고자 하는 시도를 해본 적이 없었다. 적절한 수련이 되지 않았기 때문이기도 하겠지만, 생명에 대한 의료인들의 운명론적 태도도 분명한 원인 중 하나라고 할 수 있다.

"알라의 이름으로"라는 뜻을 가진 "비스밀라"(بسم الله)[76] 역시 아랍 지역 무슬림들이 흔히 사용하는 구절들 중 하나이다. 파샬은 어린아이가 말을 할 수 있을 때나 태어난 지 4년, 4개월, 그리고 4일째가 되면 "비스밀라" 구절을 말하도록 가르친다고 설명한다.[77] 기독교인뿐만 아니라 무슬림들도 하나님의 이름이 강하고 능력 있음을 인정하고, 어떤 중요한 일을 시작하기 전에 하나님에게 전적으로 의존하고 있음을 언어로 표현하는데, 무슬림들에게는 "비스밀라"가 그런 역할을 한다.

Y국 간호사들 중 하나인 파티마[78] 역시 주사를 놓거나 상처를 치료하기 전에 "비스밀라"라고 말했는데, 이에 대해 "우리가 행하는 모든 일에 대한 시작이며, 우리가 일을 더 잘할 수 있도록 해주고 효과가 있게 해준다"고 설명했다. 그녀는 "우리는 모든 것을 알라에게 의존한다는 것을 보여 주기 위해 이 구절을 꼭 말하는데, '비스밀라'라고 말하는 것을 거의 잊

지 않지만, 만약 잊었다면 일의 마지막에 말하기도 한다"고 말했다. Y국 외과 의사인 무함마드[79]도 "우리는 '비스밀라'를 외침으로써 모든 것을 쉽게 할 수 있다. 알라는 우리가 그의 이름을 기억할 때 기뻐하기 때문에 우리와 함께해 줄 것"이라고 말하고, 식사 전에 주로 "비스밀라"를 외친다고 설명했다.

> 식사 전에 "비스밀라"를 말하지 않으면, 조금 지난 후에 곧 배고픔을 느끼게 되지만, "비스밀라"를 진실되게 말하면 속에서 어떤 특별한 것을 느끼게 된다. 상한 음식도 우리를 상하게 하지는 않는다.

파티마 역시 "만약 당신이 먹기 전에 '비스밀라'를 말하면 아주 적게 먹고도 배고픔을 느끼지 않을 것"이라고 언급했다. 이는 이슬람 세계관이 어떻게 언어에 잘 녹아 들어가 있는지 알 수 있는 좋은 예라고 할 수 있다. 모든 것에 대해 하나님에게 의존한다고 선포하는 것은 그리스도인들 역시 지지한다. 하지만 이 구절은 거의 대부분 알라의 이름을 높이기 위해서라기보다는 행운, 성공, 또는 악을 떨쳐 내는 주문같이 사용된다.

폴 히버트(Paul G. Hiebert) 등은 대부분의 민속적 신앙을 가진 사람들이 자신의 이익을 위해 초자연적 능력으로 상황을 조종하려고 하며, 새로 경험한 기독교 신앙을 이전에 섬기던 신들이나 능력보다 더 강한 또 다른 힘으로 여길 수 있다고 설명한다.[80] 정령 신앙의 사회에서는 더 강한 힘이나 능력이 사람들의 주의를 끌게 마련이다. 이는 바나바와 사도 바울이 루스드라에서 발을 쓰지 못하는 사람을 고쳐 주었을 때, 사람들은 바나바와 바울을 사람의 형상으로 내려온 신들이라 믿고 제사를 하려고 한 사건에서도 볼 수 있다(행 14:6-18).

기독교 선교는 이런 미신적인 생각에 대해 성경적 상황화(biblical contextualization)에 기초하여 적절히 접근해야 한다. 하나님의 힘과 능력이 단순히 민속적 신앙의 관점에서 더 강한 힘이라는 생각이 아니라 총체적인 성경의 진리로 사람들의 삶이 변혁되도록 접근해야 한다. 이슬람에서 기독교로 개종한 무슬림들이 기독교 신앙을 추구함에도 불구하고 매일의 삶에서는 여전히 미신적 행위들을 따를 수 있다. 이와 같이 현지 지역 교회가 그전에 민속적 이슬람의 영향 가운데 있던 무슬림들을 개종자로 받을 때는, 복음에 대한 잘못된 이해로 말미암아 교회 내에 여러 문제가 일어날 수도 있다. 민속적 행위들은 인간의 실제적 필요들, 특별히 심각한 위기 상황에 대한 해결책을 제시하기 때문에 성경적인 방법으로 주의를 기울여 다루어야 한다.

무슬림들의 질병 치유에 대한 이해

레바논에 거주하는 무슬림 열두 명에게 무슬림의 질병 치유와 그와 연관된 종교적-문화적 가치에 대해 질문했다. 이를 통해 질병 치유에 연관된 무슬림의 행위들을 잘 이해하여 많은 무슬림에게 복음을 적절하게 소개할 수 있기를 바란다.

이슬람 전통에서 질병 치유 방법에 대한 가장 의미 있는 답변들 중 하나는 아홉 명이 기술한 정통적 루끼야(الرقية الشرعية)다. 유셀은 이에 대해 다음과 같이 설명한다.

부적(루끼야)과 호부(護符)는 보호와 행운을 가져오는 물건이다. 이들은 많은 이슬람 신앙 전통과 문화에서 발견된다. 이슬람에 대해 제대로 교육받지 못한 사람들은 꾸란의 구절, 기도문, 상징을 담고 있는 부적을 사용한다. 일련의 사람들은 현대적 치료 방법을 찾지 않고, 대신에 질병 치유를 위한 원천적인 힘을 얻고, 해를 일으키는 악한 힘으로부터 스스로를 지키기 위해서 부적에 의존한다.[81]

칼리드 알-제라이시(Khaled Al-Jeraisy)는 네 가지 형태의 루끼야를 설명했는데, 단지 꾸란의 구절들, 디크르(ذِكْر; words in Allah's remembrance)와 이미 확립된 기도문만 루끼야를 위해 추천된다.[82] 비스밀라 아라힘(Bismillah A.Arrahim)은 루끼야의 목적을 다음과 같이 기술한다.

첫째, 루끼야는 수년간 질병에 시달리거나 치료되지 못한 사람들을 위한 치유다. 둘째, 루끼야는 무슬림들을 셔르크에 맞서 보호하고 이슬람 신앙을 강하게 해준다. 셋째, 루끼야는 무슬림이 아닌 사람들을 이슬람 신앙으로 인도해 주는 관문인 다와(دعوة)다. 넷째, 루끼야는 마녀, 사탄 숭배자, 주술사, 예언자, 그리고 모든 형태의 셔르크가 완전히 사라질 때까지의 싸움이다.[83]

인터뷰 참여자들은 루끼야에 큰 가치를 부여했는데, 이는 많은 질병, 특히 검은 마술(악마의 힘을 빌려서 하는 요술), 흉안, 또는 진에 의해 야기된 질병에 효과가 있다고 확실하게 믿는 듯했다. 여덟 명의 참여자는 그들의 개인적인 질병 치유에 대한 경험을 나누었는데, 이들 중 다섯 명이 질병 치유가 루끼야와 연관되어 있었다고 언급했다. 알-제라이시는 무슬림들이 신체적, 비신체적인 질병 치유를 위해 루끼야를 믿도록 권한다.[84] 그는 또한 샤리아가 질병 치유를 위해 꾸란을 인용하는 것과 선지자들의 기도를 사용할 수 있다는 것을 입증한다고 주장한다.[85]

한 참여자는 꾸란이 대추야자 열매에 대해 언급한 것을 따라 심장에 결함이 있는 신생아에게 대추야자 열매를 먹인 그의 친구 이야기를 나누었다. 의료적으로는 생존할 희망이 없는 것으로 진단된 신생아는 이로 인해 기적적인 치유를 경험했다고 했다. 비록 대추야자 열매가 신생아에게 먹일 수 있는 음식이 아님에도 불구하고 그 신생아의 아버지가 알라에 대한 믿음을 가지고 아기에게 대추야자 열매를 먹여서 신성한 치유를 경험했다고 해석했다. 또 다른 인터뷰 참여자는 불임으로 진단받았지만 꾸란과 정통적 루끼야를 통해 두 아이를 가지게 된 그의 친척 이야기를 나누었다. 세 명의 참여자는 특별하게 몇 가지 약초, 대추야자 열매, 꿀, 그리고 올리브 기름 등이 질병 치유의 중요한 매개체가 된다고 언급했다.

인터뷰 참여자들 중 열 명이 알라가 유일한 치유자라는 믿음에 기초하여 꾸란 자체가 질병 치유의 신성한 힘이 있다고 언급했다. 알라에 대한 믿음이 기적적인 치유의 원천이며, 꾸란의 특정한 구절들을 암송함으로써 그 힘이 강화됨을 믿는다고 했다. 흥미롭게도 두 명은 인간의 모든 일은 알라의 뜻에 따라 예정된다고 기록했다. 이중 한 명은 "인샤 알라"와 관련된 그의 이야기를 나누었는데, 그는 시험을 치를 계획에 대해 "인샤 알라"라고 말하는 것을 거부한 뒤에 다리의 감각과 운동 능력을 잃었고, 알라에게 용서를 빌고 난 다음에야 다리가 완전히 회복되었다고 했다. "인샤 알라"와 연관된 이런 이야기들은 이를 잊거나 거부한 무슬림들에게 심각한 두려움을 일으킨다. 여섯 명은 기적적 치유를 추구하는 것이 질병에 대한 현대 의학을 사용하는 것과 병행되어야 한다고 말했다.

이 인터뷰 분석은 질병 치유와 연관된 행위에 대한 평범한 무슬림들의 생각을 단편적으로 잘 보여 준다. 이 인터뷰 분석과 무슬림들이 추구하는 치유에 대한 깊은 이해에 기초하여 성경적 상황화 과정을 통해 무슬림들에게 더 적절하게 복음을 나눌 수 있기를 기대한다.

무슬림들에게 정확한 복음을 전하기 위한 성경적 상황화

다양한 세계관이 공존하는 사회에는 질병 치유를 위한 다양한 방법이 있다. 찰스 크래프트(Charles H. Kraft)는 다음과 같이 기술한다.

> 대부분의 전통적 사람들에게 질병 치유는 세속적인 문제가 아니라 영적인 문제였다/이다. 농업, 인간, 동물의 생산력(번식력)에 관한 것도 동일하다. 하지만 서구에서는 이러한 모든 문제를 종교적인 것과 분리하여 세속화(이원화)했다.[86]

질병으로 인한 위기는 모든 사람, 특히 민속적 행위에 강하게 영향을 받은 무슬림들에게 심각한 정신적 스트레스를 준다. 그들은 질병의 원인을 찾고 그러한 위기 상태에서 벗어나기 위해 다양한 민속적 행위를 따른다. 이런 상황에서 질병에 연관된 가시적 현상 이면의 깊은 영적 현실을 생각하지 않고서는 기독교 선교가 이런 위기 상태에 있는 무슬림과 적절하게 의사소통할 수 없다. 현대 과학에 기초한 교육을 받은 사람들은 대부분의 육체적 질병뿐만 아니라 심리적인 질병에 대해서조차 경험적이고 과학적인 연구에 따라 미생물, 세균, 바이러스, 화학 물질 등에서 그 원인을 찾는다. 하지만 민속적 이슬람의 영향 하에 있는 무슬림들은 질병의 원인이 영적인 문제와 밀접하게 연관되어 있다고 믿는다. 파샬은 질병 치유를 위한 행위에 대해 기독교와 이슬람을 다음과 같이 비교했다.

> 이 세상의 모든 사람에게 질병은 원하지 않지만 당면하게 되는 필연적 문제다. 기독교인들은 보통 질병 치유를 위해 하나님에게 기도하는 동시에 약 상자로 달려가는 방법을 택하는 반면, 민속적 무슬림들은 미신적인 행위를 따른다.[87]

기독교인들은 환자를 위해 주님의 이름으로 기름을 가지고 안수하며 질병 치유를 위해 기도한다(약 5:14). 기독교적 관점에서 하나님은 모든 영적 힘과 비교할 수 없는 유일한 신이기 때문에 모든 인간은 하나님을 찬양하고, 그분에게만 영광을 돌려야 한다. 가일린 반 리넨(Gailyn Van Rheenen)은 다음과 같이 정리한다.

> 그들(사탄)은 십자가의 적으로 취급되어야 하고, 우리는 그리스도 안에서 하나님의 절대 주권을 선포(진리 조우[truth encounter])할 뿐만 아니라, 하나님의 경이로운 능력으로 그들의 힘에 대항(능력 조우[power encounter][88])하여 나아가야 한다.[89]

초대 교회 당시 사도들에게 부여된 질병 치유의 기적적인 은사는 사도 야고보의 권면에서 보듯이 현대 교회와 기독교 선교에서도 여전히 유효하다. 하지만 기적적인 질병 치유와 연관된 비복음적 미신 행위는 명확히 구별되어야만 한다.

러브는 민속적 이슬람을 기독교 신앙과 적절하게 비교하기 위해 하나님 나라 신학을 강조한다.[90] 하나님 나라는 "하나님의 주권적 통치"와 밀접하게 연관되어 있고, 하나님이 타락한 창조 세계를 온전하게 다시 그 자신에게로 구속하기 위해 일하고 계신다는 의미를 포함한다.[91] 하나님은 인간에게서 멀리 떨어져 계신 존재가 아니라 인간과 인격적이고 친밀한 관계를 원하시는 분이다. 하나님의 사역 중심에는 예수 그리스도가 계시고, 이 땅 가운데 행하신 예수님의 사역을 넘어서 성령님의 사역을 통해 각 사람의 삶과 전 창조 세계에 역사하고 계신다. 하나님의 절대적 통치는 영원한 영적 세계뿐만 아니라 이 땅에서의 정의와 평화의 문제도 다룬다. 하나님은 삶의 모든 영역에 관심이 있으시다.[92] 비록 온전한 치유는 예수 그리스도의 재림 때 이루어질 영원한 소망에 남겨져 있다 할지라도 그리스도를 통한 치유의 약속이 이 땅에서 이루어질 부분이 있다는 것을 잊어서는 안 된다. 무스크 역시 이에 대한 중요한 통찰을 갖게 해준다.

> 민속적 이슬람의 관점과는 반대로 성경의 강조점은 윤리적인 것에 있다. 현 시점뿐만 아니라 영원까지 모든 창조 세계에 책임이 있으신 분이 바로 창조자이신 우리의 주님이다. 질병에 대한 책임이 있는 누구든지 또는 무엇이든지 다가올 심판과 연관되지 않을 수 없다.[93]

무스크는 무슬림들이 항생제나 수술 등의 의료적 진단과 치료를 받아들일 때에도 질병과 연관된 정서적 및 영적 문제들이 함께 연관되어 있다는 것을 잘 이해하고 이에 대해 총체적으로 접근해야 한다고 조언한다. 그 이유는 많은 무슬림이 의료적 치료를 받는 중에도 여전히 흉안, 진 또는 마법 등이 질병의 원인이라고 생각하는 두려움에 사로잡혀 있기 때문이다.[94]

Y국에서는 구개열과 같은 선천적 기형을 악한 영들에 의한 저주로 생각하는 경우가 많다. 질병과 연관된 두려움의 이유들 중 하나는 의료적 문제에 대한 무지다. 이런 경우 현대 의학에 기초한 적절한 교육이 사람들의 잘못된 생각을 바꿀 수 있다. 대부분의 질병이 영적 힘에 의한 저주의 결과가 아니기 때문에 정령 신앙에 기초한 미신적인 행위가 아닌 적절한 치료와 수술로 고침을 받을 수 있다고 교육하는 것이 중요하다. 하나님은 질병 치유를 위한 의료적 지식과 기술을 베푸셨고, 다양한 치료 방법과 약물은 하나님이 주신 전체 창조 세계의 일부다.

웨인 그루뎀(Wayne Grudem)은 인간의 타락한 본성 때문에 모든 생명이 결국에는 육체적 죽음에 이르게 되지만, 그리스도께서는 우리를 죄로부터 온전히 회복될 수 있도록 하신 것뿐만 아니라 육체적인 연약함과 질병에서도 자유롭게 하셨다고 기술한다.[95] 이 세상에서는 지속적으로 영적 전쟁이 일어나고 있기 때문에 하나님의 기적적인 치유와 간섭 역시 결코 등한시해서는 안 된다. 비록 귀신 들린 사람이 모두 신체적으로 아픈 것은 아니고, 아픈 사람이 모두 귀신 들린 것도 절대 아니지만, 성경에서는 사람들이 사탄 또는 영적 힘에 사로잡혀 질병을 앓게 되는 경우를 분명히 기록하고 있다.[96]

하나님의 기적적인 질병 치유는 복음의 능력을 증명해 주는 표시인데, 이는 우리 가운데 하나님 나라가 임했다는 사실을 보여 주고, 고통 가운데 있는 사람들을 향한 하나님의 사랑을 보여 준다. 우리 모두 믿고 받아들이듯, 그루뎀은 하나님이 현대 의학이 치료할 수 없는 것도 치유하실 수 있다는 것을 분명하게 강조한다.[97]

안타깝게도 현대 기독교 선교 운동이 현지 문화에 대해 갖는 가부장적이거나 제국주의적인 태도를 부인할 수 없다. 선교사들은 때로 현지 문화에 대한 적절한 이해 없이 단순히 기독교 신앙과 함께 과학이나 현대 문명을 소개함으로써 이러한 민속적 행위를 중단시키고자 하는 경향이 있다. 이슬람의 민속적 행위 역시 조급한 자기중심적 선입관에서 벗어나 현지 문화에 대한 적절한 이해를 가지고 잘 판단해야 한다. 무슬림들이 복음으로 변화되는 것은 삶의 긴 여정 가운데 그리스도의 복음을 깊이 알아 가며 일어나는 변화이기 때문에 민속적 행위들을 단순히 무시하거나 비난함으로 중단시키려고 해서는 좋은 결과를 얻을 수 없다. 이런 조급한 방식으로 접근했을 때 많은 무슬림은 기독교 신앙 고백 이후에도 그들의 민속적 행위들을 지속하는 경향이 있다.

또 다른 심각한 문제는 많은 기독교 타문화권 사역자가 세상을 초자연적인 것과 자연적인 것으로 나누는 이원론적 관념을 가지고 있다는 것이다. 폴 히버트(Paul G. Hiebert)는 '배제된 중간'(excluded middle)에 대해 설명한다. 서구 사람들은 단지 눈에 보이는 세계와 초경험적인 세계라는 두 가지의 물질계, 즉 서로 상호 작용이 전혀 없는 영적인 세계와 물질적인 세계로만 인식하는 경향이 있다고 강조하는데, 이것은 동양적 또는 정령 신앙적 관점과 본질적으로 충돌하는 문제가 있는 세계관이다.[98] 우리의 교육적, 문화적 배경 때문에 영적인 문제를 종교적인 것으로, 자연적인 것을 과학적인 것으로 분류하는 경향이 있다. 특별히 민속적 이슬람이 지배하는 곳에서는 의학을 포함한 현대 과학뿐만 아니라, 무슬림들이 매일 생활에서 영향받는 영적 세계의 존재도 결코 소홀히 여겨서는 안 된다. 이 때문에 복음의 적절한 상황화를 통한 성경적 세계관으로 무슬림들의 민속적 세계관에 도전하고, 하나님의 정의롭고 자비로운 통치의 총체적 개념으로 복음과 샬롬의 개념을 나누는 것이 필요하다.

데이비드 헤셀그레이브(David J. Hesselgrave)는 상황화가 본질적으로 복음의 메시지를 다른 문화에서 살고 있는 사람들에게 의미가 있고 설득력 있도록 명확하게 해주는 중요한 과정이라고 설명한다.[99] 그는 성경 말씀과 복음을 왜곡하지 않고 타문화권 선교를 효과적으로 할 수 있도록 해주는 상황화의 중요성을 강조한다.[100]

민속적 이슬람의 영향 아래에 있는 무슬림들과 복음의 진리를 적절하게 나누기 위해 성경의 진리를 그 상황에 맞게 해석하고 적용하는 상황화의 통찰력 있는 접근이 필요하다. 히버트 등은 타문화권 선교가 민속적 이슬람의 혼합주의적 행위들을 섬세하게 다루어야 하는 중요성을 지적한다.

> 민속적 종교에 반응할 때 나타나는 위험은 이단적인 요소에 있다기보다 기독교의 요소들을 민속적 신앙 및 행위와 병합하는 혼합주의, 즉 복음이 그 본래의 순수성을 잃어버리게 되는 것이다. 여기서의 문제는 종교적 믿음에서 나온 전통적 행위 자체보다 이 행위들을 하게 하는 그 이면의 생각과 믿음이다. 복음은 믿음의 행위들을 바꾸어야 할 뿐만 아니라 세계관 역시 변혁시켜야 하는데, 그렇게 하지 못하면 새로운 믿음의 행

위들이 이전에 가지고 있던 세계관으로 재해석된다. 그 결과 기독교-이교의 혼합주의가 된다.[101]

마틴 만서르는 혼합주의를 다른 종교로부터 종교적 믿음과 행위를 혼합하여 복음의 근본적 순수성을 잃어버리고 주변 문화에 동화되는 것으로 설명한다.[102] 타문화권 선교에서 혼합주의에 빠질 위험은 상당히 큰데, 기독교의 모든 의식과 행위가 그것이 소개되는 곳의 관념 및 사회-문화적 시스템과 혼합될 수밖에 없기 때문이다.

하나님은 이스라엘 백성이 가나안의 이교적 종교들과 혼합주의에 빠질 수 있는 위험 때문에 가나안 땅의 족속들과는 어떠한 관계도 맺지 않도록 강하게 금지하셨다(출 34:15-16). 구약 성경에 나타난 혼합주의의 예가 이스라엘 백성의 아세라 숭배인데, 이는 키르베트 엘-쿰(Khirbet el-Qom)에서 발견된 현판에 "야훼와 그의 아세라"로 기록되어 있다.[103] 아세라는 바알 신의 어머니로 다산의 여신인데, 아세라 숭배는 시리아와 가나안 땅에서 광범위하게 행해졌다.[104] 하나님은 단호히 이스라엘 백성에게 "그들의 제단을 헐며, 주상을 깨뜨리며, 아세라 목상을 찍으며, 조각한 우상을 불사르도록 명령"(신 7:5, 12:3)하셨다. 혼합주의가 결코 성경적인 믿음과 공존할 수 없기 때문에 하나님은 가나안 족속의 종교가 하나님에 대한 예배와 혼합되는 것을 용납하지 않으셨다.

교회의 세계 선교 대회(The Congress on the Church's Worldwide Mission)에서 휘튼 선언(1966년)을 받아들인 것은 기독교 타문화권 선교에 있어서 이 같은 혼합주의의 위험성을 잘 인식했다는 것을 보여 준다. 이 선언의 내용은 전 세계에 복음 전도의 긴급함을 재천명하고, 만인 구원론

(universalism, 전 세계적인 구원의 교리)과 혼합주의(syncretism, 다른 신성과 종교적 관습을 받아들이는 것)를 비판했다.[105] 하지만 타문화권 상황에서는 혼합주의와 성경적으로 적절히 상황화된 믿음을 구별하는 것이 결코 쉽지 않다. 헤셀그레이브는 상황화가 성경 본문에 충실하면서 청중에게 의미를 가져야 한다는 원칙을 설명했지만,[106] 레슬리 뉴비긴(Lesslie Newbigin)은 복음이 듣는 사람에게 적절해지려다 보면 혼합주의에 빠질 수 있고, 혼합주의를 피하려다 보면 듣는 사람에게 적절하지 못하게 되는 경우가 있다고 성경적 상황화의 어려움을 기술한다.[107]

서구 기독교인들뿐만 아니라 한국 교회도 문화적 우월성에 빠져 흔히 혼합주의는 저개발국가에서 나타나는 문제로 생각한다. 하지만 존 스토트(John R.W. Stott) 등은 오늘날 가장 방심할 수 없는 것이 서구적 혼합주의라고 지적하는데, 이는 영혼 구원에 맞춰진 개인화된 복음이나 교회 내에 만연한 세상적 부와 권력 추구 등도 심각한 혼합주의 형태임을 역설한다.[108] 뉴비긴 역시 미국 교회의 취약한 성경적 상황화가 타락한 세계관에 영향을 받은 세속적 혼합주의를 낳는다고 설명한다.[109] 마이클 고힌(Michael W. Goheen)은 뉴비긴의 연구를 정리하면서 서구 사회에서의 성경적 상황화가 (1) 복음의 탁월함에 대한 충실성, (2) 혼합주의와의 부적절한 관계 방지, (3) 자민족 중심과 상대주의 배제라는 세 가지 요소를 가지고 이루어져야 함을 알려 준다.[110]

자민족 중심주의(ethnocentrism)는 성경적 상황화에 있어 가장 위험한 요소들 중 하나인데, 히버트는 성경적 상황화의 중요성을 모르는 타문화권 선교사들이 복음을 외래적이고 서구적인 것으로 만드는 데 책임이 있다고 주장한다.[111] 복음을 성경적으로 제대로 상황화하여 전달하기 위해서는 다양한 문화에 감사하는 겸손한 태도가 필수적이다.[112] 문화적 상대주의는 상황화를 방해하는 또 다른 함정이다. 현대 인류학은 어느 누구도 다른 문화에 대해 옳거나 그르다고 판단할 수 없기 때문에 모든 문화가 동일한 가치를 가지고 다루어져야 한다고 주장한다. 이런 관점에서 본다면 서로 다른 문화 사이에는 절대적인 진리가 없고, 복음의 진리도 이렇게 다른 문화 가운데 있는 개인이나 사회가 가진 신앙에 상대적으로 보여질 수밖에 없다는 것이다.[113] 이런 자민족 우월주의적 태도나 문화적 상대주의의 오류에 빠지지 않고 성경적 상황화 과정을 통해 복음을 나누는 것이 타문화권 선교에 주어진 중요한 과제다.

다양한 이슬람 배경에서의 상황화에 대한 연구가 발전되면서 상황화의 정도에 대한 논쟁 역시 더욱 심화되었다. 릭 브라운(Rick Brown)은 이슬람권 선교 상황에서 '불완전한 상황화', 즉 새로운 현지 교회들이 다른 문화와 세계관의 요소들을 섞음으로 생기는 혼합주의의 위험에 대해서 명료하게 설명한다.[114] 비록 무슬림 공동체에 적용된 상황화에 대한 그의 주장이 특정한 상황에서는 설득력이 있지만, "메시아적 무슬림들"이라 불리는 C5 상황화(미주 참고)는 그 실천에 있어 혼합주의의 위험성을 부인할 수 없다.[115] '비판적 상황화'는 타문화권 선교사들과 현지 교회 지도자들 모두에게 다른 문화적 상황에서 복음을 적절하게 나누기 위한 필수적 도구다. 그 문화와 분리할 수 없는 이슬람과는 달리, 복음은 그 자체의 신뢰성을 잃지 않고 다른 문화에 적절하게 전달될 수 있어야 한다.

복음 진리에 기초한 질병 치유의 기적

현실에서 자연 법칙을 따르지 않는 예외적 사건들이 일어나기 때문에 많은 사람은 그들이 겪는 위기 상황 가운데 비상한 기적을 찾는다. 기독교 선교가 이러한 사람들의 질병과 연관된 질문에 적절하게 답하지 못하는 경우, 이들이 민속적 이슬람의 신앙과 세계관에서 벗어나도록 도울 수 없다. 기적은 자연의 힘과 법칙을 초월하는 사건으로 정의할 수 있고, 초자연적인 원인을 가진 종교적 의미의 기적도 존재한다.[116] 클랙스톤이 내린 의료적 관점에서의 기적은 아주 드물게 일어나면서 총체적으로 설명할 수 없는 사건, 즉 다른 방법으로는 치유할 수 없는 상태에 대해 전체적, 즉각적, 불가역적으로 치유가 일어난 경우로 제한된다.[117]

성경적 관점에서 볼 때 기적은 하나님이 자신의 힘과 뜻을 그분의 백성을 위해 드러내시는 특별한 행위다. 동일한 관점에서 노만 가이슬러(Norman L. Geisler)는 기적을 사건들의 자연적인 과정을 거스르는 하나님의 특별한 행위로 정의한다.[118] 윌리엄 카버(William O. Carver)는 신약 성경의 이러한 힘의 본성을 특별한 권위나 비범한 권한으로 여기지 않고, 예수 그리스도의 사역을 확대하는 방법으로 항상 사람들을 구원하는 데 사용되어야 하는, 그분이 맡기신 책임으로 간주한다.[119] 하나님은 분명히 그의 메시지를 확증하시는 한 방법으로 그분의 거룩한 능력을 사용하신다. 하나님이 자신의 뜻과 목적에 따라 기적을 통해 자신을 드러내실 때, 그리스도인들은 하나님에 대한 경외를 느끼고, 믿지 않는 사람들은 하나님과 복음에 대해 그들의 마음을 연다. 기적은 하나님이 그분의 목적을 위하여 자신의 영광을 드러내시는 가장 힘 있는 방법들 중 하나다. 하지만 기적은 사탄에 의해서도 일어날 수 있기 때문에 인간의 제한된 관점으로는 쉽게 구별할 수 없는 경우가 많다. 많은 사람이 악한 영이 일으키는 초자연적인 사건에 의해 속임을 당하여 결국에는 믿음을 떠나는 경우도 있음을 부인할 수 없다.

밀라드 에릭슨(Millard J. Erickson)은 기적의 목적을 (1) 하나님을 영화롭게 하고, (2) 특별히 성경 시대에 계시의 초자연적 기초를 수립하고, (3) 인간의 실제적 필요를 채우기 위함으로 정리한다.[120] 그는 질병 치유에 대한 기도를 다음과 같이 설명한다.

> 하나님이 인간과 협력하여 일하시는 모습을 성경의 여러 곳에서 볼 수 있다. 하나님은 인간이 자신의 역할을 하지 않는다면 일하지 않으신다. …… 즉 하나님은 필요에 처한 사람들이 그들의 소원을 그분 앞에 가져올 때 질병 치유를 베푸신다. 그러므로 기도는 하나님이 목적하신 것을 바꾸는 것이 아니라, 그의 목적을 이루시는 방법이다.[121]

크레이그 키너(Craig S. Keener)는 유대-기독교 전통을 포함해서 고대부터 현대까지 기적의 역사를 기록하면서 기적의 발생에 대한 다양한 논쟁을 보여 준다.[122] 그는 일부 교회가 잘못된 동기로 치유 기적에 대해 과장하는 것을 비판하면서도 하나님이 그분의 목적을 위해 기적적인 치유에 관여하신다는 것을 명확히 한다.[123]

하나님은 자신의 백성들의 필요에 반응하실 때 단순한 속임수를 행하시는 것이 아니라 진정한 질병 치유를 베푸신다. 예수님은 질병으로 고통받는 사람들을 고쳐 주셨을 때 결코 이기적인 목적을 가지고 사람들에게 보여 주기 위한 기적을 행하시지는 않았다. 테규는 기적을 인격 속에 임한 왕국(the Kingdom-in Person)으로서 그리스도의 진정한 정체성, 즉 자신이 곧 왕국(αὐτοβασιλεία [아우토바실레이아])이라는 것을 드러내는 총체적 선교의 지표로 간주한다.[124] 기적은 잃어버린 사람들이 예수 그리스도의 능력을 통해 하나님의 나라를 경험할 수 있도록 함으로써 하나님이 궁극적으로 그들에게 샬롬을 베풀어 주신다는 것을 보여 주시는 중요한 징후들 중 하나다.

이슬람 신앙에서의 질병 치유에 대한 관점이 기독교적인 것과 유사하다는 것을 알 수 있다. 이는 때로 무슬림들이 기적적인 치유에 드러난 하나님의 능력을 받아들이기 어렵게 한다. 그리스도인들이 예수님의 이름으로 치유를 위해 기도할 때, 무슬림들도 역시 알라에게 치유를 위해 기도한다. 무슬림들은 예수님이 질병 치유의 기도에 응답하셨다고 받아들이기보다 꾸란 또는 그들의 전통에 의해 알려진 방법이 알라의 기적적인 간섭을 통해 효과를 보았다고 믿는다. 하지만 기적을 통해 나타난 하나님의 능력은 모든 것을 압도할 수 있고, 무슬림들은 이러한 하나님의 능력에 대해 깊이 생각하고 진정한 진리를 찾게 되는 중요한 계기가 된다. 하나님의 기적은 무슬림들로 하여금 그들의 전통적인 민속적 행위와 정서적인 두려움에서 벗어나 어떠한 다른 영들보다 강한 전능하신 하나님을 신뢰할 수 있게 해준다. 이런 과정을 통해 무슬림들이 복음에 마음을 열게 되는데, 이 개인적인 변혁은 그들이 속한 가족과 공동체 모두 하나님의 능력과 복음의 진리를 경험하게 하는 반향을 일으킨다.

질병 치유의 기적이 예수님과 사도들의 시대에 제한되어 있다는 주장이 있지만, 이는 그리스도께서 이 땅의 교회에 명령한 임무라기보다[125] 제자 삼고, 세례 주고, 가르치라는 그리스도의 지상 명령의 중요한 한 부분으로 보는 것이 더 합리적이다.[126] 혈루증을 앓는 여인은 예수님에게서 자신의 질병을 고칠 수 있는 더 강한 힘을 얻기 위해 미신적인 방법을 구하고 있음을 시사한다(눅 8:43-48). 여인의 혈루증은 그녀를 부정하게 했고, 여인을 만지는 어떤 사람이든 동일하게 부정해졌다. 예수님은 여인이 온전히 치유받고 난 뒤에 예수님을 용기 있게 만지도록 이끈 그녀의 믿음을 스스로 드러내기 원하셨다. 메시아에 대한 여인의 믿음이 받아들여졌고, 많은 사람 앞에서 공개적으로 알려졌다. 무스크는 이 사건을 다음과 같이 해석한다.

> 예수님은 도움이 필요한 그녀의 삶, 즉 영적으로뿐만 아니라 육체적으로 '부정한' 한 여인의 삶 깊은 곳을 보셨다. 그분은 그녀에게 온전한 평화를 베푸셨다. "딸"이라고 부르신 것은 그녀를 아버지/딸, 거룩한/인간적 관계를 기초로 소통하는 사람들로서 새로운 가족으로 받아들이신다는 뜻이다. 그 여인의 닫혀진 우주관이 깨어져 열리고, 이제 그녀는 온전한 모습으로 평화롭게 살아갈 수 있다.[127]

가이저는 마가복음 6장 1-13절의 말씀을 해석하면서 예수님의 치유(1-6절 상)와 사도적 치유(6 하-13절) 사이의 평행 관계를 설명한다.[128] 그는 제자들의 질병 치유는 예수님 사역의 확장이고, 항상 예수님의 말씀 선포와 수반해서 진행되었다고 설명한다. 예수님은 그의 제자들에게 복음을 전하고 마귀를 쫓아내고 병자들을 기름으로 안수하는 등의 치유 사역을 하도록 보내셨기 때문에(막 6:12-13), 모든 그리스도인은 동일한 방법으로 보내심을 받았다.[129] 하나님의 기적적 질병 치유는 항상 복음에 대한 초대로 이어져 사람들이 복음을 받아들임으로 구원을 얻고 그의 나라에 합당한 삶을 살도록 이끈다.

딘 길리랜드(Dean S. Gilliland)는 여러 질병으로 고통받던 무슬림 여인을 위해 기도해 준 경험을 나누면서, 복음의 능력이 온전히 드러나게 하기 위해서는 사람들과의 관계가 얼마나 중요한지에 대해 강조한다.[130] 또한 현대 과학에 기초한 문화적 배경을 가진 선교사들은 영적 세계에 대해 소홀하고 과학적 사고 체계만 강조하는 경향이 있기 때문에 선교 현장에서 일어나는 영적 전쟁의 실제를 민감하게 인식할 필요성이 크다. 사람들의 욕구를 이해하고 이에 대해 소통하고자 하는 노력을 통해 선교사들은 예수 그리스도께서 인간의 모습으로 오신 성육신의 의미를 더 명확하게 이해할 수 있다. 길리랜드는 육체적인 필요를 위해 하나님의 능력을 찾는 사람들에 대한 우리의 부르심을 다음과 같이 설명한다.

> 일반적으로 교회에서 훈련받은 선교사는 불임에 대해 공개적으로 기도하는 것에 대해 반대할 뿐만 아니라, (불임을 고통스러워하는) 여인의 필요를 위해 하나님에게 부르짖는 아프리카식 기도 방법을 좋아하지 않는다. 예수님이 그러셨던 것과 같이 사람들과 진정으로 함께 살아가기 위해, 즉 진심으로 '천막을 치고 그 안에서 함께 살기' 위해, 우리의 사랑을 필요로 하고 그리스도께로 인도되어야 할 사람들의 깊은 필요를 채우도록 우리를 부르신다. 이것이 먼저 자신을 비우고 인간의 몸으로 우리에게 오셔서 우리와 함께 사셨던 그리스도의 비밀이다.[131]

의료 선교사들은 때로 치유의 영적인 측면이나 현지의 전통적인 치료 방법을 단순히 과학적으로 증명되지 않은 행위로 간주할 때가 있기 때문에 그의 도전을 주의 깊게 생각해야 한다.

반대로 복음에 대한 깊은 이해와 고찰보다 기적적인 질병 치유에 대해 과도하게 강조하는 경향도 있다. 하나님의 능력을 통한 기적적인 질병 치유 이후에는 반드시 복음에 대한 선포와 가르침이 있어야 한다. 기적적인 질병 치유를 지나치게 강조하는 경향은 의료적인 치료를 무시하거나 소홀하게 대하여 결국 심각한 합병증을 일으킨다. 이런 무책임한 접근은 오히려 사람들을 복음에서 떠나게 할 수 있다. 사탄이 하나님과의 관계를 깨기 위해서 기적적인 사건을 포함한 온갖 방법으로 사람들을 속이려고 한다는 사실도 분명히 인식되어야 한다. 꿈과 환상처럼 하나님의 직접적인 계시 역시 주의 깊게 받아들여야 하지만, 질병 치유는 생명과 밀접하게 연관된 여러 문제를 다루기 때문에 더욱 신중하게 다루어져야 한다.

질병 치유에 대한 성경적 가르침을 적절하게 이해하여 적용하지 않는다면 기독교 선교에서의 경솔한 질병 치유 사역은 심각한 윤리적인 문제들을 야기하게 된다. 또한 점성술, 점, 마술, 부적 등과 같은 미신 행위를 행하는 현지 문화적 배경에서는 질병 치유와 성경의 메시지를 부적절하게 혼합할 위험성도 다분하다. 타문화권 선교사들은 즉각적이고 눈에 보이는 사역을 넘어 복음을 깊이 이해함으로 사람들의 세계관과 믿음을 변혁시킬 수 있는 장기적인 사역으로 나아가야 한다. 민속적 문화에서 복음을 받아들인 사람들은 때로 기독교적인 행위들을 그들 자신의 이익을 위해 더 큰 능력을 받는 방법으로 간주할 수 있다. 예를 들면 그전에 민속적 행위들을 하며 살았던 무슬림 배경의 개종자들은 성경 구절을 마술적 방식의 부적으로 인식하여 사용할 수 있다. 이런 경우 기독교 신앙과 행위는 더 강한 능력으로 인식되지만 악한 영에 대한 두려움은 여전히 남아 있을 수밖에 없다. 그러므로 하나님과 복음에 대한 깊은 이해를 통해 불행이나 악한 영에 대한 생각에도 변혁이 이루어져야 한다.

많은 무슬림에게도 질병은 내면의 평화를 깨는 불안정을 야기하는데, 이는 무슬림들이 미신의 세계로 들어가는 가장 흔한 이유 중 하나다. 러브가 기적은 관계에 기초를 두는 반면 마술은 종교 의식에 기초를 둔다고 기술하듯이,[132] 선교사들은 치유의 기적을 경험한 무슬림들이 복음을 깨닫고 살아 계신 하나님과의 관계 회복으로 나아가도록 도와야 한다.[133]

사도 바울의 세 번째 선교 여행 중 하나님은 에베소에서 놀라운 방법으로 사람들을 고치셨다. 사도 바울의 몸에서 손수건이나 앞치마를 가져다가 병자들 위에 놓았을 때, 악한 영들이 떠나가고 질병이 치유되었다(행 19:11-12). 러브는 마술적인 기적과 구분하여 사도 바울의 사역을 통해 일어난 거룩한 기적은 하나님 나라와 복음에 대한 가르침 가운데 행해진 것이라고 설명한다.[134] 하나님이 베푸신 기적의 은혜를 온전히 누리기 위해서는 복음의 진리에 기초한 진정한 회개와 믿음이 요구된다. 의료 선교는 각기 다른 상황 가운데 사람들의 필요를 깊이 이해하여 하나님이 약속하신 거룩한 치유를 구하는 동시에 그리스도 예수를 통해 계시된 복음을 선포해야 한다.

이슬람은 정형화된 새로운 종교라기보다 기독교의 중심 신앙을 부인하고 왜곡한 이단으로 간주된다. 이슬람은 정치적이고 사회적인 억압을 통해 사람들의 눈을 가려 복음의 진리를 보지 못하게 한다. 무슬림들은 하나님의 잃어버린 자들이고, 구원을 위해 하나님의 아들이자 구원자이신 예수 그리스도 안에서 그 믿음을 찾아 회복되어야 하는 사람들이다. 예수 그리스도께서 인간의 질병, 더 나아가 죽음까지 이기시는 능력의 주님으로 나타내실 때조차 무슬림들은 예수님을 단순히 다른 영적 존재들보다 강한 선지자로만 인식하는 경우가 많다. 무스크는 다음과 같이 결론을 내린다.

> 무슬림들이 하나님의 초자연적인 능력을 경험할 때, 예수 그리스도에 대한 진리가 온전히 설명되지 않는다면, 예수님을 단지 성자나 치유자로만 볼 것이다. 나사렛 예수는 사람들이 기적을 경험할 때를 그와의 관계에 있어 시작점(starting point)으로 여기셨다는 것이 복음서에 나타나 있다. 하지만 항상 그분의 의도는 그 기적 경험자들이 예수 그리스도를 주님으로 진정 만나게 되는 것이다.[135]

전능하신 하나님의 임재는 이슬람의 악한 영을 이기는 능력으로 많은 무슬림의 삶에서 드러난다. 하나님의 능력을 경험한 무슬림들에게 온전한 복음을 선포하고 가르침으로써 그들이 하나님의 거룩한 능력을 통해 개인적인 이익을 얻고자 하는 유혹에서 벗어나 그의 백성을 신실하게 돌보시는 하나님을 깊이 신뢰하도록 이끌어야 한다. 하나님의 능력은 악한 영들의 전 창조 세계에 대한 도전에 대항해 나타나며, 그 충돌의 한가운데에 그리스도께서 십자가에서 이기신 승리의 복음이 존재하고 있다.

2장 한눈에 보기

- 질병 치유를 위한 미신적인 신앙과 행위는 모든 문화 가운데 매우 흔히 발견된다.
- 질병 치유에 대한 무슬림들의 생각과 행위들을 잘 이해하는 것은 타문화권 선교사들이 무슬림들에게 적절하게 상황화된 성경적 메시지를 전하는 데 아주 중요하다.
- 질병 치유를 위한 기도는 하나님이 계획하신 것을 바꾸는 것이 아니라, 치유를 베푸시는 그분의 목적을 이루는 도구가 된다.
- 무슬림들에게 베푸시는 하나님의 질병 치유는 하나님이 이미 행하시는 선교에 우리가 동참할 수 있는 기회를 제공한다.
- 하나님은 그분의 백성이 진실되고 겸손하게 복음을 증거할 때 무슬림들을 하나님 나라로 이끄신다.
- 질병 치유는 하나님의 거룩한 사역일 뿐만 아니라 하나님의 자비로운 뜻에 일치하는 것이며, 하나님은 자신에 대해 출애굽기 15장 26절에서 다음과 같이 선포하신다.
- "너희가 너희 하나님 나 여호와의 말을 들어 순종하고 내가 보기에 의를 행하며 내 계명에 귀를 기울이며 내 모든 규례를 지키면 내가 애굽 사람에게 내린 모든 질병 중 하나도 너희에게 내리지 아니하리니 나는 너희를 치료하는 여호와임이라."
- 하나님의 나라는 악의 통치를 이기는 강력한 힘을 가졌다. 그러므로 기독교 선교는 사탄의 힘에 의해 지배받는 이슬람 세계에도 여전히 하나님이 능력으로 통치하신다는 것을 선포해야 한다.

3장 ──────── 의료 선교, 어떤 방향으로 나아가야 하는가

기독교 선교[1]는 지리적, 문화적 경계를 넘어서 전 세계 모든 민족이 예수 그리스도의 제자가 되게 하라는 예수 그리스도의 지상 명령을 이루기 위해 다양하게 조직화된 활동이다. 마틴 만서르는 다음과 같이 기독교 선교를 정의한다.

> 기독교 선교는 하나님이 자기 백성을 위해 행하신 좋은 소식을 증거하기 위한 특별한 활동이다. 이스라엘, 예수 그리스도, 교회가 역사를 통해 하나님이 구원을 위해 행하신 일을 증거한다. 기독교 선교는 성령에 의해 부여되고 또한 강화된다.[2]

성경의 주된 주제는 하나님이 하나님의 사람들을 보내어 예수 그리스도의 구원 사역을 통해 하나님의 잃어버린 사람들을 하나님 나라에 초대하는 하나님의 선교(*missio Dei*)다. 선교의 기본적인 전제는 하나님이 잃어버린 사람들을 하나님 나라로 불러오기 위해 예수 그리스도를 이 땅에 보내신 것같이 그의 백성을 보내신다는 것이다. 라이트는 다음과 같이 설명한다.

> 그래서 '하나님의 보내심'이라는 구절의 원래 의미는 아버지께서 아들을 보내시고, 아버지와 아들이 성령을 보낸다는 것이다. 이런 의미에서 우리의 선교는 하나님이 보여 주신 보내심에 참여하고 그것을 확장하는 것이라 볼 수 있다.[3]

긴 기독교 선교의 역사에서 의료 선교는 질병으로 고통받는 많은 사람에게 하나님의 사랑과 샬롬의 소식을 나누는 효과적인 도구였다. 의료 선교가 다른 형태의 선교에 비해 여러 장점이 있었지만, 최근에는 당면한 많은 도전으로 인해 의료 선교 원칙과 전략에 대한 재조명이 필요하게 되었다.

몇몇 비평가는 선교지 상황이 많이 변하고 있지만, 의료 선교의 전략은 여전히 발전되지 못한 채로 남아 있어 많은 선교 병원이 부단한 노력에도 불구하고 힘든 상황을 겪고 있다고 지적한다. 의료 선교가 현지에서 지속적으로 선한 영향을 끼치기 위해서는 올바른 원칙과 전략이 필요하다. 우리는 의료 선교의 전략에 대해 겸손하게 배워야 하고, 그 사역의 결과들을 주기적으로 평가하여 하나님의 선교를 위한 더 나은 도구로서 성장하도록 도울 책임이 있다.

2010년 말, 튀니지와 이집트를 시작으로 아랍 지역의 많은 나라가 오랫동안 그들을 지배해 온 독재 정권에 대항하는 시위와 전쟁을 겪었다.

비록 몇 나라는 안정화된 듯하지만, 이 지역의 많은 나라는 여전히 자기 파괴적인 종파 간 분열과 폭력 가운데 있다. 전쟁과 혼란은 사람들의 삶을 황폐하게 한다. 정치적 혼란에 더하여 오랜 기간 아랍 지역의 기독교 신앙은 이집트의 콥틱 교회들, 레바논의 마론파 동방 가톨릭, 그리고 정교회들과 같은 전통적인 교회에만 제한되어 있었고, 이 지역의 많은 국가는 여전히 복음에 강하게 저항하고 있어 미전도 종족이 가장 많은 지역이기도 하다.[4] 그래서 아랍 지역의 많은 나라가 '창의적 접근 국가들'(creative access nations [CANs])[5]로 불리는데, 이는 전통적인 선교 방법으로는 접근 자체도 제한되어 있기 때문이다.

창의적 접근 국가들은 전통적인 선교 사역을 하는 모든 외국인을 주의 깊게 관찰하고, 그들의 활동을 제한하거나 그들을 추방하기도 한다. 하지만 의료는 여전히 이러한 나라에 접근 가능한 사역 기반(platform)[6]들 중 하나로 간주된다. 우리는 현재 당면한 도전을 이겨내고 적절한 성경적인 원칙과 전략을 세워 창의적 접근 국가들에 다가가는 다양한 접근 방법을 고민해야 한다. 의료 선교는 하나님 나라의 총체적 속성을 드러내야 하고, 단순히 현지의 필요를 채우는 도구로 머물러서는 안 된다. 의료 선교의 사역 기반은 하나님의 잃어버린 백성들이 하나님 나라의 가치를 경험하고 예수 그리스도와 인격적 만남을 통해 샬롬의 메시지를 이해할 수 있는 다양한 기회를 제공해야 한다.

의료 선교의 과거와 현재

그리스도인들은 분명 초대 교회 시절부터 병자들을 돌보는 데 헌신해 왔다. 비록 기적적인 질병 치유가 그리스도 예수를 통해 시작된 하나님 나라의 중요한 표현으로서 예수님과 초대 교회의 주된 사역들 중 하나였지만, 신약 성경에는 의료 사역에 대한 기록이 거의 없다. 하지만 다른 기록을 통해 초대 교회의 성직자들과 선교사들이 활발하게 의료 및 질병 치유 사역에 참여했음을 알 수 있다.

로버트 먼슨(Robert H. Munson)은 초대 교회의 사역을 정리하면서 질병을 예방하거나 치료하는 등 고통을 경감시키는 여러 방대한 활동이 교회 사역의 중요한 일부분임을 피력한다.[7] 제프 파머(Jeff Palmer)와 린다 호스펠트(Lynda Hausfeld)는 개척자적 개혁주의 선교 사역은 자주 사람들의 필요를 채우는 사역뿐만 아니라 의료 사역과 협력하여 진행되었다고 기록한다.[8] 기독교 선교의 한 부분으로서 의료 사역의 긍정적 의견과는 반대로 이단 종파 영향 하의 비성경적인 신학과 혼합주의적 민속적 행위에 빠진 사람들은 육체적인 필요를 위한 사역을 저급한 것으로 취급하기도 했다.[9] 하지만 의료 선교가 기독교 선교의 오랜 역사 동안 소외된 사람들에게 중요한 역할을 해왔다는 것은 명백한 사실이다. 오늘날에도 선교 병원은 자원이 부족한 지역에서 신뢰할 만한 의료 서비스를 제공하는 유일한 의료 기관인 경우가 많다. 하지만 19세기 이후 현대 과학과 의학에 많은 변화가 일어나면서 의료 선교에도 그 방법과 우선순위에 대한 고찰들이 이루어지고 있다.

존 윌킨슨(John Wilkinson)은 의료 선교와 교회 선교의 신학이 같을 수밖에 없는 이유를 설명하는데, 의료 선교는 교회 내 원조(Inter-Church Aid)[10]의 한 부분이기 때문에 의료 선교의 신학을 따로 찾는 것은 무의미하며, 교회의 치유 사역이 의료 선교에 대한 신학적 기초를 제공하기 때문이라는 것이다.[11] 비록 의료 선교가 교회 선교의 신학과 일치하기 때문에 특정된 다른 신학이 필요하지 않다는 윌킨슨의 주장을 충분히 이해할 수 있지만, 의료 선교 자체와 연관된 여러 신학적인 이슈를 깊이 생각해 볼 필요는 있다.[12] 윌킨슨이 설명한 현대 의료 선교 역사의 네 가지 단계를 살펴보는 것도 도움이 된다.[13] 개척자 시대(Pioneer Stage)에는 의료 선교가 대부분 선교사 개인에 의해 진행되었는데, 아주 단순한 시설에서 치료 중심의 의료 사역에 집중했다. 선교 시대(Mission Stage)에는 의료 서비스가 외부 선교 단체 또는 교회들로부터 오는 자원을 가지고 선교 병원을 중심으로 한 치료 사역에서 건강 유지를 위한 예방 사역으로 더 다양화되었다. 교회 시대(Church Stage)에는 의료 및 여러 선교 사역을 통해 현지 교회가 개척된 후 외국의 자원과 지배로부터 독립하여 현지 교회가 자기 민족에게 의료 사역을 베푸는 책임을 가지게 되었다. 마지막으로 정부 시대(State Stage)에는 현지 정부가 교회에서 시작된 의료 서비스를 자국의 국민들에게 제공하는 책임을 가지게 되었다.

비록 이러한 단계들이 선교 현장에서 모두 관찰 가능하지도 않고, 또 순서대로 나타나는 것도 아니지만, 이에 대한 이해는 의료 선교가 사역의 주도권과 연관된 여러 이슈를 평가할 수 있도록 해준다. 윌킨스는 의료 선교가 시대 순서대로 발전되어 마지막 단계에서는 영국처럼 국가 보건 서비스로 흡수될 것이라고 가정한다. 이런 모습은 현지에서 토착화된 모습으로 지속 가능해진 관점에서는 바람직하지만, 사역의 기반이 완전히 세속화되어 오랫동안 섬겨 오던 지역 사회에 더는 기독교적 영향을 줄 수 없게 될 위험도 크다. 비록 현지 정부 하의 세속적 의료 시스템이 기독교적 가치로 운영될 수 있고 기독교적 원칙들을 가지고 모든 국민에게 적절한 의료 서비스를 제공할 수 있게 된다 할지라도, 이 단계에서는 의료 서비스를 통해 복음으로 하나님과 화해하게 되는 온전한 목표는 이룰 수 없을 가능성이 크다.

또한 윌킨스는 의료 선교를 교회의 치유 사역 중 한 부분으로, 또 복음 전도의 다른 한쪽으로 간주하는데, 이는 복음을 선포하는 것과 이웃을 섬기는 것의 단순한 이분법으로 여겨진다.[14] 윌킨스의 이 네 단계는 렌들 강의(the Rendle Short Lecture)에서 소개한 현대 의료 선교 역사의 네 단계, 즉 (1) 선교사들과 개척자들의 시대 (2) 병원 설립자들에 의한 치료 사역 시대 (3) 일차 의료 서비스 제공에 초점을 맞춘 지역 사회 시대 (4) 수련 시대[15]와 유사점이 있다. 이 단계들은 19세기 이후 많은 나라에서 관찰되고, 어떤 곳에서는 이러한 네 단계가 함께 존재하는 경우도 있다. 의료 선교는 이 단계들의 전략과 방법을 잘 살펴보아 강점과 약점을 적절히 평가하고 상황에 맞게 전략을 세워야 한다.

지난 50년 동안 의료계는 과거 어느 때에도 보지 못한 괄목할 만한 발전을 해왔고, 앞으로는 훨씬 빠른 속도로 발전할 것으로 보인다. 또한 지식과 기술이 발전해 가면서 의료와 연관된 복잡한 윤리적 문제도 많이 생겼다. 의료 기술과 장비들이 발전하면서 그 진단과 치료가 훨씬 정확하고 용이해졌지만, 의료 장비에 지나치게 의존하면서 환자를 전인적으로 보기보다 비정상적 질병을 가지고 있는 사례자로 인식하는 경향도 심해졌다. 이러한 과학적인 자료가 환자들의 진단과 치료에 광범위한 영향을 끼치면서 의료의 비인간성을 더욱 강하게 한다는 것이다. 이런 성향은 의료 행위들로부터 인간관계를 빼앗아 가고, 이러한 환경에서 교육받은 의료 선교사들은 관계를 소중하게 여기는 문화에서 현지 보건 의료 시스템을 낙후된 것으로 판단하여 비방하기도 한다.

또한 발전된 의료 기술을 현지에 소개하는 것을 추구하며 상대적 우월감을 과시하는 부적절한 태도를 가지기도 한다. 더 나아가 혈액 및 방사선 검사, 의료 기구와 장비 등의 의료 시스템이 잘 갖추어진 곳에서 수련받은 의료인들은 자원이 열악한 지역에서는 오히려 무력함을 느끼게 된다. 의료 시설과 장비들은 더욱 비싸지기 때문에 선교 병원들이 이를 유지하며 발전해 나가기 위해 많은 비용 부담을 가지게 된다. 이렇듯 의료 선교는 많은 도전에 직면하고 있고, 이런 도전을 적절하게 극복할 수 있는 원칙과 전략이 필요하다.

자연 과학이 현대 의학 교육을 지배하기 때문에 서구 의료에 알려지지 않았거나 연구된 적이 없는 현지에서의 질병 치료 방법들은 쉽게 무시되기도 한다. 서구 의학 교육 시스템에서 수련받은 의료 선교사들은 현지의 토착적인 보건과 의료에 대한 관점을 무익하게 여기는 경향이 있고, 이는 현지 지역 사회가 외국 의료인들과의 관계를 꺼리는 이유가 된다. 나이지리아에서 의료 선교사로 사역했던 김민철은 현대 서양 의료에 영향을 강하게 받은 의료 선교사들을 다음과 같이 도전한다.

> 아프리카의 저개발국가에 질병 치료에 대한 왜곡된 개념이 심어졌고, 이로 인해 아프리카의 많은 사람은 육체적, 사회적, 영적 건강을 모두 포함하는 총체적인 질병 치료의 전통적 개념을 잃어버리게 되었다. 결과적으로 저렴하고 비용 대비 더 효과적인 공동체 주도의 일차 질병 치료를 더는 하지 않게 될 것이다. 의료 선교사들이 조금 더 광범위한 건강 개념을 가지게 될 때 더 많은 사역 기회를 얻게 된다.[16]

게다가 거의 모든 정부와 현지 의료인들은 적절한 현지 면허 없이 그들의 나라에서 활동하는 외국인의 의료 행위들에 대한 장벽을 높이고 있기 때문에, 장기와 단기 의료 선교 사역들이 현지 정부에 의해 엄중히 통제되고 있고, 그들이 현지 의료 사회에 가시적인 도움을 가져오지 않는다면 더는 환영받지 못하는 상황이 되었다.

총체적 선교의 이해

기독교에는 성스러운 것과 세속적인 것 사이의 잘못된 이원론이 깊이 뿌리내려 있는데,[17] 이 비성경적 세계관이 하나님의 선교에 대한 잘못된 이해를 야기한다. 복음주의 기독교 공동체는 성스러운 것과 세속적인 것의 개념에 대해 많은 논쟁을 해왔다. 데브라 부엔팅(Debra Buenting)은 복음을 듣고 회심하여 복음의 사회적 책임을 깨달은 사람들은 사회의 정의롭지 못한 구조를 바꾸는 데 강조점을 두고, 반면에 개인주의적 문화의 영향 아래 있던 사람들은 하나님과의 개인적 관계와 영혼 구원에 더 초점을 둔다고 말한다.[18] 전자는 소외된 사람들과 지역 사회를 위한 구호와 개발 사역에 적극적으로 참여하고, 후자는 개인 영혼 구원을 위한 복음 전도를 더 많이 추구한다.[19] 과학적 증거에 기초를 둔 현대 서구 문화는 통합보다는 나누어 분류하는 구획화(compartmentalization) 특징을 가졌다고 볼 수 있다. 구획화로 특징되는 문화에서는 개인의 일과 삶에 기독교 신앙을 통합하는 과업이 쉽지 않다. 이와 반대로 창조 세계에 대해 성경적 청지기 역할을 강조하지만 오히려 타락한 세상으로 세속화될 수 있는 위험도 존재한다.

이렇듯 기독교 신앙의 이원론은 그리스도인의 일상과 모든 사역 활동에 밀접하게 연관되어 있다. 드영과 길버트는 긍휼 사역과 복음 전도에 관하여 '유인 상술'(Bait and Switch) 논쟁에 대해 설명한다.[20] 다른 사람에 대한 깊은 사랑과 연민의 표현으로 사람들의 영적인 필요를 채우기 위한 복음 전도에 대한 강조[21]는 충분히 이해할 수 있지만, 교회의 연민 사역과 더불어 행하는 복음 전도에 대한 논의는 더 깊이 발전되어야 한다. 인간에 대한 하나님의 궁극적인 계획은 그리스도를 통해 하나님 자신과의 관계를 회복하고 샬롬을 누리도록 하는 것인데, 이는 개인의 삶뿐만 아니라 세상에 대한 우리의 인식에도 변화를 요구한다. 멜라니 맥네일(Melanie McNeil)은 가장 중요한 선교 개념들 중 하나로 사람들과 그들의 공동체에 총체적인 변혁을 가져오는 제자도에 대해 강조한다.

> 제자도는 예수 그리스도와 함께 성장하여 성숙한 관계로 들어가는 여정으로 삶의 전 영역, 즉 영적 각성, 사회에 대한 역할과 책임, 공동체 내에서 매일의 삶을 살아가는 모두를 포함한다. 그러므로 선교는 사람들의 삶 전체에 관심을 가지며 개인과 지역 사회의 평안을 구한다.[22]

총체적 선교(holistic mission)의 열정적 지지자인 폴 벤더-사무엘(Paul Bendor-Samuel)도 영적인 것과 물질적인 것을 나누는 이원론의 결과물로 복음을 지나치게 단순화시키는 경향을 문제시하면서, "이 영적 정신 분열증은 선교의 중심으로 복음 전도와 교회 개척을 예수 그리스도의 주 되심 위에 두는 것을 정당화한다"[23]고 지적한다. 최근 수십 년 동안 복음주의 교회 공동체 내에서는 이원론과 연관된 문제들에 대해 방대한 학문적 노력이 진행되었고, 이를 통해 선교 신학은 현저한 성장을 이루었다.

분리될 수 없는 복음 전도와 사회·문화적 명령

총체적 선교의 정의와 개념은 교회의 복음 전도 명령과 사회·문화 명령 사이의 논쟁과 밀접한 연관성을 가지고 있다. 필립 스테이니(Philip M. Steyne)는 "복음 전도의 명령이 인류 구원에 대한 하나님의 관심에 대해 말하는 것이라면, 문화 명령은 사람들의 창조 세계와 그의 동료 인간들에 대한 책임을 말하는 것"[24]으로 정의한다. 복음 전도 명령과 사회·문화 명령의 두 가지 면을 사역 가운데 통합한다는 개념은 정의하기가 쉽지 않은데, 이 두 가지 면이 일상에서 명확하게 구별될 수도 없지만, 어떤 상황에서는 한쪽 면을 다른 쪽보다 강하게 강조할 필요가 있기 때문이다.

복음주의는 배타적 기독교에서 포괄적 기독교로 넓어져 갔는데, 최근 선교에 대한 신학적 이해 역시 복음 전도의 명령뿐만 아니라 사회·문화 명령에 대한 깊은 고찰로 확대되어 갔다. 다양한 문화 가운데 복음이 어떻게 표현되고 실천되어야 하는지에 대한 깊은 이해는 복음주의 교회들이 사회/문화 명령을 더 잘 수행할 수 있도록 일깨워 주었다. 성경이 복음 전도의 명령과 사회/문화 명령 모두를 강조하고 있다는 것은 분명하다. 하나님의 백성은 그분의 위대하심을 선포하도록 부르심을 받았는데(벧전 2:9),[25] 이는 하나님의 사랑과 정의의 속성을 말과 행동으로 선포하는 것을 포함한다. 하지만 총체적 선교를 몇 단어의 조합으로 정의할 수 있다 하더라도 타문화권 상황에서 이를 실천하여 행동으로 옮기는 것은 대단히 복잡한 개념이다.

성경은 하나님이 이 세상을 창조하신 목적에 대한 이해를 바탕으로 해석되어야 한다. 하나님은 그의 형상을 따라 사람을 창조하시고 그들로 하여금 창조 세계를 다스리도록 하셨다(창 1:26-31). 의심할 여지 없이 하나님은 가장 영광스러운 명예를 인간에게 수여하신 것이다. D. 제임스 케네디(D. James Kennedy)는 인간을 하나님의 창조 세계를 위한 하나님의 동역자로 규정하고 인간을 향한 하나님의 명령을 다음과 같이 기술한다.

> 그 명령은 오늘날에도 여전히 강력하다. 하나님의 부통치자로서 우리는 그분의 진리와 뜻을 우리의 세계와 지역 사회 전 영역에 드러내야 한다. 우리는 우리의 이웃, 학교, 정부, 문학과 예술, 스포츠 경기장, 오락과 미디어, 뉴스 미디어, 과학적 연구, 간단히 말하면, 인간 사회의 모든 면에 거룩한 지도력을 행사해야 한다.[26]

문화 명령은 하나님의 창조 세계가 궁극적으로 샬롬을 누리도록 하는 데 목적이 있다. 인간의 타락 이후 창세기 3장 20절에 나타난 명령은 전 창조 세계가 하나님과 화해하도록 하는 의미를 포함한다. 드영과 길버트는 문화 명령의 근본적 특성을 두 히브리어 단어, '아바드'(work; 일)와 '샤마르'(shamar; keep; 보존)로 설명한다. 이 단어들의 의미는 아담을 통해 인류(창 2:15)와 이스라엘의 제사장들에게 주신(민 3:8, 18:1-7) 과업에 드러나 있다.[27] 하나님이 아담과 제사장에게 주신 본래의 명령은 우연히 일치한 것이 아니다. 문화 명령은 인간의 대표인 아담이 하나님의 부통치자로 창조 세계를 다스리는 자일 뿐만 아니라 세상을 위해 하나님에게 중보하는 제사장이라는 것을 명확하게 보여 준다.[28]

타락 이후 모든 인간이 죄성을 가지고 있기 때문에 인간의 존엄성은 손상되었다. 십자가상에서 이루신 예수 그리스도의 구속 사역은 인류가 모든 삶의 영역에서 샬롬의 완성을 경험할 수 있도록 해주는 유일한 길이다. 또한 예수님의 대제사장적 기도(요 17장)는 그리스도인들이 지녀야 하는, 세상을 향한 하나님의 왕 같은 제사장(벧전 2:9)으로서의 역할과 태도를 명확하게 보여 준다. 하나님의 백성은 사탄이 지배하는 세상 가운데 그분의 부통치자로 창조 세계를 다스리고 그리스도의 구속을 통한 화해를 이루는 중보자로 부르심을 받았다.

구약의 선지자들은 하나님의 백성이 정의롭고 공정하게 행하도록 설득했다. 그럼에도 불구하고 제사장들은 하나님의 법을 따르지 않고, 그분의 거룩한 속성을 욕되게 했다. 이스라엘의 거짓 선지자들은 거짓 환상과 예언을 선포했고, 관리들은 자신들의 불의한 이득을 위해 피를 흘렸다. 백성들은 가난한 자들의 재물을 강탈하고 도둑질을 일삼았다. 그들은 가난하고 소외된 사람들을 억압하고 외국인을 학대했다. 이스라엘 백성이 하나님에게서 떠났을 때 그들은 완전히 악한 자들이었다. 아모스 선지자가 진리를 행하고 정의롭게 사는 것이 종교적인 절기들과 성회들보다 중요하다는 것을 선포했듯이(암 5:21-24), 하나님의 백성은 그의 법에 따라 정의롭게 살아야 하고, 하나님의 구속의 사랑을 행하며, 그분의 부통치자답게 살아야 한다.

사도 바울은 그리스도인들에게 이 세대를 본받지 말고 마음을 새롭게 함으로 변화를 받아 영적 예배로서 그들의 몸을 산 제사로 드리도록 권고한다(롬 12:1-2). 주님은 하나님의 백성이 되기 위해서가 아니라 우리가 하나님의 백성이기 때문에 그분의 법을 지켜야 한다고 말씀하신다. 주님은 그분 자신에게 전적인 충성을 요구하시고, 그분의 명령은 삶의 모든 영역에서 실천되어야 한다.

하나님의 사회·문화 명령이 태초에 주어졌지만, 그의 복음 전도 명령은 타락 이후에 더욱 근본적이고 필수 불가결하게 되었다. 하나님은 출애굽기를 통하여 하나님의 백성과 이방인들에게(출 3:9-10), 그리고 가장 사악한 도시인 니느웨에 대해서조차 그의 자비로우심을 지속적으로 보여주셨다(욘 4:9-11). 여기에 나타난 기본적인 전제는 하나님의 백성은 하나님의 마음으로 세상을 보아야 한다는 것이다. 케네디는 지상 최대 명령으로서 예수님의 명령에 대해 다음과 같이 기술한다.

> 두 번째 명령인 지상 명령은 새로운 창조의 새벽, 즉 예수님의 죽음과 부활 바로 직후에 주어졌다(마 28:19-20). 여기에서 우리는 오늘날 이 세상이 처해 있는 온갖 혼란의 이유들 중 하나는 그리스도의 교회가 하나님의 두 번째 명령을 제대로 수행하는 데 실패했기 때문임을 고백한다.[29]

하나님은 사도 베드로의 환상과 더불어 고넬료 가족을 구원하신 이야기를 통해 모든 민족의 구원을 위한 주님의 광대한 목적을 분명히 보여주셨다(행 11-12장). 사도 베드로는 하나님이 그의 선택한 백성으로서 복음을 선포하기 위한 목적을 가지고 그의 백성을 부르셨음(벧전 2:9)을 명시하면서 교회의 임무를 확인해 주었다. 복음 전도의 명령과 사회·문화적 명령은 결코 분리될 수 없고, 어느 한쪽을 강조하는 경향은 하나님의 명령에 대한 잘못된 이해에서 비롯된다. 모든 기독교 사역은 복음 전도와 사회·문화 명령을 통합하여 실천되어야 하는데, 이는 한쪽이 없는 다른 한쪽은 복음의 진정한 개념을 드러내지 못하기 때문이다.[30] 샬롬은 궁극적으로 복음 전도와 사회·문화 명령 모두 복음적인 선교 안에서 통합되어 이루어질 때 경험될 수 있다.

총체적 선교란 무엇인가

기독교 선교의 궁극적인 목표는 하나님의 잃어버린 사람들에게 예수 그리스도의 복음을 통해 샬롬을 누리도록 하는 것이다. 기독교 선교는 복음에 저항하는 이슬람 국가에서 그 장벽을 넘기 위한 다양한 접근 방법을 발전시켜 왔지만, 앞으로도 총체적 사역을 통해 하나님의 선교를 위한 더 효과적인 방법을 찾아가야 한다.

드영과 길버트는 교회의 선교가 예수님이 주신 모든 명령, 즉 선포, 증거, 제자 삼는 것보다 훨씬 축소되어 있다고 설명한다.[31] 이 주장은 교회의 선교가 복음 중 한 부분에만 강조점을 두고 있어 그 총체성을 담고 있지 못하고 있다는 뜻이다. 교회는 복음의 총체적 속성을 이해하여 하나님의 선교를 수행해야 하지만, 현실을 볼 때 그 근본적 부르심에서 멀어져 있는 경향이 있다.[32] 기독교 선교는 사람들과 함께 살아가며 그들에게 그리스도의 복음을 알리고, 이런 사역을 통해 그리스도를 만난 사람들과 그 지역 사회가 복음으로 변혁되는 것을 보는 것이다.

복음주의 내에도 그룹마다 서로 다른 강조점들이 있기는 하지만, 총체적 선교와 통합적 선교는 서로 유사한 정의를 가지고 사용된다. 로잔 운동은 총체적 선교를 다음과 같이 명확하게 정의한다.

하나님의 선교는 "땅에 있는 것들이나 하늘에 있는 것들이 그로 말미암아 자기에게 화목하게 되[는]"(골 1:20) 것이다. 그리고 우리의 역할은 이와 같은 목적에 따라 삶의 모든 영역을 변혁하고자 하는 의도와 예수 그리스도가 이 땅에 오셔서 인간들과 풍성한 삶을 나누고 우리가 그 삶을 즐기도록 하신 목적을 가지고 지리적, 문화적, 정치적, 경제적, 사회적 장벽들을 넘어서 가는 것이다.[33]

벤더-사무엘은 총체적 선교를 "총체적 복음을 증거하는 전인적 사람과 기독교 공동체를 통해 하나님의 완전함이 드러나 개인과 공동체, 그리고 더 나아가 온 나라의 변혁을 이루기 위한 사역"으로 정의한다.[34] 이 정의는 변혁이라는 의미에 강조점을 두는데, 이는 예수님이 구원이라는 개념을 위해 사용하신 용어를 살펴보면 변혁의 의미를 더 명확하게 알 수 있다. 구원이라는 단어는 영혼 구원이라는 의미로만 많이 축소되어 사용되어 왔는데, 예수님이 사용하신 구원이라는 단어는 사람들의 삶이 총체적으로 변혁되어야 한다는 의미를 포함한다는 것을 보여 준다.[35] 파샬은 이슬람권에서 사역하는 선교사들에게 이러한 필요를 명확하게 지적한다.

> 전통적으로 선교사들은 이슬람을 꾸란과 관습에 기초를 둔 '고등 종교'로 다루어 왔다. 이 접근 방식은 부적절하다. 이슬람권에 대한 선교는 무슬림의 삶의 모든 부분을 다루는 실제적 신앙(이상적인 것과 반대되는 뜻에서)을 드러내는 방향으로 맞추어져야 한다.[36]

하나님이 원하시는 선교는 삶의 모든 영역에서 그리스도의 온전한 성품이 증거되고 많은 사람이 그리스도의 제자가 되어 하나님이 베푸시는 샬롬을 누리도록 하는 것이 그 목적임을 계속해서 기억해야 한다.

아이어랜드는 하나님의 성품과 그의 창조 세계에 대한 정의로운 통치를 드러내는 긍휼 사역의 중요성을 역설한다.[37] 기독교 선교에서 긍휼 사역은 샬롬의 총체적 개념을 반영하여 어려움에 처한 사람들이 하나님의 사랑과 정의를 경험할 수 있도록 해야 한다. 아이어랜드는 이에 대해 "예수님이 정의로움을 말씀하실 때 존재론적 상태가 아니라 실제적인 활동으로서 말씀하셨다는 것을 기억해야 한다"고 지적한다.[38] 하나님의 진리를 선포하는 것과 긍휼 사역이 어떻게 함께 기독교 선교에 반영되어야 하는지에 대한 논의도 중요하지만, 총체적 선교를 정확하게 이해하기 위해서는 이에 대한 더 깊은 신학적 접근이 필요하다. 테규는 총체적 선교의 개념을 '자신 왕국'(아우토바실레이아) 신학에 기초해서 설명한다.[39]

> 총체적 선교는 에덴이 가진 모든 신학적 부유함을 누리며 그 동산으로 돌아가는 것이다. 만약 우리가 말과 행동 간의 균형만을 위해 노력한다면 우리는 총체적 선교의 진정한 의미를 놓치게 된다.[40]

총체적 선교는 복음 선포와 실천적 행동 사이의 적절한 균형이 아니라 그리스도의 '인격-내-왕국', 즉 예수 그리스도를 통해 드러난 온전한 왕국을 이루어 가는 행위로 이해되어야 하고,[41] '자신 왕국' 신학은 그리스도를 통하여 인간이 하나님의 온전한 통치 아래에 있었던 에덴으로 돌아갈 수 있게 된 재창조의 의미에 강한 강조점을 둔다. 인간은 그리스도와의 인격적 만남을 통해 하나님과 화해를 이루고 그 인격 가운데 하나님의 형상을 회복한다. 이와 같이 총체적 선교는 영적인 영역과 육적인 영역을 적절히 조화시키는 것이 아니라 우리가 만나는 모든 사람을 인격적으로

대하여 진심으로 사랑하면서 그들의 가장 필요한 것을 채우는 것이라 할 수 있다.

교회는 그리스도의 몸으로서 믿음의 공동체이고, 하나님은 세상을 향한 그의 선교를 위해 교회를 세우셨다. 그러므로 선교 사역 가운데 가시적 또는 비가시적 교회가 없다면 그것은 하나님의 선교가 아니다. 아랍 지역에 있는 교회는 아랍 민족을 향한 선교에 주된 책임을 가진다. 의료 선교를 비롯한 모든 선교 사역은 교회를 개척하는 데 목적으로 두거나, 현지 교회가 있는 곳이라면 그 교회의 역량을 강하게 해주는 역할을 해야 한다. 교회가 하나님의 선교에서 중심에 있지만, 교회 선교 사역들 가운데 전문적 사역을 영적 사역과 분리하는 경향은 가슴 아프다. 아이어랜드 역시 이에 대해 다음과 같이 기술한다.

> 교회의 선교에 있어 항상 중심에 있어야 할 것은 잃어버린 사람들에 대한 진심 어린 관심이다. 복음주의적 긍휼 사역은 단지 예수님만이 죄로 가득한 인간을 구속하실 수 있다는 믿음을 바탕으로 잃어버린 사람들에 대한 관심을 지속적으로 드러내야 한다.[42]

아이어랜드는 선교사들의 역할이 상황에 따라 다르지만, 모든 선교 사역은 활발한 현지 교회의 긍휼 사역을 일으켜야 한다고 주장한다.[43] 현지 교회의 성장은 선교사들에 의해 주도되던 여러 사역을 스스로 진행할 수 있도록 해주었다. 하나님의 선교를 추구함에 있어 선교사들과 현지 토착 교회는 결코 분리되어서는 안 되고, 이들 간의 친밀한 협력 관계는 현지 사람들에게 샬롬의 실증이 된다.

인간의 건강 문제에 대한 전인적 접근의 중요성은 기독교 내에서뿐만 아니라 모든 사회에서 광범위하게 강조된다. 전인적 치유의 광범위한 사용은 의학적 전체론(medical holism)과 혼합되어 그리스도인들과 교회에도 혼란을 가져왔다. 비성경적 전체론에서 흔히 사용하는 영적 단어들은 자주 그들의 의도를 잘 이해하지 못한 그리스도인들에게 혼동을 가져온다. 비성경적 전인적 건강의 관점은 심령 술사이며, '잠자는 선지자', 그리고 '전인 의료의 아버지'라고 불리는 에드거 캐이시(Edgar Cayce, 1877-1945)의 가르침에 기초한 포스트모던 뉴에이지 운동에 강한 영향을 받았다고 할 수 있다.[44] 제인 검프레흐트(Jane D. Gumprecht)는 전인적 건강의 비성경적인 개념에 대해 다음과 같이 기술한다.

> 사탄은 우리의 육체적, 정신적 안녕에 대한 하나님의 관심을 겉보기에 문제가 없는 방식으로 속여 미신적 행위가 교회로 들어오게 했다. 그리스도인들은 잠자고 있다. 그들은 전인적인 건강 운동을 세속적이고 인본주의적 뉴에이지 운동과 적절하게 구분하지 못하여 적그리스도의 영향 아래 활발하게 장려하고 있다.[45]

검프레흐트는 그리스도인들에게 비성경적인 뉴에이지 운동이 주도하는 전인적 건강의 속임수에 빠지지 않도록 경고하지만, 현실적으로 정확한 구별에 어려움이 있다. 특별히 완전히 다른 접근 방식의 한의학과 연관해서는 여전히 혼란이 있는 것이 사실이다. 전인적 치유를 추구하는 많은 접근이 있는데, 전인적 건강 유지의 고대 시스템을 소개하는 학자도 있고,[46] 사람들이 자연과 조화를 이루어 건강한 상태를 최대화하는 정신,

육체, 영의 연결을 강조하기도 한다.[47] 검프레흐트는 이러한 접근 방식을 성령의 사역이 아니라 심령주의의 한 부분으로 규정하고, 이들이 전인적이라고 일컫는 것은 집합적 의식이나 미신적 정신과 하나 되는 것을 의미한다고 설명한다.[48] 하지만 침술과 한약을 사용하는 한의학은 뉴에이지 운동과는 관계 없이 환자들에게 적용되고 있다. 비록 현지의 전통적인 질병 치유가 비성경적 전인 치유 개념에 빠질 위험이 있다 하더라도 현지의 전통적인 질병 치유 방법에 대한 적절한 이해 없이 무조건적으로 배척하는 것도 적절한 태도가 아니다. 더 광범위한 문화적, 종교적, 영적 차원의 연구들을 통하여 더 깊이 논의해야 할 필요가 있다.

총체적 선교의 개념은 어떻게 발전되어 왔는가

복음의 언어적 선포와 그리스도인들의 실천적 사회 참여 사이의 관계는 기독교 역사에서 오랫동안 진행되어 온 논쟁들 중 하나다. 현대 기독교 역사에서 근본주의와 자유주의 사이의 첨예한 대립이 있었고, 이 두 진영 모두 포스트모더니즘에 의한 신학적인 도전과 더불어 각 진영 내에서의 분열로 진통을 겪게 되었다.[49] 하지만 이는 더 큰 어려움을 맞는 시작에 불과했다. 19세기 후반과 20세기 초반에 신학적인 자유주의가 기독교 공동체와 선교에 심각한 영향을 주었다.[50] 앨런 존슨(Alan R. Johnson)은 이 기간의 역사를 다음과 같이 정리한다.

> 19세기 후반과 20세기 초반의 근본주의-자유주의 양분의 결과에서 비롯된 실제적인 문제들에 대한 논의가 필요하게 되었다. 성경의 권위에 도전했던 신학적 자유주의의 성장으로 단지 하나님의 부권(父權)과 인간

의 형제애만 남게 되었다. 이런 모습은 타문화권 선교에 있어 복음 전도보다 사회적 행동과 문명화만 필요하게 되었다. 성경의 권위를 인정하는 복음주의자들은 이러한 관점을 거부했고 이에 대항하여 반대되는 활동들을 했다. 이들은 선교를 단지 복음 전도와 교회를 개척하는 것으로만 인식하게 되었다.[51]

1960년대에 중남미에서 발전된 해방 신학은 그리스도를 통한 영혼 구원보다는 정의롭지 못한 사회 구조에 의해 억압받는 사람들을 위한 교회의 사회적 책임을 강조했다.[52] 20세기 이전 복음주의 기독교 진영은 소외된 사람들을 위한 영적, 육체적 필요를 채우는 다양한 사역에 참여했지만, 20세기 초에 일어난 자유주의 진영의 급진적 운동 방향성이 복음주의자들로 하여금 오히려 사회 참여적 사역에서 떠나게 했다.[53] 복음주의 진영 가운데에서도 개인 영혼 구원에 초점을 둔 교회 개척을 강조하는 사람들과 사회적 책임에 더 큰 강조점을 두며 긍휼 사역에 참여하는 사람들 사이에 심각한 긴장이 이어져 왔다.

지난 50여 년 동안 복음주의 교회 지도자들은 어떻게 기독교 선교의 성경적 개념과 실천을 발전시켜 나갈지에 대해 깊이 고민해 왔다. 하나님의 말씀을 가르치고 선포하는 복음 전도와 더불어 사회 정의, 인간의 권리, 가난하고 억압받는 자들에 대한 사회적 책임에 동의한다 하더라도 교회가 어느 정도 참여해야 하는지에 대한 실천적 부분에 대해서는 의견이 다양했다. 더 나아가 이러한 이슈들이 타문화권에서 일어날 때는 기독교 선교가 어떤 방식으로 어느 정도까지 참여해야 하는지에 대한 문제는 아주 복잡하다.

총체적 선교의 개념에 대한 논의는 지난 수십 년간 국제 복음주의 회의에서 지속적으로 발전되어 왔다. '교회의 세계 선교 대회'(The Congress on the World Mission of the Church, Wheaton, 1966)는 복음주의 공동체가 인종 차별, 전쟁, 인구의 폭발적 증가, 가난, 가족 붕괴, 사회 혁명, 그리고 공산주의 등과 같은 이 세계가 당면한 문제들에 대해 적극적으로 참여하지 않은 책임을 인정했다.[54] 전 세계의 보수주의 개신교 지도자들이 모인 '복음 전도에 대한 세계 대회'(the World Congress on Evangelism, Berlin, 1966)는 복음 전도를 위한 전 세계 교회의 협력 방법을 의논하는 중요한 시작이었다.[55] 이 대회는 '세계 복음 전도 국제 대회'(the International Congress on World Evangelization, 1974)와 '순회 전도자들의 국제 콘퍼런스'(the International Conferences of Itinerant Evangelists, 1983 and 1986)의 시작에 중요한 영향을 주었다. 로잔 운동은 1970년대 초반에 사회, 정치, 경제, 종교적 격변의 세계에서 기독교 선교를 다시 구성하는 복음주의적 노력의 일환으로 시작되었다.[56] 그 설립자들은 교회가 전 세계의 다양한 문제에 대해 어떻게 성경적으로 적절하게 접근할지를 고민해야 한다고 믿었다. 로잔 운동은 복음 전도와 사회적 책임이 동등하게 중요하며 기독교 선교가 이 양면을 함께 통합해야 한다는 것을 확인했다.[57] 20세기 중반 교회의 선교에 대한 공통된 믿음이 빌리 그레이엄(Billy Graham)의 연설에 잘 드러나 있다.

> 만약 교회가 복음을 선포하는 주된 사명으로 돌아가 많은 사람이 그리스도께 돌아왔다면, 다른 어떤 방법보다 인간의 사회적, 도덕적, 심리적 요구에 훨씬 큰 영향을 주었을 것이다.[58]

'복음주의 사회 문제에 대한 시카고 선언'(the Chicago Declaration of Evangelical Social Concern, 1973)은 교회가 사회적 억압으로 고통받는 사람들에 대한 하나님의 사랑을 실천하는 데 실패했음을 고백함으로써 복음주의 그리스도인들의 사회적 책임에 대해 한 걸음 더 나아갔다.[59]

우선순위-통합주의 논쟁(the Prioritism-Holism debate)은 1974년 7월 스위스 로잔에서 개최된 '1차 세계 복음화 국제 대회'(the First International Congress on World Evangelization, Lausanne, Switzerland)에서 더욱 집중적으로 다루어졌는데, 복음 전도와 사회적 책임에 대한 복음주의 진영의 중요한 변화를 목격하게 되었다.[60] 로잔 선언의 다섯 번째 언약은 교회의 사회적 책임에 대해 다음과 같이 선포한다.

> 구원의 메시지는 소외, 억압, 차별의 모든 형태에 대한 심판의 메시지를 내포하고, 우리는 악과 불의가 있는 어느 곳에서든지 이를 비판하는 것을 두려워해서는 안 된다. 사람들이 그리스도를 받아들일 때, 그들은 하나님의 나라로 다시 태어나는 것이고, 불의한 세상 가운데 그리스도의 정의를 선포할 뿐만 아니라 또한 널리 실천해야 한다. 우리가 주장하는 구원은 개인과 사회적 책임의 전 영역에서 우리를 변혁해 가야만 한다. 행함이 없는 믿음은 죽은 것이다.[61]

로잔 언약 이후 보수 진영은 이 언약이 복음 전도가 우선되어야 한다는 주장을 약화시킨다고 여겨 반대했고, 복음주의 지도자들은 복음을 선포하는 것과 사회적 책임을 실천하는 것 사이의 관계를 명확하게 했다고 평가한다.[62] 아이어랜드는 태국의 파타야에서 열린 '세계 복음화를 위한 협의회'(the Consultation on World Evangelization [COWE], 1980)에서 교회의 사회적 책임이 여전히 필수적이지만 복음 전도에 우선순위가 있다는 의견이 다시 주장되었다고 평가한다.[63] 1982년에 열린 '복음 전도와 사회적 책임의 관계에 대한 국제 협의회'(the International Consultation on the Relationship of Evangelism and Social Responsibility [CRESR])는 이 문제를 더 명확히 다루기 위해 열렸는데, 복음 전도와 사회적 책임은 여전히 가위의 두 날 또는 새의 두 날개와 같이 분리되어 있는 양면으로 남아 있었다.[64]

총체적 선교의 개념이 복음주의 진영에서 중요한 이슈가 되면서 1983년에 '인간의 필요에 대응하기 위한 교회 협의회'(the Consultation of the Church in Response to Human Need, Wheaton)는 교회가 복음 전도에 국한하지 않고 사회적 문제들에 대해서도 책임이 있음을 선포했다.[65] 또한 세계 선교에 관하여 종말론을 먼 미래에 이루어질 도피적 개념을 넘어 하나님이 전 창조 세계를 통치하신다는 개념으로 발전시켰다.

총체적 선교의 개념은 복음주의 선교 공동체가 모든 삶의 영역을 예수 그리스도의 주권 아래 가져오는 것에 대한 깊은 이해와, 이를 기초로 한 실제적인 계획을 세우도록 해주었다.[66] 총체적 선교의 정의는 2001년에 선포된 '미가 선언'(Micah Declaration, Oxford)에 의해 더욱 발전되었다.

> 총체적 선교 또는 총체적 변혁은 복음의 선포와 실천이다. 이는 복음 전도와 사회 참여가 서로 곁에서 함께 이루어져야 한다는 의미 정도로 단순한 것이 아니다. 그보다 총체적 선교에서는 우리가 삶의 모든 영역에서 사람들을 사랑과 회개로 부르듯이 우리의 복음 선포가 사회적인 변혁의 결과 역시 가져와야 한다. 그리고 우리가 예수 그리스도의 변혁적

인 자비로우심에 대해 증거하기 때문에 우리의 사회 참여도 복음 전도의 결과를 가져와야 한다.[67]

기독교 선교는 복음 전도와 사회 참여에 대한 우선순위 논쟁에서 벗어나 개인의 삶과 사회적 변혁을 일으킬 수 있는 온전한 복음이 선포되어야 한다. 그리고 정의와 사랑으로 지역 사회를 새롭게 세우는 교회의 사역은 세상 사람들을 그리스도 예수의 복음으로 이끌어 복음 전도의 결과를 가져올 수 있어야 한다.

선교는 궁극적으로 사람들을 섬기는 것이므로, 우리가 만나는 사람들의 육체적, 정서적, 영적 상황들에 관심을 가지는 것이 가장 먼저다. 그들의 다양한 상황에 따라 하나님의 마음으로 그들을 대하는 것이 총체적 선교의 기본적인 개념이고, 이것이 바로 하나님의 선교다. 사람들을 인격적으로 만나 그들의 이야기를 듣고 진심으로 반응한다면 복음 전도와 사회 참여의 우선순위 논쟁은 더 이상 필요가 없다. 왜냐하면 그들의 삶의 영역에서 그리스도의 온전한 복음이 우리의 말과 행동으로 온전히 전달될 수 있기 때문이다. 이것이 진정한 하나님의 선교이고, 이를 통해 우리가 섬기는 사람들의 삶의 모든 영역 가운데 분명한 변혁이 일어나게 될 것이라 믿는다.

의료 선교를 통한 전인적 치유

의료 선교는 전인적 의료 행위를 통해 타문화권에서 복음을 나누는 사역인데, 모든 기독교 선교 사역에 도움을 주는 총체적 사역의 한 부분이다.[68] 의료 선교는 현지 보건 의료 시스템의 발전을 돕는 것만이 아니라,

섬기는 모든 사람의 전 인격을 돌보는 데 깊은 관심을 가져야 한다.

현대 의료는 사람들을 전인적으로 보기보다 질병 치료 자체에 초점을 맞추는 경향이 있다. 사회학자인 조지 리처(George Ritzer)는 효율성, 계산 가능성, 예상 가능성, 지배로 특징되는 맥도날드화(McDonaldization)[69]의 개념을 설명했는데, 진 존슨(Jean Johnson)은 현대 기독교 선교의 특징을 설명하면서 이 개념을 인용했다.[70] 최근 기독교 선교는 측정하기 어려운 정성적 결과를 추구하기보다 선교 사역을 통해 개척된 교회 또는 회심한 신자의 수와 같은 생산성에 더 관심을 두는 경향이 있다.[71] 이러한 물질적 결과물에 관심을 기울이는 현대의 인스턴트 문화는 단기 선교를 포함해 많은 의료 선교에서도 관찰된다. 이런 환경에서 총체적 의료 선교는 질병의 문제를 다루어야 할 뿐만 아니라 인간의 타락한 본성에서 기인한 많은 문제를 어떻게 치유할 수 있는지도 보여 주어야 한다.

하나님의 능력을 통한 기적적인 질병 치유와 더불어 신앙생활을 통한 정서적 안정이 정신적 문제나 말기의 질병을 겪는 사람들의 치료에 유익을 준다. 이에 대해 알렉스 번(Alex Bunn)과 데이비드 랜덜(David Randall)은 다음과 같이 설명한다.

> 기독교 신앙은 인간의 육체적, 정신적, 관계적, 영적 모든 면이 절대적으로 중요하다는 것을 강조하는데, 이는 현대 의학의 축소주의를 바로잡는 데 중요한 역할을 한다. 환자들은 단순히 생물학적 질병 문제를 해결하기 위해 오는 것이 아니다. 효과적인 의료는 인간의 모든 면을 다루어야 한다. 대부분의 환자는 이와 같은 전인적 치유를 소망하고, 또 가치 있게 여긴다.[72]

테츠나오 야마모리(Tetsunao Yamamori)는 성경적인 전체주의의 네 가지 특성을 기술한다.

(1) 전체주의는 전인적이다. (2) 전체주의는 상승 작용이 있다. (3) 전체주의는 회복하는 능력이 있다. (4) 전체주의는 그리스도 중심적이다.[73]

의료 선교는 의료적으로 낙후된 국가들에서 의료 서비스들을 구축하고 발전시키는 데 큰 기여를 해왔다. 또한 의료 선교는 많은 나라에서 복음을 나누고 그리스도의 사랑을 나누는 효과적인 도구로 사용되어 왔다. 마크 스트랜드(Mark A. Strand)는 네팔에서 오십만 명 이상의 그리스도인이 다양한 형태로 의료 선교에 의해 영향받았다고 보고하고, 인도의 그리스도인들 중 80퍼센트가 회심하는 데 의료 선교의 영향이 있었다고 보고한다.[74] 이렇듯 의료 선교가 복음을 나누는 데 중요한 역할을 해온 사실은 부인할 수 없다.

1830년대에 중국의 첫 번째 의료 선교사인 피터 파커(Peter Parker, 1804-1888)와 그의 팀은 그들이 의료 사역을 하는 동안 모든 형태의 지식을 전파하는 것이 복음을 전파하는 것과 밀접하게 연결되어 있음을 확신했다.[75] 그러나 그들의 활발한 사역에도 불구하고 미국의 선교 단체 이사들로부터 복음을 전파하는 주된 의무를 소홀히 했다는 비난을 들었고, 선교를 위한 의료 전문성과 영적 사역 사이에서 고뇌했다.[76] 이렇듯 흔히 의료 선교는 영적 사역을 위한 단순한 부속물로 간주되어 왔다.

예수 그리스도의 마음으로 병자들을 돌보는 것은 수세기 동안 의료 선교의 주된 목적이었고, 이는 많은 사람에게 복음을 나눌 수 있는 길을 열어 주었다. 하지만 일부 복음주의 교회는 의료 선교를 복음을 나누거나 기독교로 관심을 끄는 일종의 유인 정도로 보았다. 20세기 중반까지는 의료 선교의 형태도 치료 중심의 의료 사역에 제한되어 있었는데, 존 그리닐(John Greenall)은 1969년 당시 대부분의 타문화권 의료 선교사들이 병원이나 클리닉에서 사역하고 있었고, 다른 형태의 사역은 아주 드물었다고 보고한다.[77]

1970년대 초기부터 의료 사역이 총체적 선교의 중요한 부분으로 깊이 고찰되기 시작했다. 그리닐은 어떻게 의료 선교가 총체적 선교의 필수적인 부분이 되는지에 대해 다음과 같이 설명한다.

> 의료 선교사들은 의료 선교에 대한 그들의 신학에 있어 명확해야 한다. 의료 선교는 물고기를 잡기 위한 '미끼'가 아닐 뿐 아니라, 사람들을 그리스도께로 인도함 없이 단순히 치료만 하는 행위도 아니다. 의료 선교사들은 사람들이 복음에 반응하든 안 하든 복음 전도의 열정과 인간에 대한 진심 어린 긍휼의 마음을 가져야 한다. 교회의 공동체적 의료 사역을 통한 전인적 치유는 많은 사람에게 진정한 총체적 선교가 이루어지는 최고의, 때로는 유일한 방법으로 여겨진다.[78]

1970년 이후 의료 선교의 형태들이 다양하게 발전되었는데, 의료 선교가 전체적인 기독교 선교 가운데 어떤 역할을 해야 하는지는 여전히 어려운 질문이다. 가장 큰 변화는 의료적 저개발 국가에서 치료적 의료 사역 중심에서 예방적 사역으로 전환된 것이다. 일부 의료 선교사는 많은 환자가 예방 가능한 질환으로 병원에 오는 것을 보고 예방적 의료의 중요

3장. 의료 선교, 어떤 방향으로 나아가야 하는가   143

성을 인식하게 되었다. 이런 예방적 의료에 대한 강조는 그 중요성에 대한 인식 때문이기도 했지만, 많은 비용이 필요한 치료적 선교 병원의 유지가 어려워진 상황 때문이기도 했다. 선교 병원의 유지 발전에 큰 공헌을 해왔던 서구 교회의 쇠락으로 후원금 마련을 위한 어려움 때문에 병원 형태의 선교 전략은 지속하기가 힘들어졌다. 의료 선교 내에서 예방적 치료 사역은 여러 면에서 비용 대비 효과적이다. 이렇게 많은 도전을 받고 있는 상황과 더불어 총체적 선교에 대한 더 깊은 신학적 이해로 말미암아 최근 의료 선교의 방법은 더 다양하게 발전되었다.

의료 선교에서 지역 사회 보건 선교(Community Health Evangelism [CHE])는 예방적 의료의 한 부분으로, 그리고 총체적 선교의 효과적인 방법으로 주목받았다. 이 접근 방법은 예방적 의료 및 보건 활동에 초점을 맞춘 그리스도 중심의 지역 사회 개발 프로그램으로 복음 전도와 제자도를 통합하는 의미를 가진다.[79] '국제 의료 대사 선교회'(Medical Ambassadors International)는 CHE를 육체적, 영적 변혁을 가져오는 개인 및 지역 사회 개발을 위한 전략으로 정의한다.[80] 수잔 허스트(Suzanne Hurst)는 CHE를 최고의 보건 실천 프로그램 모델로 소개한다.

> CHE는 현지 교회나 지역 사회 관심 그룹이 모범 사례를 통해 기본적 요소들을 취하고 적절한 성경의 가르침과 결합하여 기독교적 지역 사회 개발과 질병 예방 프로그램을 만든다. CHE의 강조점은 현지 지도자를 훈련시켜 그들의 능력을 향상시키는 데 있다. 지역 사회의 참여, 주인 의식, 지속 가능성 등이 CHE의 주요한 요소들이다.[81]

CHE는 지역 사회 개발의 원칙들을 가지고 긍휼 사역과 영적 제자도를 포함한 총체적 방법으로 현지 지역 사회의 육체적, 영적 필요를 채우기 위해 다양한 상황에 적용되었다. CHE가 다른 문화와 종교적 환경에 접근하기 때문에 원칙적으로 현지 교회가 존재한다면 그 교회들과 함께 협력하여 현지 사람들의 역량을 강화하는 방법으로 유연성을 가지고 적용되어야 한다.

의료 선교사들은 병원 중심의 치료 사역과 더불어 현지 의료인 및 보건 요원들을 교육해야 하는 중요성을 인식하게 되었다. 현지 보건 의료 시스템이 주로 외국 의료인에게 의존하게 될 때, 현지와 외국 시스템의 질적 차이 때문에 오히려 현지 토착 의료는 개발되지 못한 채 남아 있는 경향이 있다. 많은 경우 현지인들은 선교 병원이 현지 토착 의료보다 저렴하면서도 더 나은 의료 서비스를 제공하기 때문에 선교 병원을 훨씬 신뢰한다.

선교 병원은 환자들에게 더 나은 의료 서비스를 제공함으로 선교적으로 좋은 영향력을 끼치지만, 현지 토착 의료 시스템에는 좋지 않은 결과들을 줄 수 있다. 이는 선교 병원이 현지 의료 시스템과의 연계를 통해 그들의 발전을 돕기보다 환자들에게 더 나은 의료 서비스를 제공하여 복음을 나누는 전략을 가지고 있기 때문이다. 외부에서 자원을 가지고 오는 선교 병원에 비하여 현지 의료 시스템은 낮은 의료비를 유지하면서 좋은 의료 서비스를 제공할 수 있는 자원이 없는 경우가 많다. 이러한 상황은 선교 병원과 현지 의료 시스템 사이에 중대한 문제들을 가져온다. 환자를 치료하는 동시에 현지 의료 시스템의 역량을 강화해 줄 수 있도록 현지 의료인들을 교육하는 것이 총체적 선교의 중요한 원칙들 중 하나다.

이슬람 배경에서의 총체적 선교

일반적으로 아랍 지역의 많은 무슬림은 다양한 정치 사회적, 문화적, 역사적 이유들로 기독교에 대해 좋지 않은 선입관을 가지고 있는데, 이러한 선입관은 무슬림들이 진정한 복음을 보지 못하도록 그들의 눈을 가린다. 흔히 기독교 선교는 현지 사람들의 생각과 세계관을 이해하는 충분한 노력 없이 영혼 구원을 위한 복음 전도의 열정으로 너무 성급하게 설득과 논쟁에 뛰어드는 경향이 있다. 그렉 리빙스톤(Greg Livingstone)은 교회 개척을 다음과 같이 정의한다.

> (교회 개척은) 선교사로부터 독립된 살아 있는 교회로 성장할 때까지 진행되는 복음 전도, 제자도, 교육, 믿는 자들의 모임을 조직하는 전 과정이다.[82]

그리고 선교사들이 보통 무슬림에게 시도하는 변증적 경향을 다음과 같이 기술한다.

> 이슬람권 선교사들은 흔히 자신이 받은 교육에 기초한 변증이 대부분의 무슬림이 거의 묻지 않는 질문이라는 것을 알지 못한 채 서구의 논리로 무슬림들을 이기려고 한다.[83]

기독교 선교에 적대적인 이슬람 국가에서도 복음을 선포하는 것이 복음 전도와 교회 개척에 필수지만, 먼저 친밀한 관계가 이루어지지 않는다면 그들은 우리의 이야기에 귀 기울이지 않을 것이다. 예수님의 사역은 아랍 지역에서의 기독교 선교가 어떤 모습이어야 하는지에 대한 원칙을 보여 준다. 예수님이 잃어버린 사람들에게 그분의 사랑과 긍휼을 부어 주신 것처럼 기독교 선교는 무슬림들을 기꺼이 받아들일 수 있어야 한다. 그리스도인들이 상처받은 무슬림들을 진심으로 껴안을 때, 하나님은 그들에게 그리스도를 통한 화해를 베푸신다. 테규는 이 문제를 다음과 같이 강조한다.

> 선교 사역의 목적은 사람들이 '인격-내-왕국'(Kingdom-in-Person), 즉 그리스도를 인격적으로 만나도록 하는 것이다. …… 다스리시고, 행하시고, 정복하시고, 치유하시는 분이 바로 왕이시다. …… 신약 성경은 복음이 그리스도와의 인격적이고 영적인 만남임을 보여 준다. 만약 우리가 이것을 잊는다면 우리는 모든 것을 잊어버리는 것이다.[84]

이에 대해 파샬도 중요한 부분을 지적한다.

> 선교사들은 사회의 가치 시스템에 잘 맞는 방식으로 화해의 말씀을 전해야 한다. 무슬림의 세계관과 충성심의 변혁은 사회적인 혼란을 최소화하는 과정으로 수행되어야 한다.[85]

논쟁과 변증을 통해 이슬람 신학을 이김으로써 복음을 전하는 데 초점을 맞추는 교회 개척자들이 있는데, 리빙스톤은 무슬림들과의 친밀한 관계가 없다면 그들의 마음을 얻을 수 없다는 것을 강조한다.[86] 복음의 메시지가 설득력이 있으려면 친밀한 관계를 맺는 것이 필수적이지만, 또 한

편으로는 무슬림에게 관계적으로 다가가는 것과 변증적으로 다가가는 것 사이에 이론원적 논쟁을 일으킬 위험이 있다.

무슬림 출신 기독교 변증가인 나빌 쿠레쉬(Nabeel Quresh)는 그의 책 「누가 진짜 하나님인가? 알라인가, 예수인가?」[87]에 그의 경험을 기록하면서, 무슬림들에게 성경적 진리를 변증하며 나누는 것의 중요성을 피력한다. 그러므로 두 접근 방식은 항상 함께 고려되어야 하고, 무슬림들이 처해 있는 개인적이고 인격적인 상황에 맞게 복음을 적절히 나눌 수 있어야 한다는 것이다. 이런 의미에서 맥네일은 무슬림들의 삶에 변혁을 일으키는 제자도의 중요성을 인식하여 총체적 사역에 중점을 두는 선교 전략을 세우도록 권면한다.[88]

제자도가 그리스도인의 삶과 사역의 모든 영역에 연관되어 있고, 이는 타문화권 상황에서는 정치 사회적 문제들이 복잡하게 얽혀 있기 때문에 총체적 선교에 대한 깊은 이해를 바탕으로 한 구체적 실천 계획이 무척 중요하다. 비록 모두 타문화권 상황에서 총체적 선교의 중요성에 대해 동의한다 하더라도 기독교 선교가 다양한 현지의 정치 사회적 문제에 얼마나 관여해야 하는지에 대한 질문에는 심각한 논쟁들이 있다. 총체적 선교가 복음을 통해 삶의 모든 영역이 변혁되는 것을 보기 원하기 때문에 현지의 다양한 문제를 고려해야 하는 것은 피할 수 없다.

존슨은 신학적 관점에서 직접적 충돌이 없더라도 현실에서는 복음을 선포하는 것과 사회 참여 중 하나가 다른 하나에 우선할 수 있다고 주장한다.[89] 그는 복음 전도 및 교회 개척과 같은 사역보다 물 부족 문제, 인신 매매, 낙태, 빈곤과 같은 사회적 문제들에 접근하는 '문제에 기초한 사역'(issue-based ministry)은 조심스러워야 함을 강조한다.

하나님의 선교를 이해한 현지 교회가 현지에 존재하는 그들의 사회적 문제들을 인식할 수 있다. 하지만 다른 사회적 배경에서 온 외부 기독교인들이 그들의 관점에서 문제를 인식하고 제기할 때, 현지 교회는 적절한 개입이 아니라고 여길 가능성이 많다. 문제를 제기한 개인은 자신의 참여에 대해 만족할 수 있지만 현실적으로는 효과적이지 않을 수 있다.[90]

기독교 타문화권 선교가 현지 지역 사회에 대한 적절한 지식 없이 그 자신의 시각으로 현지의 사회적 문제들을 해결하려고 할 때, 선교 사역에 바람직하지 못한 결과를 가져올 수 있는 정치적 관여가 될 수 있다. 하나님 나라의 복음에 대한 깊은 이해를 통해 정의롭지 못한 사회에 대한 개인 및 교회적 행동이 일어나길 원할 때 직접적 간섭으로 문제를 해결하기보다 현지 사람들이 변화를 위한 주도권을 가지게 될 때까지 인내하는 것이 낫다. 현지 정부는 외국인들의 이 같은 관여에 대해 감사하기보다 정치적인 위협으로 받아들일 가능성이 높다. 비록 기대보다 훨씬 오래 걸린다 하더라도, 현지 사람들이 성경적인 관점에서 문제들을 인식하여 지속가능한 변화를 위해 그 문제들에 접근할 수 있도록 하는 것이 중요하다. 존슨 역시 현지 교회가 복음으로 변혁되어 자신들의 사회적 문제에 대해 온전히 통합된 접근 방법으로 적극적으로 참여하게 되는 것이 가장 바람직하다고 조언한다.[91]

기독교 타문화권 선교에서 영적 사역과 사회적 책임 사이에 우선순위를 논하는 것은 중요한 요점을 놓치는 것이다. 기독교 선교는 이 두 영역을 이분해서는 안 되지만, 이런 현상은 많은 상황 가운데 발견된다. 이는 다른 신학적 이해 때문이기도 하겠지만, 사역은 그 처해 있는 상황에 따라 그에 맞는 형태로 계속적인 수정을 통해 성경적 원칙을 적용해야 하기 때문이다. 하지만 복음 전도와 사회 참여는 사역을 시작하는 처음부터 총체적으로 이루어질 수 있도록 계획을 세워야 한다. 이를 통해 참여자들은 이 두 영역이 각각 순서대로 분리되어 이루어져야 하는 것이 아니라 사역의 모든 과정에서 총체적으로 이루어져야 한다는 것을 이해하게 된다. 존슨은 긍휼 사역의 실제에 관하여 다음과 같이 결론을 내린다.

> 현지 토착 교회가 개척되어 성장해 나가면서 하나님과 이웃에 대한 헌신으로 긍휼 사역을 실천하게 된다. 이 과정에서 지속적인 열매를 맺을 뿐만 아니라 하나님이 그들을 돌보신다는 믿음을 가지고 그들 자신과 공동체의 필요를 스스로 채울 수 있다는 소망을 가지게 된다.[92]

기독교 선교는 복음을 단순화하여 개인 영적 구원에만 초점을 맞추기보다 예수님이 어떻게 다른 상황들 가운데 있는 사람들에게 진정한 샬롬을 경험할 수 있도록 인격적이고 총체적으로 접근하셨는지 계속 연구하여 적용해야 한다. 결론적으로 기독교 선교는 사람들과의 관계 가운데 예수님의 삶과 진리를 나눔으로써 사람들이 예수님과 더욱 친밀한 관계를 누리며 그분을 닮아 감으로써 샬롬의 온전한 성경적 개념을 깨달을 수 있도록 해주어야 한다.

의료 선교는 무슬림 공동체에 교회를 개척하는 총체적 선교의 필수적인 사역들 중 하나다. 의료 선교는 선교가 제한된 나라에 들어갈 수 있도록 해주는 중요한 사역이고, 그리스도인들이 그러한 나라에서 전문적인 직업을 통해 거주 허가를 받고 적절한 사회적 위치에서 일할 수 있도록 문을 열어 준다. 하지만 이슬람 국가에서는 보안 및 안전의 위협이 상존하고, 기독교 가치관에 반하는 것들과 타협이 요구되는 경우도 있다.

리빙스톤은 오히려 선교사가 속하여 일하는 서구 회사나 정부가 복음을 나누는 것에 더 큰 장애물이 될 수도 있다고 경고하는데, 이는 전문인 선교사의 종교적 활동이 현지에서 얻는 이익에 방해가 될 수 있기 때문이라고 설명한다.[93] 그럼에도 불구하고 전문인 선교사들의 전문성과 매일의 삶에서 드러나는 정직, 성실, 우수성 등은 현지 사람들이 가지는 외국인에 대한 이질성과 기독교에 대한 부정적인 고정 관념, 즉 서구 미디어를 통해 얻게 된 비도덕적 세속 문화와 정치적 선입관을 깰 수 있다.

리빙스톤은 무슬림 회사에서 일자리를 찾아 무슬림 공동체에 들어가는 것도 권유하는데, 이를 통해 전문인 선교사들이 현지 사람들과 의미 있는 인간관계를 발전시키는 더 많은 기회를 가질 수 있기 때문이다.[94] 이러한 주장과 같은 의미로, 의료 선교는 선교 병원을 세워 현지 의료 시스템과 분리되기보다 현지 보건 의료 기관, 즉 보건 사업, 병원, 의과 대학 등에서 현지인들과 함께 더 많이 사역할 필요가 있다.

구호, 재건, 개발 그리고 변혁

비정부 기구(Non-Governmental Organizations [NGOs])들이 저개발 국가들을 위해 진행한 기부자 주도 개발 프로젝트의 부작용과 이에 대한 반성을 기록한 많은 학술적 논문이 있다. 다수의 기독교 선교 단체도 좋은 의도를 가지고 이러한 프로젝트들을 시행하고 있지만 항상 긍정적인 결과만 얻는 것이 아니다. 여러 단체에 의해 지원된 무분별한 외국 자원이 현지 지역 사회와 교회에 부작용을 일으키는 경우도 많다. 선교 사역에 있어 원칙과 전략의 미묘한 차이가 그 결과에서는 큰 차이를 낳게 된다. 아이어랜드는 그의 경험을 통해 다음과 같이 기술한다.

> 나는 서부 아프리카의 선교사로서 비정부기구들의 기부자 주도 개발 프로젝트들이 현지 교회를 어떻게 망쳐 놓았는지 아프리카 목사들에게서 셀 수 없이 들었다.[95]

허스트도 기독교 선교는 타문화권 상황에서 그들의 돕고자 하는 좋은 의도에도 불구하고 발생할 수 있는 여러 부정적 결과도 고려해야 한다고 주장한다.

> 우리의 동기가 순수해야 할 필요가 있지만 좋은 동기와 선한 마음이 우리가 일하는 곳의 상황을 잘 이해할 수 있게 해주거나, 발생 가능한 비의도적 결과에 대한 제대로 된 인식을 보증하지는 않는다.[96]

스티브 코베트(Steve Corbett)와 브라이언 피커트(Brian Fikkert)는 근시안적인 선교 사역과 연관된 역학을 다음과 같이 기술한다.

> 빈곤에 대한 물질적 정의 + 물질적으로 가난하지 않은 하나님-복합체 (즉 교회, 선교 단체, 국제 기구 등) + 물질적으로 가난한 사람들을 열등하게 느끼는 감정들 = 물질적으로 가난한 사람들과 가난하지 않은 사람들 모두에게 해를 끼침[97]

비정부 기구들과 함께 사역하는 현지 교회들이 외부 자원에 의존하고 물질적인 것만 추구하게 되는 경향이 있는데, 이는 교회 지도자들과 성도들 모두 자발적으로 서로 돕는 공동체의 모습을 잃어버리게 만든다. 아이어랜드는 이런 현상을 제자도의 한 부분으로 존재해야 하는 선행과 도덕을 잃어버린 결과로 진단한다.[98]

코베트와 피커트는 구호(relief)를 자연재해 또는 위기 상황에서 고통을 경감시키기 위한 즉각적이고 일시적인 원조로, 재건(rehabilitation)은 사람들과 지역 사회를 위기 이전의 긍정적인 상태로 회복시키는 활동으로, 개발(development)은 관계된 모든 사람('돕는 자들'과 '도움을 받는 자들' 모두)이 하나님, 자신, 다른 사람들, 그리고 창조 세계 모두와 온전히 회복된 관계로 이끄는 지속적인 변화의 과정으로 정의한다.[99] 이와 유사하게 국제 의료 대사 선교회는 지역 사회를 돕는 세 가지 범주를 다음과 같이 소개한다.

(1) 구호 사역(Relief Ministries) — 장기적인 필요는 고려하지 않고, 지역 사회의 자산을 사용하지 않으면서 일시적이고 단기간의 도움을 제공하는 것이다. 이는 필요에 처한 사람들을 즉각적으로 돕기 위한 것이다.

(2) 개선 사역(Betterment Ministries) — 참여자들의 고통을 일시적으로 감소시키거나 긍정적인 경험을 제공하는 단기적이면서 서로 돌보는 유익한 환경과 관계를 만들어 내는 노력이다.

(3) 개발 사역(Development Ministries) — 지식, 기술 또는 참여자들의 상황 가운데 측정 가능한 변화를 이끌어 내는 데 초점을 두는 것이다.[100]

코베트와 피커트는 이런 다양한 현지 상황에 맞게 적절한 사역의 형태를 적용해야 하는 중요성을 강조한다.

> 우리가 구호, 재건, 또는 개발 중 어떤 것이 적절한 개입인지 결정하는 것은 아주 중요하다. 북미 교회가 저지르는 가장 큰 실수들 중 하나는 재건이나 개발이 필요한 상황에 구호 사역을 하는 것이다.[101]

비록 여러 상황 가운데 구호, 재건, 또는 개발 중 어떤 것이 적절한 방법인지 구별하기가 쉽지 않을 때가 많지만, 상황에 대한 적절한 판단과 그에 맞는 원칙을 적용하는 것이 현지에 부작용을 일으키지 않고 최선의 결과를 제공해 줄 수 있는 열쇠다.

기독교 선교가 프로젝트들로 현지 지역 사회를 변혁시키고자 노력할 때, 단순히 빈곤, 불의, 윤리적 이슈들, 또는 정치 사회적 부패와 같은 가시적인 문제들을 다루기보다 이러한 사회적 현상을 일으키는 뿌리 속으로 들어가야만 한다. 대로우 밀러(Darrow L. Miller)는 다양한 선교 사역을 통해 사람들과 지역 사회에 성경적인 세계관으로 지속적인 영향을 주어야 한다고 강조한다. "사고는 결과들을 낳는다"라는 그의 관찰에 따라 지역 사회에 변혁을 가져오기 위해서는 사람들의 세계관에 주목해야 한다.[102] 빈곤, 폭력, 질병 등과 같은 셀 수 없는 타락의 결과물로 고통받는 세상은 인간뿐만 아니라 전 창조 세계를 침투한 어둠의 세력에 의해 노예가 되었다. 그의 세 가지 세계관(심령주의, 유일신 신앙, 세속주의)이 어떻게 사람들의 삶에 영향을 주고 그 사회의 문화가 형성되도록 했는지에 대한 설명은 설득력이 있다. 많은 단체가 빈곤 문제를 해결하기 위해 개발 프로젝트들을 수행하지만, 적절한 지식과 경험의 부족으로 현지에 원하지 않은 많은 후유증을 낳은 것이 사실이다. 주어진 자원을 효과적으로 사용하기 위해 구호 및 개발의 더 나은 원칙과 전략을 수립하는 것은 매우 중요하다.

밀러는 개발 사역을 하나님의 창조적이고 구속적인 사역과 그분의 이야기에 기초하여 사람들과 그들의 문화 모두를 제자화하는 과정으로 정의한다.[103] 밀러가 제안한 성경적인 개발의 가장 중요한 개념은 '청지기 정신'(stewardship)인데, 이는 하나님의 부통치권자로서 이 세상을 다스리도록 부탁하신 문화 명령과 밀접한 연관성이 있다. 그는 청지기 정신이라는 성경적 개념에 기초한 개발 사역을 세속주의 및 심령주의와 비교하여 다음과 같이 분명하게 설명한다.

> 청지기 정신을 기초로 한 개발 사역은 보존하는 것과 발전하는 것 사이에 동적인 긴장을 유지한다. 그러므로 성경적 개발 사역자는 발전적인 보존자(또는 보존적 발전가)로 표현될 수 있다. 이는 보존 없이 발전만 하는 세속주의, 또는 발전 없이 보존만 하려고 하는 심령주의와 구별된다.[104]

기독교 선교가 지역 사회에 변혁을 가져오기 위해서는 현지 사람들의 세계관을 이해하는 것이 필수적인 과정이다. 이것은 시간이 많이 걸리는 과정이지만 적절한 개발 사역의 원칙과 전략을 위해서 더 주의 깊게 다루어야 한다.

기독교 타문화권 선교 사역이 낳은 바람직하지 못한 결과들은 현지 문화와 세계관에 대한 불충분한 이해와 그 상황에 대한 자기중심적인 시각에 기인한다. 타문화권 선교사들은 현지 지역 사회에 일으킬 수 있는 장기적인 결과를 적절하게 고려하지 않은 채 현지의 필요를 자신의 시각으로 보고, 외부에서 자원을 가지고 와서 그 필요를 채우려는 경향이 있다. 긍휼 사역을 위한 그들의 열정은 칭찬할 만하지만, 지역 사회에 변혁을 가져오기에는 결코 충분하지 않다. 또한 일부 교회나 선교사들은 지역 사회에서 일어나는 측정할 수 없는 내적 변혁의 과정보다 측정 가능한 물질적 결과물을 추구하기도 한다.

현지 사람들과 지역 사회에 일어나는 측정 불가한 결과물을 위해 개발 사역의 계획을 세우고 실천해 나가는 것은 쉽지 않은 도전이다. 비록 선교사들이 일 자체가 아닌 삶의 변혁을 경험하게 되는 사람들에 대한 중요성을 아주 잘 알고 있다 하더라도, 사람들의 변혁을 측정하기는 불가능할 때가 많기 때문이다. 그럼에도 불구하고 기독교 선교는 보이는 현상들 뿌리에 있는 신학적 세계관으로 다시 돌아가서 그들의 왜곡된 세계관이 성경적인 세계관으로 변혁되어 타락한 인간성에 기인한 파괴된 관계들이 온전히 회복될 수 있도록 도와야 한다. 빈곤 완화 활동에 대해 제안한 코베트와 피커트의 기술은 선교 사역이 소홀히 해서는 안 되는 중요한 것을 알려 준다.

> 물질적인 빈곤 완화 활동은 네 가지 근본적인 관계(하나님, 자신, 다른 사람들, 창조 세계)의 회복을 위해 이루어지는데,[105]…… 이는 사람들이 가족들과 함께 일하고 도와 그 일의 열매를 가지고 하나님을 영화롭게 하는 부르심을 이룰 수 있도록 해준다.[106]

그들은 선교의 목표가 하나님이 창조하신 목적에 따라 그들이 온전한

존재로 회복되는 것을 보는 것이기 때문에 사역 자체보다는 사람들에게 더 큰 강조점을 두고 있다.[107]

개발 사역이 진행되면서 보게 되는 가장 바람직하지 못한 결과들 중 하나가 외국 자본으로 진행되는 사역에 기인한 현지 사람들의 물질 만능주의와 의존성이다. 많은 개발 사역은 빈곤이나 질병을 가장 중대한 문제점으로 인식하고 이를 개선하기 위해 노력하지만, 그 방법은 대부분 물질적인 개선에 머무르고 있다. 조안 부트린(JoAnn Butrin)과 A. 채드윅 손힐(A. Chadwick Thornhill)은 빈곤을 경제적이거나 물질적인 것이 아닌 관계적인 것으로 정의한다.[108] 이 빈곤의 정의는 기독교 선교가 빈곤 해결을 위한 다른 접근 방법을 생각하도록 해준다. 부트린과 손힐은 "우리가 필요를 채우기 위한 선한 의도를 가지고 있다 하더라도 우리는 건강하지 못한 의존성을 야기하고 있을 수 있다"고 경고하고,[109] 아이어랜드 역시 "가장 유익한 긍휼 사역은 의존성을 야기하지 않도록 하는 것인데, 이러한 의존성은 하나님의 형상을 가진 사람들의 존엄성을 훔쳐 가는 것"이라고 주장한다.[110] 코베트와 피커트도 중요한 원칙으로 "가부장주의의 독"을 피해야 함을 강조한다.[111]

기독교 선교는 현지 상황에 구호, 재건, 또는 개발 중 어떤 것이 필요한지 신중하게 파악한 후에 실천을 위한 원칙들을 세워야 한다. 존슨은 긍휼 사역의 토착적 원칙을 소개한다.[112] 그는 '자립의 토착적 원칙'(the indigenous principle of self-support)을 강조하는데, 이는 개인의 존엄성을 지키고 스스로 지속 가능한 토착적 사역을 세우는 것이다. 역사적으로 헨리 벤(Henry Venn)과 루퍼스 앤더슨(Rufus Anderson)이 1850년대에 소개하고, 존 네비우스(John L. Nevius)와 롤랜드 앨런(Roland Allen)이 사역에 적용한 자립(self-support), 자치(self-governance), 자전(self-propagation)의 '삼자'(Three Selfs)가 중요한 토착적 원칙이다.[113] '삼자' 원칙은 교회 리더십에 외국인들의 영향, 외국 자본, 그리고 외국 선교사를 거부하는 내용으로,[114] 한국과 중국의 초대 교회에 중대한 영향을 끼쳤다. 김학유는 한국에서 진행되었던 기독교 선교의 자립 원칙을 다음과 같이 설명한다.

> 한국 선교 역사에서 자립 원칙은 교회의 빠른 성장에 아주 중요한 역할을 했다. 대부분의 선교학자는 한반도에서 가장 영향력 있고 효과적인 선교 원칙들 중 하나가 자립 원칙이라고 설명한다.[115]

존슨 역시 사도 바울의 교회 개척 원칙을 분석하여 교회는 "모든 영역에서 스스로 책임 의식을 가지고 하나님의 선교에 참여하며, 그들의 지역 사회뿐만 아니라 다른 지역에도 복음을 가지고 가야 한다"고 교회의 자립 원칙과 그 원칙에 기반한 선교에 강조점을 두었다.[116]

코베트와 피커트는 "현지 자산에 기초한 지역 사회 개발(asset-based community development [ABCD])이 하나님이 모든 개인과 지역 사회 공동체에 그들에게 맞는 은사들을 가지고 복을 주셨다는 시각과 조화를 이룬다"고 기록한다.[117] 여기에 '현지 자산에 기초한 지역 사회 개발'에 비교되는 개발 원칙이 '현지 필요에 기초한 지역 사회 개발'(need-based community development)인데, 이는 지역 사회의 필요를 보고 외부 자원으로 그 필요를 채우고자 하는 개발 원칙이다.[118] 아이어랜드는 긍휼 사역이 사람들의 필요보다는 그들이 이미 가지고 있는 자원에 더 초점을 맞추고 그들의 존엄성을 지키는 방향으로 진행해야 한다고 주장한다.[119]

지역 사회 개발 사역 원칙의 중심은 지속 가능성에 대한 것이다. 이는 선교사의 적극적인 참여가 없이도 긍휼 사역이 지속적으로 성장해야 한다는 의미다. 이러한 접근은 겸손한 태도와 장기적인 헌신이 필요하다. 개발 사역에 참여하는 선교사는 주목을 받는 자리에 있을 수도, 주도적인 역할을 할 수도 없다. 개발은 현지 사람들의 역량을 강화하고 훈련하는 것을 요구한다. 이 원칙은 선교의 궁극적인 기초를 예수님의 선교, 즉 섬김을 받으려 함이 아니라 도리어 섬기러 이 땅에 오셨다는 말씀(마 20:28)에 기초한다.[120]

이러한 개발 원칙에 대한 구별은 옳고 그르다는 문제가 아니라 각각의 원칙이 상황에 맞도록 현명하게 적용되어야 한다는 뜻이다. 이러한 과정이 타문화권 선교사들의 시각을 훨씬 성경적이 되도록 도와주고, 지속적으로 그들이 인식하는 문제들의 근본적인 뿌리가 무엇인지 파악해야 한다는 점을 상기시킨다. 코베트와 피커트는 다음과 같이 강조한다.

> ABCD의 요점은 그러한 필요나 그 아래 깊이 깨어져 있는 모습을 부정하는 것이 아니다. 반대로 ABCD의 목적은(사역의 처음부터) 빈곤의 뿌리는 근본적으로 파괴된 관계에 있다는 사실을 인식하여 사회에서 소외된 사람들을 포함한 우리 모두를 하나님, 자신, 다른 사람들, 그리고 모든 창조 세계와 온전한 관계 속에서 살아갈 수 있도록 회복하는 과정을 시작하는 데 있다.[121]

ABCD는 지역 사회가 가진 자산의 잠재력과 가치를 지속 가능한 지역 사회 개발의 근본적인 초석으로 인식한다. 기독교 선교는 현지 사람들이 이미 가지고 있는 자원에 눈을 뜰 수 있도록 해주고, 그것을 사용하여 최대의 효과를 얻을 수 있도록 해야 한다. 이 원칙은 현지 사람들의 존엄성을 높여 주고, 얼마나 가난한지에 관계 없이 그들이 가진 자원을 공동체 발전을 위해 사용하도록 그들 스스로의 방법을 지속적으로 찾게끔 동기를 부여할 것이다. 다음과 같은 드영과 길버트의 조언을 마음에 새기면 좋겠다.

> 오늘날의 문화적 추세를 보면 인도주의적 전략을 따르는 사람들은 쉽게 명예와 찬사를 받고, 반대로 복음주의적 관심을 가진 사람들은 오히려 불명예를 얻게 되는데, 이 가운데 우리는 가장 중요한 것을 중요한 것으로 지켜야만 한다.[122]

가장 중요한 강조점은 구호, 재건, 그리고 개발의 모든 노력이 진행되는 동안 궁극적으로 사람들의 신학적이고 신앙적인 체계와 밀접하게 연관된 그들의 세계관이 변혁되어야 한다는 사실을 항상 기억해야 한다.

3장 한눈에 보기

- 하나님의 기적적인 질병 치유를 보지 않더라도, 생명 그 자체가 기적이다. 왜냐하면 모든 생명이 유지되기 위해서는 발전된 현대 과학조차 설명할 수 없는 엄청난 기적들이 동시에 일어나기 때문이다.

- 의료는 상처 입은 육체에 회복을 가져오고, 잃어버린 사람들에게 하나님의 사랑을 드러내는 가시적인 방법이다.

- 전 세계의 수많은 사람이 적절한 의료 서비스로부터 소외되어 있고, 숙련된 의료 인력의 부족으로 죽어 간다.

- 의료는 하나님의 사랑과 복음의 진리를 총체적으로 나눌 수 있는 최고의 실제적 도구로 가장 복음이 전해지지 않은 지역에 복음과 하나님의 능력이 나타나게 해준다.

- 의료 선교는 총체적 선교를 추구하고, 성경적 지역 사회 개발의 원칙으로 전략을 세워야 한다.

- 하나님이 주신 자원이 소중하고, 또 제한되어 있다는 사실을 인식하여 우리에게 주신 자원을 성실한 청지기의 태도로 효과적으로 사용할 수 있는 원칙과 전략을 세워야 한다. 이를 통해 우리에게 맡겨 주신 사람들의 존엄성을 높이고, 그들 스스로 지속적으로 하나님을 발견하며 성장해 나갈 수 있도록 도와야 한다.

- 의료 선교는 하나님의 완전하신 속성과 예수 그리스도의 진정한 사랑을 드러내기 위해 최고의 의료 행위를 베풀 수 있어야 한다.

- 의료 선교는 그리스도 중심의 긍휼 사역을 통해 잃어버린 사람들에게 예수 그리스도를 알게 하고, 그리스도의 구속 사역으로 말미암아 회복된 관계를 통해 샬롬을 누릴 수 있도록 해줄 것이다.

4장 ────── 아랍 세계의 의료 선교, 어떻게 샬롬을 이룰 것인가

세계가 엄청난 속도로 변하는 가운데 기독교 선교는 많은 도전을 맞고 있지만, 동시에 하나님은 전혀 예상하지 못한 방법으로 복음이 전해질 수 있는 길을 열어 주신다. 복음에 아주 닫힌 나라에 살던 많은 사람이 복음을 들을 수 있는 새로운 기회들도 생겨나고 있다. 이러한 최근 상황은 기독교 선교가 그 상황에 맞는 새로운 방법을 모색하도록 요구하고 있다. 최근 과학과 기술의 혁명적 발전 역시 복음을 들어 보지 못한 많은 민족에게 다양한 방법으로 접근할 수 있게 해주고, 이는 기독교 선교의 발전에 큰 영향을 주고 있다. 의료 선교 역시 다양한 모습으로 현지에서 섬기고 있는데, 각각의 의료 선교 사역이 겪고 있는 도전들이 어떤 것들인지 파악하고, 이러한 도전들을 어떻게 극복할 수 있을지에 대해 논의하는 것은 매우 중요하다. 티모시 테넌트(Timothy C. Tennent)는 21세기 선교 사역에 영향을 주는 일곱 가지 중요한 변화를 다음과 같이 나열한다.

(1) 기독교 국가의 몰락 (2) 포스트모더니즘의 출현: 신학적, 문화적, 교회적 위기 (3) '서양이 나머지 세계를 선교'하는 패러다임의 몰락 (4) 세계 기독교의 모습 변화 (5) 기독교의 네 번째 가지의 출현 (6) 세계화: 이민, 도시화, 새로운 기술들 (7) 깊은 세계 교회 연합 운동[1]

이러한 중요한 변화들은 기독교 선교 전략을 세울 때 신중하게 고려되어야만 하고, 선교 지도자들은 이러한 변화들에 어떻게 대응해야 할지 고민해야 한다. 이러한 복잡한 전 세계적 변화들로 인해 특정한 상황에서는 기독교 선교의 전통적인 방법들이 더 이상 유효하지 않게 되었다.

아랍 세계는 여전히 끝없는 폭력과 전쟁으로 얼룩져 있다. 이 지역의 평화는 현실적으로 실현 불가능하게만 보이고, 종교간 분쟁도 해결되기 어려워 보인다. 예수 그리스도의 삶과 사역을 통해 온 인류에게 소망을 전했던 그 땅이 지금은 증오와 절망으로 가득 차 있다. 하나님의 샬롬과 사랑을 증거해야 할 이 지역의 교회들은 오랜 기간 이슬람의 핍박과 억압 속에 외부의 도움에 의존하여 겨우 생존해 오고 있는 듯하다. 이러한 현지 교회들은 대다수의 무슬림으로부터 격리된 소수 집단으로 고통을 받아 왔다. 이런 상황에서 최근 십여 년 동안 일부 현지 복음주의 교회들은 영적 회복과 부흥을 경험하면서 아랍 지역에 하나님의 선교에 대한 비전을 갖게 된 것은 큰 의미가 있다. 특히 기독 의료인들이 현지 교회들과 협력하여 의료 선교사들을 다른 아랍 국가들에 보내기 시작한 것은 놀라운 일이다. 아랍 지역에서 일어나고 있는 의료 선교는 비록 그 범위에 있어서는 여전히 연약하지만 여러 지역에서 그 노력의 꽃을 피우기 시작했다. 전 세계적으로 보건 의료 관리 시스템들의 현저한 변화와 발전이 진행되고 있기 때문에 의료 선교도 그 변화 가운데 있음을 인지해야 한다. 의료적 저개발국에도 도시 지역에서는 발전된 의료 전문인들과 시설을 갖춘 현지 병원이 많이 생겼다. 현지 정부는 자체적으로 보건 관리 시스템들을 독립적으로 발전시키고 있으며, 현지 의사들의 협의체는 그들의 정부에 압력을 가하여 외국계 의료 활동들을 제한함으로써 그들 자신의 이익을 보호하고 있다. 이러한 최근 변화들은 의료 선교의 원칙과 전략의 수정을 요구하고 있다. 이런 변화의 상황에서 의료 선교는 하나님의 선교 안에서 올바른 위치와 역할을 재정립해야 한다.

의료 선교의 현실적 문제와 이를 극복하기 위한 제안

비록 서구 세계의 주도로 진행된 기독교 선교가 지난 수십 년간 복음의 불모지에 개척자적인 정신과 희생으로 복음을 나누는 중요한 역할을 했지만, 슬프게도 현지에 개인주의와 물질 만능주의 같은 바람직하지 못한 모습을 심어 온 것도 사실이다.[2] 또한 선교 단체들은 현지 토착 교회들의 역량을 약화시키며 자신들만의 왕국을 건설해 온 것은 아닌지 겸손하게 반성해야 한다. 현지 교회와 그들의 언어 및 문화에 대한 불충분한 이해는 비성경적이고 불완전한 상황화를 낳게 되고, 이는 복음의 메시지에 합당하지 못한 여러 결과를 야기했다. 또한 여러 이유로 개신교 교회들과 선교 사역들은 계속 분열되었는데, 이는 결코 전 세계 교회에 좋은 본보기가 되지 못한다. 의료 선교 또한 이러한 비난에서 자유롭지 못하고, 때로는 이러한 문제들 한가운데 있는 것 같다. 의료 선교는 하나님이 이끄시는 선교의 더 나은 도구가 되기 위해 당면한 문제들에 대해 진실되고 용기 있게 대처해야 한다.

선교 병원의 지속적인 유지 발전의 어려움

기독교 의료 전문인들은 의료적 저개발국가들에서 선교의 근본적인 도구로 훌륭한 치유 사역을 제공해 왔다. 프리즘 설문 조사는 1958년도 자료에서 "전 세계에 883명의 의사 선교사와 786개의 선교 병원이 있고, 이는 150만 명의 입원 환자와 800만 명의 외래 환자를 섬기고 있다"고 보고했다.[3] 지난 수십 년간 의료 선교 병원들은 선교사들을 통해 후원된 외부 자금으로 시작되고, 무료 또는 아주 저렴한 의료비로 긍휼 사역 형태의 의료 서비스를 제공했다. 이러한 선교 병원들은 거의 모두 외부에서 들어오는 외국 자금에 의존하게 되는 재정 구조를 만들었고, 이런 긍휼 사역 형태의 의료 서비스는 대부분 상당한 재정적인 어려움을 맞고 있다. 의료 선교 병원들이 당면하고 있는 재정적인 어려움의 예로, 김민철은 나이지리아에서 겪은 경험을 다음과 같이 나누고 있다.

> 나이지리아 선교 병원 건물들은 매우 낙후되었다. 많은 선교 병원의 현지 직원 급여는 크게 증가되었지만, 현지 정부에서는 거의 지원을 받지 못할 뿐만 아니라, 외국에서의 도움마저 줄어들어 직원 급여도 주지 못하는 어려움을 겪고 있다. 또한 노조 또는 현지 지역 사회가 선교 병원의 직원 수를 줄이는 것 역시 반대하고 있다. 현지 정부는 선교 병원 땅을 무상으로 제공해 주지도 않을 뿐만 아니라 세금 혜택도 주지 않는다.[4]

전 세계의 많은 선교 병원이 그들의 의료 사역을 지속적으로 해나가는 데 어려움을 겪고 있다. 그들이 당면하고 있는 주된 도전은 대부분 외국에 기반한 후원에 의존하고 있기 때문에 재정적 및 인적 자원 모두 부족해졌다는 것이다. 루스 맥린(Ruth Maclean)은 앨버트 슈바이처(Albert Schweitzer)가 창립한 것으로 유명한 람바레네 병원(Lambarene hospital) 역시 유지가 어려울 정도의 재정적인 어려움을 겪고 있고, 더불어 현지 지도자들과 외국 후원자들 간의 지휘 감독 문제로 몸살을 앓고 있다고 한다. 또한 현지 직원들은 부정부패와 절도로 비난을 받고 있고, 반대로 그들은 유럽 사람들의 인종 차별과 식민 지배적 관점에 대해 비난하는 상황에 처해 있다고 말한다.[5] 그녀의 논문을 통해 제시된 비평은 주의 깊게 검토할 필요가 있다.

> 직원들 또한 슈바이처 시대 이후 바뀌었다. 그에 대해 솔직한 비판들 중 하나는 그가 현지 의사들과 간호사들을 충분히 가르치지 않았다는 것이다. 병원은 인건비 절약을 위해 유럽에서 장단기 자원 봉사자들을 받는 전통을 지켜 왔지만, 현재 대부분의 직원은 새로운 프랑스 책임자 이외에는 모두 가봉 사람이다.[6]

의료 선교가 적절한 목표와 전략을 세우지 않는다면 많은 선교 병원도 이와 유사한 운명을 맞게 될 것이다. 또 한 가지 선교 병원이 갖는 어려움들 중 하나는 선교 병원에서 일하며 섬기고자 하는 탁월한 현지 의료인들을 지속적으로 얻기 힘들다는 것이다. 선교 병원들은 가장 필요가 절실한 사람들을 돕기 위해 대부분 시골에 세워졌다. 개발도상국에서는 활발한 도시화가 이루어지면서 현지 의료인들 역시 더 나은 환경과 기회를 찾아 도시로 가기 때문에 선교 병원이 숙련된 현지 의료 인력을 구하기가 쉽지 않다. 자녀들에게 더 나은 삶과 교육의 기회를 제공하고, 재정적으로 열악한 선교 병원이 줄 수 있는 것보다 더 많은 급여를 바라는 것은 현실적 이치다. 이러한 이유들로 선교 병원들이 현지 보건 의료 전문가들과 장기적인 협력 구조를 이루는 데 어려움을 겪고 있다.

유엔은 장기적이고 지속적인 실현 가능한 목표들을 세우는 것이 중요하다는 판단하에 2015년에 17개의 지속 가능 개발 목표(the Sustainable Development Goals [SDGs])[7]를 발표했는데, 이는 2000년에 제안된 8개의 밀레니엄 개발 목표(the Millennium Development Goals [MDGs])[8]에 대한 후속 목표들이다. 지속 가능 개발 목표는 실제적이고 지속 가능한 변화를 위한 협력 관계를 구축하는 데 강한 강조점을 두고 있다.[9] 이런 목표들은 기독교 선교가 지난 시간 동안 진행해 온 사역들을 깊이 조명하고, 하나님 나라를 위한 더 나은 도구로서 어떻게 개인과 지역 사회를 섬길 수 있는지 다시 평가하도록 요구한다.

의료 선교 내에서도 지속 가능성에 대한 중요한 원칙들을 재고해야 하는데, 이들 중 하나는 그 사역을 시작하는 처음부터 현지 보건 의료 시스템과 협력 구조를 구축하고, 이른 시간 안에 현지 리더십을 세워 그 사역의 운영을 맡기는 것이다. 이러한 현지 보건 의료 시스템과 건강한 협력 구조를 구축하는 데는 많은 장애물이 있기 때문에 결코 쉬운 일이 아니다. 특히 명예-수치(honor and shame) 문화[10]에서는 현지 의료인들이 외부에서 들어온 발전된 의료 기술들 앞에서 불안감과 부끄러움을 느낄 수 있다. 이렇듯 현지 의료인들은 여러 면에서 의료 선교에 대해 강한 저항을 보일 수 있다는 것을 알아야 한다. 또한 의료 선교가 적절한 현지 언어와 문화에 대한 이해 없이 짧은 시간에 의미 있는 협력 관계를 구축하는 것은 큰 도전이다.

사역의 현지화가 중요하다 하더라도 성공적으로 운영되는 의료 선교 사역이 성경적인 가치들을 공유하지 않는 현지 지도자에게 이양되었을 때 그 사역의 처음 목적과 중심 가치가 지속되지 않을 가능성 역시 크다. 하지만 의료 선교 사역이 현지 보건 의료 시스템을 도와 그 역량을 강화하고, 적절한 언어와 문화적인 이해를 통해 친밀한 관계가 형성될 때 선교 사역의 지속적인 발전 가능성은 그만큼 커진다. 현지 보건 의료 시스템에 의미 있는 변화를 일으키고 유지 가능한 구조를 구축하는 데 많은 시간이 걸리지만, 일단 구축이 되면 강하고 지속적인 영향을 끼치게 된다. 현지 의료인들은 의료 선교 사역의 전 과정을 통해 의료 행위들에 대한 수련만 받는 것이 아니라 의료의 전인적 접근 방식을 통해 지속적으로 하나님 나라의 가치들과 복음의 진리에 영향을 받게 된다. 이러한 과정은 의료 선교사들이 완전히 떠난 뒤에도 그 사역들이 현지 보건 의료 전문인들과의 협력 관계를 통해 지역 사회에 계속 영향을 줄 수 있다.

의료 발전은 많은 사람에게 유익을 주지만, 이와 연관된 의료비 상승은 많은 사람을 그 혜택에서 소외시키는 결과를 낳는다. 또한 수십 년 전과 비교하여 선교 병원을 운영하는 비용 역시 지속적으로 상승하기 때문에 외부 자원만으로는 유지가 어렵다는 한계를 드러내고 있다. 전 세계 의료 선교 공동체는 이러한 선교 병원들을 지속적으로 지원해야 하는 부담을 가지고 있는데, 이러한 상황을 잘 인식하여 주어진 자원들을 효과적으로 사용해야 할 책임감을 가져야 한다. 만약 의료 기관을 설립하여 운영하는 것이 현지 상황에 꼭 필요하다면 규모가 큰 종합 병원보다는 전문성을 가진 작은 규모의 클리닉이 더 효과적이다. 이러한 작은 규모의 전문적 클리닉 형태가 유지 관리하는 데 유리하고, 현지 직원들과의 마찰 가능성도 낮출 수 있다. 더 나아가 선교사들은 병원 운영 자체보다 사역의 성경적 가치를 세우고 현지인들에게 복음으로 영향을 끼치는 데 더 많은 시간과 힘을 집중할 수 있게 된다. 이와 더불어 선교 병원의 자산으로 개인적인 욕심을 채우고자 하는 현지인들에게서 조금은 더 안전해질 수 있다.

현지 보건 의료 시스템과의 충돌

의료 선교는 그 자체의 지속 가능성에 대한 이슈들뿐만 아니라 현지 보건 의료 시스템과의 관계와 기능에 대한 문제들도 신중하게 다루어야 한다. 비록 의료적 저개발국가나 개발 도상국들이 이전에는 그들의 보건 의료 시스템을 도와줄 수 있는 의료 선교 활동을 환영했지만 지금은 이러한 의료 선교를 현지 보건 의료 시스템에 경쟁자 또는 침입자로 인식하여 그 유입에 대항하는 장벽들을 높이고 있다. 자체 보건 의료 시스템을 보호하기 위해 현지 정부는 자국 면허가 없는 의료인들의 의료 행위를 제한한다. 또한 대부분의 나라는 식품 의약품 안전청(Food and Drug Administration [FDA])과 같은 정부 기구들을 두고 그 나라로 유입되는 식품과 의약품을 면밀히 조사한다. 비록 이들이 그 나라에 유익을 주는 데 사용된다 하더라도 외부에서 유입되는 모든 의약품은 이러한 정부 기구에 의해 조사받아야 한다. 이러한 관점에서 보면 의약품을 현지 국가 기구에 허락받지 않고 유입하는 것은 의료 선교가 추구하는 성경적인 가치관과 배치된다.

하나님의 사랑을 나누고자 하는 선한 동기가 선교의 모든 불법적이고 비윤리적 행위들을 정당화해 주지는 않는다. 존슨은 현지의 세계관과 문화, 그리고 전통적 가치에 무지한 채 자신의 가치와 전략을 추구하는 현대적 식민주의 선교의 경향을 '맥도날드식의 하향적 선교 문화'(top-down McDonaldization methods of global mission)라고 비판한다.[11] 의료 선교는 결코 사람들을 섬기고자 하는 선한 의도만으로 만족해서는 안 되고, 그 활동들이 현지에 어떠한 결과를 낳는지도 조심스럽게 관찰하여 그 결과에 책임감을 가져야 한다.

의료 선교사들은 신실한 현지 리더십과 의료 전문인들을 세우는 데 실패하지는 않았는지 겸허히 반성해야 한다. 의료는 복잡한 과학이고 장기간의 광범위한 교육과 수련이 필요하기 때문에 선교사들 중에 이런 복잡한 과정에 시간과 힘을 쏟는 경우는 많지 않았다. 대신에 많은 의료 선교사는 환자들과 복음을 나누기 위한 수단으로 그들을 치료하는 데 초점을 맞추었다. 더욱 근본적으로 의료 선교는 현지인들은 할 수 없을 것이라는 우월적 태도를 가지고 현지 지도자들을 키우지 못했다는 비판을 겸손하게 받아들여야 한다. 이것은 분명히 현지의 낙후된 보건 의료 시스템의 문제이기도 하지만, 의료 선교사들이 현지 동역자들을 신뢰하지 않는 태도의 문제이기도 하다.

일부 의료 선교사들은 선교 병원을 현지 사람들에게 이양하는 것에 대해 회의적이기 때문에 다음 세대를 키우는 데 실제적인 계획을 세우지 않는다. 결과적으로 이러한 선교 병원들 중 많은 곳이 외부에서 지원되는 자원의 부족한 상황 등 어려움을 맞게 될 때, 리더십을 현지 리더들에게 이양하면서 심각한 도전을 맞게 된다. 하지만 김민철은 한국 의료 선교의 역사를 고찰하며, 한국에서 온 많은 의료 선교사가 현지 리더들을 준비하는 좋은 모범을 만들었다고 설명한다.

현지인들이 그렇게 할 수 있는 능력을 얻게 되면 선교 병원의 리더십을 인수해야 한다. 의사인 스탠리 토플(Stanley Topple)이 1980년대 초에 한국을 떠나 케냐로 갔을 때, 그는 재활 센터를 한국인들의 손에 남겨 두었다. 한국 교회 성장을 이끄는 힘이었던 삼자 운동의 원칙(자치, 자립, 자전)이 기독교 의료 기관들에도 성공적으로 적용되었다.[12]

현지 보건 의료 시스템과의 충돌을 최소화하면서 의료 선교가 발전하기 위한 열쇠는 그들과 상호 신뢰를 가진 협력 관계를 구축하는 것이다. 의료 선교 자체를 현지 보건 의료 시스템에서 분리하여 진행하기보다는 선교의 시작부터 협력 관계를 위한 실제적인 전략과 계획들을 추구해야 한다.

의료 선교는 근본적으로 현지 지역 사회를 위한 유익을 추구하기 때문에 현지 보건 의료에 대한 궁극적인 책임은 현지 의료 사회와 정부뿐만 아니라 현지 교회가 가져야 한다는 것을 인식해야 한다. 밸러리 인치리(Valerie Inchley)는 외국에서 온 전문인들에 의해 주도되는 의료 선교에 대한 현지 전문가들과 교회들의 역할에 대해 훌륭한 의견을 준다.

우선적으로 현지 의료인들에게 점차 이양하는 것이고, 그와 더불어 현지 교회들이 의료 사역의 다양한 활동에 참여하도록 그 책임을 증가시키는 것이다. 전자는 수년 동안 수련을 위해 공들인 감동적인 결과이고, 후자는 젊은 교회들이 총체적인 신학을 통해 이루어 가는 감동적인 사

역의 완성이다.[13]

의료적 저개발 국가의 국민들은 그들의 보건 의료 시스템에 불만이 많고, 현지 의료인들을 신뢰하지 않는 경향이 있다. 그들은 선교 병원에서 양질의 의료 서비스와 그리스도인들의 섬기는 태도를 경험하면서 선교 병원에 더 호감을 가진다. 이것은 그리스도인의 선한 영향력으로 복음이 전파된다는 관점에서는 분명히 가치가 있지만, 반대로 현지 보건 의료 시스템에 대한 현지인들의 불신을 더 조장하여 장기적인 관점에서는 기독교 선교의 좋지 않은 증거가 될 수밖에 없다. 현지 의료인들은 분명히 그들의 전문성에 대한 존엄성이 훼손되었다고 느끼게 되고 그들의 건강한 자존감도 잃게 되는데, 이는 선교사들에 대한 악한 감정으로 발전될 수 있다. 의료 사역은 현지인들과 그들의 보건 의료 시스템과의 관계 가운데 불신을 가져오는 경쟁자 또는 침입자가 되기보다 현지 보건 의료 시스템의 조력자가 되도록 노력해야 한다. 현지 보건 의료 시스템과의 긴밀한 상호 교류를 이루어 복음의 메시지와 그 가치들이 그곳에 장기적 변혁을 이룰 수 있도록 해야 한다.

아랍 지역 의료 선교와 연관된 안전 문제들

정치적인 불안과 더불어 기독교에 대한 적대적 태도, 전쟁으로 인한 난민 위기가 아랍 지역에서 중대한 문제가 되면서 자민족 중심주의와 종교적 극단주의가 더욱 강해지고 있다. 아랍 지역 내의 분쟁은 최근 수십 년 사이에 더욱 심각해지고, 광범위한 테러 공격이 자행되고 있다. 근본주의 이슬람 세력은 젊은 사람들이 극단주의 테러 활동에 참여하도록 종교적 선동을 한다. 이런 혼란 가운데 기독교에 대한 이슬람의 정치적 압박은 선교 사역뿐만 아니라 현지 교회를 더욱 강하게 위협한다. 아랍 지역에서는 기독교인들과 선교 단체들이 테러 공격 또는 납치의 목표가 되고, 현지 정부로부터는 추방 요인이 될 수 있기 때문에 그 사역에 대해 이야기하는 것조차 위험하다. 여러 한국 교회는 이런 아랍 지역의 불안한 상황 때문에 이 지역의 사역에 참여하기를 꺼려한다. 또한 아랍 지역에 있는 대부분의 현지 교회는 무슬림에 대한 소수 집단으로서 지속적인 핍박을 겪고, 교회 사역은 상당 부분 외부 도움에 의존하고 있다.

기독교 선교는 이런 적대적인 위험에 노출되는 것을 피해야겠지만, 이러한 위험을 당했을 때 어떻게 신실하게 믿음을 지켜야 할지 준비하는 것도 필요하다. 기독교 선교의 공격적인 태도나 적절하지 못한 행위로 현지에서 어려움을 겪는 경우도 있지만, 때로는 복음의 가치를 세상의 것들과 타협하지 않는 기독교 선교의 근본적인 속성 때문에 핍박과 고난을 경험하게 된다. 교회 개척이나 복음 전도 사역만큼 직접적인 핍박과 고난이 명료하게 드러나지 않는다 할지라도, 의료 선교 역시 이러한 어려움을 겪게 된다. 모든 의료 선교 사역은 안전사고나 핍박에 불필요하게 노출되지 않도록 해야 하고, 그들의 일상적인 활동과 연관된 안전 문제에 대해 긴밀한 관찰과 더불어 준비된 행동 규칙들을 조심스럽게 따라야 한다.

기독 의료인 인터뷰

아랍 지역의 선교 병원에서 사역하는 다섯 명의 기독 의료인을 대상으로 그들의 선교 병원 상황에 대해 인터뷰했다. 이 인터뷰는 의료 선교가 당면한 도전과 기회를 보여 주는데, 최근 상황에 대한 이해를 기초로 적절한 원칙과 전략을 세우는 데 도움을 준다. 다섯 명의 인터뷰 참여자는 모두 현지 선교 병원에서 8년 이상 일한 경험이 있는 의료인들이다. 그중 한 명의 의사는 주로 현지 의사들을 수련하는 사역에 참여하고 있었고, 그 의료 사역의 수혜자는 대부분 무슬림이었다. 다른 네 명의 의사는 주로 가난한 무슬림들을 섬기는 긍휼 의료 사역을 하고 있었다.

선교 병원들은 지역 사회에서 가난한 사람들을 돕고 있기 때문에 대부분의 경우 환자들에게서 받는 수입으로는 병원 운영비를 충당할 수 없었다. 한 의사는 그가 일하는 선교 병원이 매일 환자들이 내는 의료비로 겨우 유지되고 있다고 언급했는데, 그의 의견으로는 아랍 지역 대부분의 선교 병원이 같은 상황이라는 것이다. 이러한 선교 병원들은 유지와 발전을 위해 외부에서 들어오는 자금에 많이 의존하고 있었고, 최근에 그 기부금이 줄거나 중단되면서 더 큰 어려움을 겪게 되었다. 이 병원들 중 몇 곳은 기부자에게 받은 외부 자금으로 새로운 건물을 지어 의료 서비스를 확대하려고 계획하고 있지만 사역이 커질수록 유지 발전하기가 더 어렵기 때문에 장기적인 전략을 세워야 한다.

인터뷰 참여자들이 일하는 선교 병원들이 당면하고 있는 주된 도전들 중 하나는 젊은 의료인들을 동원하는 일이다. 이 선교 병원들은 의사들에게 많은 일을 요구하는 반면 다른 사립 병원보다 급여가 적고, 발전된 의료 장비가 부족하여 젊은 의사들이 더 나은 수련을 받기 원하는 필요를 채워 주지 못하고 있다. 이런 상황은 경쟁력 있는 선교 병원으로 발전하기 어려운 악순환이 되고, 비록 젊은 의사들이 수련을 잘 받아 더 나은 전문의가 된다 하더라도, 현지 기독 의사들은 무슬림들에 의해 운영되는 병원에서 일할 수 있는 기회를 얻기 힘들다.

일부 헌신된 기독 의료인들은 수년간 선교 사역에 헌신하지만, 낮은 급여가 장기간 선교 사역에 참여하기 어렵게 만든다. 한 인터뷰 참여자는 의료 선교가 잘 수련된 전문의들에게 충분한 재정 지원을 하는 실제적인 계획을 세워야만 한다고 언급했는데, 이렇게 될 때 사역의 장기적인 영향력을 유지할 수 있을 것이다. 다른 인터뷰 참여자는 병원의 리더십과 경영 시스템의 중요성을 강조했는데, 잘 준비된 경영 능력은 선교 사역에서 비용 대비 효과와 효능을 증가시킬 것이다.

또 한 가지 중요한 점은 선교 병원에 있는 수련 프로그램들을 잘 구축하고 발전시켜야 한다는 것이다. 이를 통해 경험이 많은 교수진이 지속적으로 다음 세대에 영향을 줄 수 있게 되고, 선교 공동체로서 같은 비전을 나누어 직면하게 되는 많은 도전을 함께 이겨 나갈 수 있기 때문이다. 불행하게도 인터뷰 참여자 중 두 명은 그들이 참여하고 있는 선교 병원이 공유하는 사역의 원칙과 전략들을 알지 못했고, 모든 인터뷰 참가자가 사역의 목적에 대한 모호한 생각만 기술한 것으로 볼 때, 아랍 지역의 많은 의료 선교는 그들이 참여하고 있는 사역의 원칙과 실제적인 목표를 공유하지 못하는 것으로 보인다. 이는 각 의료 사역이 모든 참여자와 직원이 쉽게 이해하고 따를 수 있도록 그들의 상황에서 더 구체화된 원칙과 전략을 세워야 함을 의미한다. 사역이 진행되는 동안 이러한 원칙과 전략은 정기적으로 재검토되어야 하고, 필요한 대로 상황의 변화에 따라 다시 수정되어야 한다. 쉽게 이해할 수 있는 비전, 원칙, 그리고 전략을 공유하지 않으면 의료 선교는 도움이 필요한 사람들을 적절하게 섬길 수 없을 것이다.

현재 의료 선교가 당면한 이러한 상황은 분명히 큰 어려움이 되고 있지만, 동시에 개척할 수 있는 새로운 길도 열려 있다. 특히 현지 보건 의료 시스템의 강화를 돕는 공공 보건 의료 영역과 더불어 의료 인력을 양성하는 교수 요원 등과 같은 다양한 접근도 필요하다. 의료 선교는 선교 병원과 같은 사역에만 머무르지 말고, 이러한 다양한 기회를 개척하여 효과적인 사역 기반으로 발전시켜야 한다. 의료 선교가 더 건강하고 많은 열매를 맺기 위해서는 허스트가 제안한 원칙, 즉 선교 사역은 지역 사회 공동체 중심적이고 사람 중심이어야 할 뿐만 아니라, 현지 사람들이 소유함으로 스스로 참여하도록 하여 문제의 원인이 되는 뿌리의 변화를 이끌어 내는 데 초점을 맞추면서, 측정 가능하고 유지 가능해야 함을 주의 깊게 추구해야 한다.[14]

대부분의 현지 보건 의료 시스템은 세속적 또는 다른 종교적 가치의 영향하에 있는데, 의료 선교는 환자들에게 육체적, 영적 치유를 베푸는 목적에 더하여, 더 중요하게는 이 가운데 복음적 가치로 영향을 줄 수 있어야 한다는 것을 잊어서는 안 된다. 이것이 의료 선교가 현지에 어떤 모습으로 나아가야 할지 더 깊이 고민해야 하는 이유다. 의료 선교는 현지 보건 의료 시스템에 복음의 가치로 변혁을 이루어 내기 위한 장기적이고 총체적인 계획을 세워야 한다. 의료 선교가 육체적 또는 영적 치유 중 무엇에 더 우선순위를 두어야 하는지에 대한 것은 복음의 총체성을 이해하지 못한 논쟁이다.

초대 교회뿐만 아니라 요셉, 에스더, 느헤미야, 그리고 다니엘과 같은 하나님의 사람들도 이집트, 바벨론, 메대, 페르시아, 그리고 로마 제국과 같은 이교도 제국에서 살았다. 성경은 어떻게 이러한 하나님의 사람들이 하나님 앞에서 신실하게 살았고, 이교도의 문화와 종교 아래에서 하나님 나라의 가치들로 사람들에게 영향을 끼쳤는지 기록하고 있다. 하나님은 그의 백성이 그 도시의 번영과 회복을 구하기를 원하셨는데(렘 29:5-6), 결국 이교도들은 그들 가운데 살아가는 믿음의 사람들을 통해 하나님을 알게 될 것이다. 이와 같이 의료 선교는 현지 사람들과 지역 사회 가운데 성경적 가치에 합당한 지속 가능한 변혁을 일으키기 위해 그 전략과 계획을 발전시켜야 할 책임이 있다.

사례1: 현지 정부 병원에서의 의료 선교

의료 선교의 중요한 전략들 중 하나는 현지 보건 의료 시스템과 밀접한 관계를 가지고 현지 의료인들의 역량이 강화되도록 돕는 것이라고 제안했다. 최근 많은 선교지가 의료 선교 활동들에 대해 호의를 가지고 받아들이지 않는 상황이기 때문에 예상되는 여러 어려운 점에도 불구하고 현지 정부 병원과 협력 관계를 이루어 가는 것이 사역의 중요한 방법으로 고려되어야 한다. 처음부터 의료 선교사들이 그들의 경험과 자원을 가지고 발전된 시스템을 짧은 시간 안에 구축할 수 있는 선교 병원 형태에 비하면 외부 리더십에 저항하는 현지 보건 의료 시스템에 변화를 일으키는 것은 쉽지 않다.

상호 신뢰에 기초한 친밀한 관계가 없다면 현지 리더십은 선교사들의 요청에 반응하지 않을 것이다. 이러한 친밀한 관계 형성에는 충분한 시간과 겸손한 자세가 필요하다. 더욱이 현지에서는 비정부 기구와 일하는 외국인들을 그들의 사회-종교적 시스템에 대한 잠재적 위협으로 간주하여 항상 의심스러운 눈으로 바라본다. 또한 부정부패가 만연한 현지 의료 시스템에서 현지 의료인들과 복음적 가치를 타협하지 않고 친밀한 관계를 발전시켜 나가는 것은 쉽지 않은 도전이다.

'Y국-한국 친선 외과 교육 병동'을 통한 사역

Y국은 경제적으로뿐만 아니라 의료 분야에서도 가장 열악한 나라이고, 전 세계에서 기독교에 대해 핍박이 심한 나라 9위에 올라 있을 정도로 복음에 저항적인 국가다. 2006년에 Y국의 한 도시에 있는 정부 병원에서 의료 사역이 시작되었고, 몇 명의 기독 의료인이 현지 직원들과 일할 수 있는 길이 열렸다. 병원이 병동 한 곳을 제공해 주어 'Y국-한국 친선 외과 교육 병동'(Y-Korean Partnership Surgical Institute)을 시작하여 현지 의사들과 간호사들을 위한 수련 프로그램을 진행할 수 있게 되었다. 병동에서 함께 진료를 하도록 지정된 현지 의사들과 간호사들은 병동을 관리하고 외과 및 간호 수련 프로그램들을 운영하는 데 활발히 참여하였다.

모든 수련 프로그램은 그들의 외과적 지식과 간호 기술들을 실제적으로 발전시키도록 계획되었다. 진료 활동과 수련 프로그램들을 통해 현지 직원들은 그들의 문화와 종교에 의해 왜곡된 세계관과 삶의 가치를 바꾸도록 지속해서 도전받았다. 이 의료 사역을 통해 그들의 의료가 발전되었을 뿐만 아니라, 삶의 중심 가치들이 변화되어 감을 볼 수 있었다. 수련 프로그램들은 처음부터 현지 지도자들을 키우는 데 맞추어졌고, 5년간의 사역 후 2011년에 현지 의료인들에게 이양되었다.

사역 전략은 현지 정부 병원에서 의료 선교사들이 현지 의사들과 간호사들을 교육하여 현지 보건 의료 시스템을 강화하는 것이었다. 이 의료 사역을 통해 기독 의사들과 간호사들이 현지 병원 직원들과 환자들의 육체적, 정서적, 그리고 영적 필요를 전인적으로 도울 수 있었다. 이 사역은 복음의 가치로 현지 사람들에게 직접적이고 광범위한 영향을 주었고, 여러 사람이 하나님의 거룩한 간섭과 치유의 경험을 통해 복음에 마음을 열게 되었다. 선교사들과 현지 병원 직원들 간의 친밀한 관계가 복음에 마음을 여는 열쇠였고, 이 사역을 통해 여러 무슬림이 복음을 듣고 이에 대해 스스로 여러 질문을 할 수 있도록 해주었다.

전략적 요소들

정부 병원에서 진행된 이 의료 사역은 병원 직원 사이에 지속 가능한 변혁을 가져올 수 있는 총체적 사역의 모델을 좇았다. 환자를 진료하는 것도 사역의 중요한 일부였지만, 주로 현지 의사들과 간호사들의 역량을 강화시키는 데 중점을 맞추었다. 현지 의료인들 스스로 자신의 능력과 자원을 인지하고 그들의 잠재력을 발전시켜 나갈 수 있도록 도전했다. 현지 외과 의사들 및 학생들과 환자를 진료하고 수술하는 부분을 계속 발전시켜 나가고, 내 아내(간호사)는 기본 간호 교육, 중환자 간호 교육, 그리고 심폐소생술 교육 등을 현지 상황에 맞게 개발하여 프로그램들을 진행해 나갔다. 1년에 3-4회 정도 단기 의료 선교팀들이 다녀갔는데, 단기 팀들 역시 환자들을 직접 진료하기보다 교육과 세미나를 통해 현지 의료인들이 더 잘할 수 있도록 돕는 역할을 했다. 모든 교육 프로그램이 계속 외부의 도움에 의존하지 않고, 스스로 자신감을 가지고 발전시켜 나가도록 노력했다. 의료 사역의 다른 접근이 쉽지 않은 아랍 지역의 현실에서 만족할 만한 사역의 사례가 되었다.

현지 의사들과 간호사들, 그리고 여러 병원 직원이 수련 프로그램들을 통해 의료에 대한 이해도 깊어졌고, 복음에 기초한 기독교적 가치관에 의해 지속적인 영향을 받았다. 우리는 높은 수준의 의료 윤리와 전문성을 추구했고, 비복음적 현지 문화에 도전하며 현지인들이 인정하는 더 나은 모습의 보건 의료 시스템을 구축하려고 노력했다. 의료 선교사들은 기독교 가치들을 수련 프로그램에 반영하려고 노력했고, 그 결과 의미 있는 변화들을 가져왔다. 현지 병원 직원들과 환자들은 이 사역이 그들의 필요를 잘 채워 주고 있다고 인정했다. 현지 의사들과 간호사들도 다양한 수련 프로그램을 경험하고 난 후에 스스로 성장하고자 하는 강한 열정을 보였다.

사역의 마지막 2년간, 즉 2009년 중반부터는 처음 계획한 대로 사역의 초점이 현지 의료진들에 의해 스스로 유지 발전될 수 있도록 현지 리더십 성장으로 옮겨졌다. 더 많은 현지 외과 및 간호 인력이 프로젝트에 참여하고자 했다. 사역을 이끌어 가던 그리스도인들의 성실함과 정직함에 감동하고, 사역을 통해 더 나은 가치를 배운 몇몇 현지 직원과 환자들이 기독교 신앙에 대해 질문하기 시작했다.

우리가 안식년을 가진 2011년 이후 현지 간호사들로 구성된 간호 교육 위원회는 일곱 번째 기본 간호 교육 프로그램과 세 번째 중환자 간호 교육 프로그램을 스스로 진행했고, 2012년에는 국가와 병원 모두 정치적으로 불안정한 상황에서도 계속해서 수련 프로그램들을 진행했다. 그들은 그 도시에 있는 다른 병원들에서도 간호사들을 수련하는 데 도움을 달라는 요청을 받았다. 그리고 Y국-한국 친선 외과 병동에서 수련받은 간호 교육 위원회의 모든 현지 간호사는 연령이 높지 않음에도 불구하고 다른 병동의 수간호사로 임명받았다. 병원은 그들을 신뢰할 수 있는 병원의 리더들로 세워 다른 병동에서도 많은 변화를 이끌어 내도록 했다.

현지 사람들과 함께 살고 일하면서 복음과 그 가치를 나눌 수 있는 많은 기회가 있었다. 현지인들 중 복음에 진심으로 관심을 보이는 사람들이 있을 때는 조심스럽게 다른 믿는 자들과 함께 성경을 좀 더 깊이 배우고 나눌 수 있는 교회 개척 팀에 그들을 소개했다. 교회 개척 팀은 현지 사람들이 성경 말씀에 대해 더 많이 알게 되었을 때, 그들의 진실성을 평가한 후 그들을 지하 교회에 연결해 주었다. 대부분의 아랍 국가는 매우 보수적인 이슬람 국가들이고, 기독교 신앙을 전파하는 어떠한 활동도 허용하지 않기 때문에 대부분의 선교사는 인도주의적 구호 활동이나 사업 기반을 통해 거주 허가를 받는다. 교회 개척 팀은 직접적이지만 비밀리에 성경 공부와 현지 지하 교회 예배를 도왔고, 몇몇 의료 사역자도 이 교회 개척 팀에서 함께 활동했다. 이런 상황에서 지하 교회나 교회 개척 팀에 불필요한 핍박과 추방의 위험을 가져오지 않도록 조심스럽게 활동하는 것은 필수적이었다.

현지 사람 가운데 90퍼센트 이상은 복음을 한 번도 들어 보지 못했기 때문에 대부분의 선교사는 복음의 씨를 뿌리는 역할을 했다. 보수적인 이슬람 국가에서는 의료적인 수련과 복음을 나누는 사역 모두에 있어 팀 사역이 필수적이다. 팀 사역을 통해 현지 사람들은 그리스도인의 사랑, 교제, 정직, 긍휼, 그리고 성실과 같은 하나님 나라의 가치들을 배운다. 의료 전문인들과 교회 개척 선교사들은 전 세계 교회와의 협력하에 총체적인 사역을 통해 현지 사람들에게 예수 그리스도를 알리는 선교 전략을 공유하였다. 이 사역은 현지인들에게 더 나은 의료적 치료를 베풀 뿐만 아니라, 하나님 나라를 위해 헌신된 그리스도인으로서 어떻게 살아야 하는지 보여 주어 현지 지하 교회를 강건하게 해주었다. 이 사역의 비전은 사역에 함께한 모든 현지 의료인과 환자들이 선교사들의 정직하고 성실한 모습에 긍정적인 영향을 받아 복음에 마음 문을 열도록 하는 것이었는데, 이 의료 사역은 분명히 이 지역에서 복음이 전파되고 교회가 성장하는 데 중요한 역할을 감당했다고 믿는다.

현지 의료진들을 위한 다양한 수련 기회

현지 의사들과 간호사들 중 선별된 리더들은 한국에 있는 협력 병원들에서 연수를 받을 수 있도록 했다. 협력 병원들을 방문하여 발전된 보건 의료 시스템을 배우면서 현지 병원에 적용할 수 있는 많은 아이디어를 얻고 스스로 현지 병원을 발전시키고자 하는 강한 열정도 갖게 되었다. 그들은 발전된 한국의 협력 병원들뿐만 아니라 환자들을 자신의 가족처럼 돌보는 한국 의료진들의 헌신에 좋은 인상을 받았다고 말했다.

현지 의료인 대부분은 빈약한 의료 장비와 자원 때문에 자신들의 병원이 발전되지 못했다고 불평했는데, 먼저 스스로 의료적인 경험과 지식을 쌓고 병원 서비스를 개선하려는 방향으로 태도가 바뀌었다. 물론 장비와 시설 부족으로 인해 현지 의료 서비스가 열악한 상황이었기 때문에 여러 기관과 개인을 통해서 장비도 기증받아 현지 의료인들을 교육하는 데 사용하였다. 이러한 과정을 통해 현지 의료인들 스스로 병원을 돕기 위한 실제적인 생각들을 제안하였고 그들의 태도도 아주 긍정적으로 변했다. 간호사나 의사가 환자에게 금품을 받고 나서야 간호사는 주사를 주고 의사는 수술을 해주는 뇌물 수수 행위가 정부 병원에서 흔히 볼 수 있는 흔한 문제들 중 하나였는데, 현지 직원들은 이러한 비윤리적인 행위들을 멈출 규칙들을 세웠다.

Y국 의료인들이 한국에 연수를 왔을 때, 한국에 있는 교회들과 기독 의료인들이 그들의 상황에서 하나님의 선교에 참여한다는 생각으로 이들을 활발하게 도왔다. 깊은 문화적 이해나 현지 언어를 구사하는 의사소통 능력 없이도 이들을 환대하고 의료 기술들을 가르치면서 먼 곳에서만 이루어질 것 같은 타문화권 선교를 그들의 삶 가운데 실천할 수 있게 되었다. 이런 활동들은 그들이 일하는 곳에서 하나님의 선교에 참여할 수 있었다는 생각으로 큰 기쁨을 경험하게 했다. 더 중요한 점은 이 사역이 많은 교회에 총체적 의료 선교에 참여할 수 있는 기회들을 제공했다는 것이다. 이 사역에 참여한 현지 의료인들뿐만 아니라 Y국의 현지 사역에 장기 및 단기로 참여한 많은 기독 의료인도 하나님의 사랑과 은혜를 경험할 수 있었다. 특별히 대부분의 단기 의료 선교팀이 시행하는 일회적 일차 진료와 비교할 때 그들의 전문성을 더욱 효과적으로 선교 사역에 사용할 수 있었기 때문에 이 사역에 참여한 의료 단기 팀의 만족도도 상당히 높았다.

선교사들과 단기 팀 모두 현지의 많은 환자를 직접 치료하기보다 꼭 치료가 필요한 환자들을 먼저 주의 깊게 선택하여 현지 의사들이 단기 팀들에게 배우고 직접 시술할 수 있는 기회를 더 많이 가질 수 있도록 배려했다. 현지 의사들과 간호사들은 단기 팀들의 도움에 매우 고마워했고 선교사들과 형성된 친밀한 관계를 바탕으로 단기 팀에게도 쉽게 다가가 기꺼이 배우고자 했다. 이는 현지에 지속 가능한 변화들을 일으키기 위해 현지 의료인들과 의료 선교팀들 간의 협력 관계가 얼마나 중요한지 잘 보여 준다. 단기 팀들에 의해 직접 치료받을 기회를 갖지 못한 환자들은 단기 팀들이 돌아간 이후 현지에서 계속 사역하고 있는 장기 의료 선교사들의 도움을 받아 현지 의료진들에게 치료를 받았다. 단기 팀들은 짧은 기간이었지만 적극적인 헌신을 보여 주며 현지 보건 의료 시스템 역량을 효과적으로 강화해 주었고, 장기 의료 사역자들과 현지 의료진들 사이의 관계도 더 깊어지게 도와주었다. 장기 의료 선교사들과 단기 의료팀 간의 효과적인 협력은 현지 보건 의료 시스템에 여러 긍정적인 변화를 가져왔을 뿐만 아니라 하나님 나라의 가치를 의료 사역을 통해 잘 드러내 주었다.

사역에 참여한 많은 현지 병원 직원들은 개발되지 못한 경영 시스템, 부정부패, 그리고 부족한 자원들로 인해 그들의 병원과 국가에는 희망이 없다고 말하곤 했다. 그들 손에 자원이 거의 없기 때문에 그들의 가장 큰 관심사는 물질적인 자원에 있는 듯했다. 그들은 부족한 지원에 대해 그들의 정부를 비난하면서 발전된 의료 장비와 시설을 가지면 그들의 보건 의료 시스템은 개선될 것이라 생각하는 경향이 있었다. 이 사역을 통해 많은 현지 병원 직원들과 의료인들은 하나님 나라의 가치와 원칙에 눈을 뜨고, 수련 프로그램들을 통해 더 나은 의료인으로 잘 준비되도록 스스로를 도전했다.

그들은 인적 자원이 물질적 자원을 사용할 수 있도록 준비되어 있지 못하면 의료 기구와 장비는 무용지물이라는 것을 다시금 깨달았다. 현지 지도자들은 수련 프로그램과 더불어 그들 자신의 보건 의료 시스템을 계속해서 발전시키고, 다른 병원들을 포함한 지역 보건 의료 시스템으로 확장해 나갈 수 있도록 노력했다. 병원 리더십은 병원에서 치료를 받은 많은 환자뿐만 아니라 현지 의료 공동체들로부터 많은 칭찬과 찬사를 들었는데, 이런 모습은 그들이 지속적으로, 그리고 독립적으로 성장하는 데 큰 격려가 되었다.

사례2: 레바논에 거주하는 난민들을 위한 의료 사역

시리아, 이라크, 예멘의 지속적인 분쟁으로 인해 수백만 명의 난민이 발생했고, 이들을 돕기 위한 즉각적인 인도적 지원 활동이 필요했다. 아랍 세계뿐만 아니라 전 세계가 직간접적으로 이러한 전쟁과 난민 위기의 영향을 받고 있다. 나세르 야신(Nasser Yassin)은 다음과 같이 보고한다.

> 엄청난 규모와 강도, 그리고 장기간 진행되는 특성을 가진 시리아 위기는 시리아 인접국들과 글로벌 노스(Global North) 국가에서의 반-이민과 반-난민 정서를 엄청나게 확대시켰다. 이는 인도주의의 가장 큰 비극이며, 2차 세계 대전 이후 가장 큰 난민 위기다.[15]

비록 강제적인 이주와 추방이 이 지역에서 새롭게 일어난 상황은 아니지만, 현재 일어나고 있는 엄청난 규모의 난민 위기는 우리 마음을 아프게 한다. 더 나아가 이러한 아랍 지역의 전쟁은 전 세계적인 테러 행위의 확산과 연관되어 많은 사람을 불안하게 만들고 있다. 그러므로 기독교 선교와 인도주의적 활동은 이 지역에서 난민들이 살아남기 위한 절대적 요구에 어떻게 반응해야 할지 고민하게 한다.

난민들에게 닥친 심각한 문제

유엔 난민 기구(The UN Refugee Agency; United Nations High Commissioner for Refugees [UNHCR])에 의하면 현재 전 세계적으로 7,950만 명이 강제적으로 이주되었고, 난민의 수는 2,600만 명(2019년 말 기준)이다.[16] 유엔 난민 기구

의 시리아 지역 난민 대응(Syria Regional Refugee Response)에 따르면, 시리아 밖의 시리아 난민 수가 556만 명(2020년 9월)이고, 이 사람들 대부분 공식적인 난민 캠프들 또는 반-영구적 이주민으로서 난민 수용 국가들 내에서 사람들과 함께 살아가고 있다.[17]

또한 시리아 내에서도 620만 명이 살던 곳을 떠나 다른 곳으로 이주할 수밖에 없었고, 여기에는 250만 명의 어린이가 포함되어 있는데, 이 수치는 전 세계에서 가장 큰 내부 이주 인구다.[18] 시리아 난민을 포함해 이 지역 대부분의 난민은 장기간의 이주로 인해 기본적인 음식, 의복, 주거 환경부터 교육 및 보건 의료의 필요에 심각한 문제들을 겪고 있다. 무엇보다 노인과 어린이가 가장 취약한데, 이에 대해 야신은 다음과 같이 언급하고 있다.

> 시리아 난민 어린이들의 건강은 여러 요인에 의한 상호 작용에 영향을 받는다. 많은 어린이가 최소한의 보건 활동이 어렵고, 비위생적 생활 환경인 임시 거주지와 표준 이하의 보호소에 살고 있는데, 이는 감염성 질병의 위험을 증가시켰다.[19]

난민들뿐만 아니라 국제기구와 난민 수용 국가 역시 이런 상황으로 인해 고통스러워 하고 있다. 이런 상황 가운데 의료 선교는 총체적 사역을 통해 샬롬의 메시지를 나누기 위한 건설적인 원칙과 전략을 고민해야 한다.

전략적 요소들

난민 위기는 보건 의료 영역, 교육 등에도 상당한 규모의 인도주의적 원조를 필요로 하고 있다. 이런 급박한 상황 가운데 의료 선교가 섬길 수 있는 다양한 기회도 생겼다. 이 사역의 최종적인 비전은 의료 사역을 통해서 난민들이 하나님의 사랑을 경험하고 그리스도를 믿음으로 하나님의 구원을 얻게 되는 것이다. 또한 이 의료 사역은 난민들의 육체적, 정신적, 그리고 영적 필요들을 채우는 전문적 의료 서비스를 통해 난민들 가운데 교회 개척 운동을 일으킨다.

현지 레바논 교회와 긴밀한 협력 관계를 구축하여 난민 공동체 내에 전인적인 치유 사역을 함께할 수 있게 되었다. Y국에는 가시적 교회가 전혀 없고 지하 교회는 엄청난 핍박을 받던 상황과 비교하면 레바논에는 많은 교회가 오랜 기간 존재해 있으면서 예배를 드리며 나름대로의 복음 사역을 하고 있다. 기독교 선교가 이렇게 각각 다른 상황에서는 다른 역할이 있음을 분명히 인식하여 그에 따른 적절한 원칙과 전략이 필요하다.

세계 교회 협의회(The World Council of Churches)는 레바논이 주후 1세기에 복음화되었고, 7세기부터 아랍 지역이 이슬람화된 이후에도 이 지역에서 여전히 기독교 인구가 가장 많은 나라라고 보고한다.[20] 그래서 의료 선교가 가능한 한 현지 교회와 함께 그 사역을 수행하는 것이 중요하다. 더 많은 의료 사역이 보건, 교육, 직업 훈련, 환경, 지역 사회 개발 등의 다양한 영역에서 현지 교회 및 기독교 단체와 협력해야 한다. 의료 선교는 단지 자체적인 진료 활동에만 머물지 말고, 복음적 가치관으로 지역사회를 변혁시키고자 하는 소망을 가지고 지속 가능한 사역을 세우고 발전시키는 노력을 해야 한다.

레바논 의료 사역 프로그램

엘피스 홈 클리닉(Elpis HOME Clinic)[21]은 2014년도에 레바논의 소외된 사람들과 난민들을 위한 의료 사역으로 시작되었다. 이 사역은 많은 난민에게 절대적으로 필요한 일차 진료 서비스를 제공하고 있다. 엘피스 홈 클리닉에 더하여, 레바논의 동쪽과 베까아 지역에 있는 텐트 난민들이 많이 모여 살고 있는 곳에 이동 진료 활동을 진행하고 있는데, 이는 이 지역에 일차 진료와 더불어 그리스도의 치유에 대한 메시지를 전하고 있다.

모든 사람이 마찬가지겠지만 특별히 난민으로 살아가는 사람들에게 질병이 없는 건강한 삶은 필수적이다. 대부분의 빈민가 난민은 건강과 위생에 대한 지식이 부족하기 때문에, 엘피스 홈 클리닉은 난민을 위한 보건 교육이 중요하다는 것을 인지하고, 현지 보건 교육 전문가들과 협력하여 보건 교육 프로그램을 제공한다. 이러한 보건 교육 프로그램의 주된 목적은 질병 예방과 더불어 건강한 삶의 방식을 따르도록 하여 사람들이 질병 없이 지낼 수 있도록 돕는 것이다.

이 사역의 중요한 프로그램 중 하나는 환자 가정을 방문하는 것인데, 이는 여러 가지 장점을 제공해 준다. 다양한 이유로 질병을 가지고 있으면서도 병원에 오지 않는 환자들을 위해 어떻게 집에서 스스로 자신들의 질병을 잘 관리할 수 있는지 교육하고, 필요한 경우 더 나은 질병 관리를 위해 병원 치료를 권유한다. 방문 진료 간호사와 팀원들이 환자들의 집을 방문하여 가족들 모두에게 위생 교육과 질병에 대한 합병증 예방 교육을 제공한다. 더 나아가 환자가 살고 있는 생활 환경에 대해 더 잘 이해하고, 그들의 가족과도 친밀한 관계를 형성한다. 환자와 의사 간의 신뢰 관계가 치료 과정에 중요한 역할을 하기 때문에 이 사역은 난민 가족의 삶의 질과 건강 상태 개선에 큰 도움이 된다.

심각한 정서적 및 영적 문제들로 인해 힘들어 하고 있는 가족들을 돕기 위해 엘피스 홈 클리닉은 사역 시작부터 현지 심리 상담사와 함께 상담 프로그램을 제공하고 있다. 유엔 난민 기구의 통계는 32.8퍼센트 이상의 시리아 난민들이 11세까지의 어린이라고 보고하고 있는데,[22] 이들 중 많은 어린이가 정서적 발달에 문제를 일으킬 수 있는 엄청난 충격과 상처를 경험했다. 고향에서 레바논까지의 여정은 심각한 폭력과 두려움으로 가득 차 있고, 오랜 기간 적절한 영양, 주거 시설, 그리고 교육과 같은 기본적인 필요가 채워지지 않은 채 지내고 있다. 때로는 그들이 당면하고 있는 극단적인 역경에도 불구하고 몇몇 아이는 전혀 익숙하지 않은 환경에서 적응하는 능력과 회복력을 보여 주기도 한다. 하지만 그들의 마음속 깊은 곳에 자리 잡고 있는 심리적 및 정서적 충격은 결코 소홀히 다루어져서는 안 된다. 가족들을 위한 상담 프로그램은 단지 난민 가족들을 조금 더 깊이 이해하고 돕는 시작일 뿐인데, 난민 가족들이 그들의 정서적 및 영적 문제들에 대해 건강하게 대처하는 방법을 가르쳐 준다. 이 난민을 위한 의료 사역은 난민 가족들의 삶 가운데 필수적인 것들을 공급하여 그들의 삶 가운데 가장 힘든 시기를 이겨 나갈 수 있도록 돕는다.

레바논에 거주하는 난민들을 위한 의료 선교는 이 지역의 긴급한 필요들에 반응하고 있다. 절대적으로 도움이 필요한 상황을 당면한 난민들을 위해 그 필요를 채워 주는 긍휼 사역과 더불어 관계에 기초한 전인적 치유 활동을 한다. 더 나아가 이 사역의 다양한 프로그램은 난민들이 하나님의 사랑을 경험하고 진리를 만날 수 있도록 여러 기회를 주고 있다. 또한 레바논에서 의료 선교의 가장 중요한 역할들 중 하나는 난민들과 소외된 사람들을 위한 사역을 열정적으로 진행하고 있는 현지 교회들과 협력하는 것이다.

의료 선교의 지속 가능한 모델을 세우기 위해 현지 교회와의 협력은 가장 중요한 부분이다. 의료 선교는 현지에 사랑, 긍휼, 정직, 그리고 정의로운 하나님 나라의 가치와 문화를 길러 준다. 더 나아가 이는 아랍 지역의 기독 의료인들이 이 지역에서 이루어지는 하나님의 선교에 대한 비전을 갖도록 해주어 아랍 지역의 많은 사람에게 복음을 나눌 수 있는 협력의 장을 제공해야 한다.

단기 의료 선교 사역과 그 역할에 대한 제안

단기 의료 사역은 기독교 타문화권 선교에 아주 중요한 부분이다. 교통수단과 원격 통신 수단의 괄목할 만한 발전은 하나님의 사랑과 복음을 더 효과적으로 나눌 수 있도록 해주었고, 선교의 열정을 가진 새로운 세대들이 더욱 다양한 선교 영역에서 섬길 수 있도록 해주었다. 코베트와 피커트는 다음과 같이 정리한다.

> 지난 10년간 단기 선교(short-term missions [STMs])의 놀랄 만한 성장은 긍정적인 미디어에 의해 수반되고 촉진되었다. 단기 선교는 그들이 선교를 더 적극적으로 후원하거나 장기 선교사가 되어 선교에 참여하게 되는 것을 볼 때 현지 지역 사회에도 좋을 성과를 이룰 뿐만 아니라 참여하는 사람들에게도 긍정적인 영향을 준다고 평가한다.[23]

단기 선교를 통해 전 세계의 교회가 타문화권에서 진행되고 있는 선교 사역에 더 활발하게 참여할 수 있게 된다. 또한 전문적인 기술을 가진 헌신된 그리스도인들이 모국에서 살아가면서도 타문화권 선교를 위해 효과적인 방법으로 그들의 은사를 사용하기 원한다. 현대 의료 선교는 사역 시간에 따라 간단히 장기와 단기 사역으로 범주를 나누는데, 이 둘 모두 의료적 저개발 국가에 큰 기여를 하고 있다. 단기 의료 선교는 현지 의료 서비스가 미비한 곳에 효과적으로 그 필요를 채울 수 있고, 기독교 선교에 다양한 방법으로 기여한다.

단기 의료 선교에 대한 인터넷 온라인 설문 조사가 2018년 3월에 3주 동안 진행되었고, 23명이 설문 조사에 답변해 주었다. 설문 답변자들은 의사 17명, 한의사 1명, 간호사 3명, 간호 대학생 1명, 그리고 목사 1명으로 구성되었다. 이중 단 1명만 해외 단기 선교 경험 없이 한국 국내 단기 의료 사역 경험이 있었고, 나머지 답변자들은 타문화권 단기 의료 사역에 참여한 경험이 있었다. 답변자 중 9명은 10번 이상의 해외 단기 의료 사역 경험이 있었는데, 이는 단기 의료 선교의 충분한 경험을 바탕으로 이에 대한 여러 생각을 가지고 있다고 여겨졌다. 답변자의 47퍼센트(11명)는 단기 의료 선교에 참여하는 이유가 교회 등과 같은 신앙 공동체의 참여 요청 때문이었는데, 이는 신앙 공동체가 단기 의료 선교 사역에 의료인들을 동원하는 중요한 역할을 하는 것으로 이해할 수 있다. 다른 절반의 응답자는 사람들을 섬김으로써 하나님의 선교에 함께하고자 하는 것을 그들의 참여 동기로 기술했다.

단기 의료 선교가 현지 지역 사회의 보건 및 건강 문제에 어떤 영향을 주었는지에 대한 의견은 다양했는데, 다수가 하나님의 사랑과 복음을 나누는 점에서 선교사들과 현지 교회의 사역을 도울 수 있었다고 대답했다. 4명은 현지 보건 의료 시스템에 큰 도움이 되지 않았다고 언급했지만, 3명은 그들의 사역이 보건 교육 프로그램들과 의료 검진 활동을 통해 현지인들의 건강 증진에 기여했다고 기술했다. 1명은 흥미롭게도 "직접 수혜자에게는 긍정적인 영향, 의료 체계에는 부정적인 영향"이라고 기록했다. 단기 의료 선교가 좋은 영향을 끼치지 못한 주된 이유로는 (1) 현지 문화 및 환경에 대한 낮은 이해도와 부족한 의료 장비와 시설 (2) 지속성 없이 매번 다른 지역을 일회성으로 방문하는 경향 (3) 현지 사람들과의 관계 증진과 만성 질환 환자를 위한 충분한 시간적 여유가 없었던 점 등이다. 2명은 단기 의료 선교팀의 문제점으로 현지 보건 의료 시스템과의 협력 부족을 지적했다. 17명의 응답자가 선교 병원이나 보건 의료 시스템과 같은 현지 보건 의료 제공자들과 상호 관계가 있었다고 답한 것은 고무적이지만, 6명은 현지 보건 의료 시스템과 전혀 교류가 없었다고 답했다.

많은 응답자가 단기 의료 선교의 문제들을 극복하기 위해서는 현지 보건 의료 제공자들과 협력해야 함을 강조했는데, 이는 단기 팀들이 필요한 의료 장비나 시설을 사용할 수 있게 해줄 뿐만 아니라 단기 팀이 도착하기 전에 미리 현지 상황에 대한 중요한 정보들을 줄 수 있다. 단기 의료 사역을 준비할 때 단기 팀들이 제공할 여러 활동을 현지인들이 지속해서 유지 발전할 수 있도록 현지 보건 의료 전문인들을 위한 교육 기회도 포함해야 한다.

답변들로부터 얻게 된 또 다른 중요한 제안은 단기 팀과 현지 보건 의료 사회가 친밀한 관계를 발전시킬 수 있도록 특정 지역을 지속적으로 방문하는 계획을 세워야 한다는 것이다. 이러한 친밀한 관계를 통해서 단기 팀들은 가까운 관계와 적절한 의사소통을 바탕으로 더 나은 준비를 하게 됨으로써 현지 지역 사회에 더 긍정적이고 효과적인 영향을 줄 수 있다. 한 응답자는 단기 팀 진료 시에 적절한 치료를 제공받지 못한 환자를 위해 단기 팀과 한국에 있는 의료인들의 네트워크를 만들어 원격 의료 지원 시스템을 구축해야 함을 제안했다.

단기 의료 선교팀이 현지 교회들에 거는 기대는 단순하고 명백했다. (1) 단기 팀의 진료를 받으러 온 사람들에 대해 지속적인 의료적 및 영적 치유를 제공하는 것 (2) 단기 팀을 위해 진료 장소를 제공하고, 현지 사람들이 진료받을 수 있도록 단기 팀에 연결해 주는 것 (3) 통역, 접수, 운영 등이다. 3명의 응답자들이 현지 교회는 현지 보건 의료 시스템을 접촉하여 단기 의료 선교팀과 연결되도록 해야 한다고 기술했다. 19명(82.6퍼센트)의 응답자가 가까운 미래에 단기 의료 선교 사역에 다시 참여할 계획이라고 답변했는데, 이는 아주 큰 격려가 아닐 수 없다. 동시에 의료 선교의 리더십은 이러한 단기 의료 선교를 더 나은 방향으로 이끌 수 있는 더 나은 전략을 발전시켜야 할 책임이 있다.

대부분의 답변자는 단기 의료 선교가 하나님의 선교에 필수적인 역할을 한다고 믿고, 하나님의 사랑과 복음을 나누기 위해 그들의 전문성이 사용될 수 있기를 원한다. 또한 단기 의료 선교가 앞으로 주의해야 할 부정적인 태도에 관한 의견들도 있는데, (1) 현지 문화에 대한 이해 부족과 더불어 가부장적이고 필요에 기반한 접근과 같은 부적절한 태도 (2) 적절한 진단 없이 의약품의 남용 및 오용 (3) 선교 사역에 의해 만들어진 현지 지역 사회의 외부 의존성이 그것이다. 이와 같은 정보를 토대로 의료 선교는 현지 지역 사회에 좋지 않은 영향을 끼치지 않도록 주의 깊게 계획을 세워야 한다. 단기 의료 선교는 그들이 섬겼던 현지 지역 사회에 여러 가지 부작용을 야기했다는 사실도 겸손히 인정해야 한다. 코베트와 피커트는 다음과 같이 지적한다.

> 가난한 현지 지역 사회를 위한 단기 선교의 주된 문제는 가난을 결함으로, 즉 가난이 부족한 어떤 것에 기인한다고 인식하는 경향이다.[24]

또한 대부분의 단기 의료 선교는 구호나 재건보다는 개발 사역이 필요한 상황에서 진행되는데, 이는 구호 또는 재건의 전략을 상황에 맞지 않게 적용하고 있는 것이다. 단기 의료 선교가 현지 지역 사회에 야기하는 문제들은 의외로 심각하다. 기본적인 혈액 검사나 영상 의학적 검사와 같은 장비 없이 의사들이 적절한 진단을 내린다는 것은 쉽지 않은 일이다. 언어나 문화에 대한 이해도가 낮은 상태에서 오진은 흔하게 일어나고, 단기 팀들이 처방한 약이나 치료로 인해 원하지 않은 합병증이나 부작용이 일어날 위험도 있다. 만약 단기 팀이 당뇨병이나 고혈압과 같은 만성 질환을 위한 약들을 그들의 본국에서 가져와 사용한다면, 환자들은 단기 팀이 준 약을 소모한 이후에 동일한 약을 현지에서 찾지 못하는 일도 흔히 일어난다.

대부분의 나라에서는 단기 팀이 가져온 처방 약들뿐만 아니라 외국 의료진의 진료 활동이 현지 법이나 규칙에 위반되는데, 이는 단기 의료 선교팀이 현지 지역 사회와 나누고자 하는 성경적 가치들과 상충된다. 단기 의료 선교팀은 부지중에 현지 보건 의료 시스템과 환자들 사이의 관계를 파괴하기도 한다. 의료적 저개발 국가에서는 자국의 현지 보건 의료인들에 비해 외국 의료진에 대해서는 절대적 신뢰를 하는 경우가 많은데, 단기 팀이 떠난 이후 현지 지역 사회에 부정적인 효과를 야기하게 된다. 단기 의료 선교팀들의 영향은 좀처럼 보건 의료 전문가에 의해 적절히 평가되지 않고, 단순히 팀이 제공한 의료 혜택의 수혜자들이 몇 명이나 되는지 정도만 보고된다. 이와 연관해 아놀드 고르스키(Arnold Gorske)는 단기 선교 활동에서 사용된 약품으로 위험이 초래될 수 있는 33가지 이유를 나열했다.[25] 단기 선교에 참여하면서 현지에 해를 끼치려고 하는 경우는 결코 없겠지만, 때로는 의도하지 않게 해로운 결과를 초래할 수 있다. 코베트와 피커트는 다음과 같이 정확하게 주장한다.

> 불행하게도 단기 선교팀은 일반적으로 가능한 한 빠른 시간 안에 주어진 소명을 완수하기 위해 그들의 지식, 기술, 그리고 물질적인 자원을 가난한 지역 사회에 가져와서 필요-기반 접근 방식을 따른다. 사실상 단기 선교팀은 현지 지역 사회가 가지고 있는 자원이 무엇인지 파악할 수 있는 시간조차 없다. 결과적으로 가부장적 태도가 그 추한 머리를 들고, 우리는 현지의 유용한 것들에 대한 가치를 손상시켜 존재, 공동체, 그리고 청지기 정신의 부족을 악화시킨다.[26]

도움이 필요한 사람들을 돕고자 하는 선한 동기만으로는 현지 지역 사회에 바람직한 변혁을 가져오지 못한다. 더 나아가 때로는 이러한 선한 동기와 열정이 타문화권 상황에서는 오히려 바람직하지 못한 부작용을 낳을 수 있다. 선교지의 상황을 깊이 이해하게 되기까지 많은 시간이 요구되지만, 이 장기간의 노력이 현지에 바람직하지 않은 결과를 감소시킬 수 있다는 것을 항상 기억해야 한다.

제니퍼 비도(Jennifer Bido) 등은 미국의 "오퍼레이션 워크 보스턴"(Operation Walk Boston)이라 불리는 단기 의료 선교가 단기 팀과 도미니카 현지 수혜 병원 모두에게 어떻게 의미 있는 변화를 가져오게 되었는지에 대한 인터뷰 결과를 보고했다. 비도는 "문화적인 기준과 단체의 구조가 프로그램의 지속 가능성에 대한 중요한 결정 요인"이라고 설명한다.[27] 도미니카의 수혜 병원에서 일어난 지속 가능한 변화는 '의사 결정에서의 더 큰 독립'과 함께 '간호 문화의 진보'라고 설명하고, 이러한 긍정적인 변화의 장애물을 '언어 장벽'과 '단체의 계급 문화'로 보고했다.[28] 이 연구가 소개하듯이 단기 의료 선교는 항상 단기 팀 참여자들과 현지 수혜 기관 모두에게 끼치는 영향을 고려해야만 하는데, 이렇게 될 때 현지 지역 사회에도 의미 있는 변화를 가져올 수 있다.

의료 선교는 다른 선교 사역과 비교했을 때 상당히 복잡하고 전문적인 영역이기 때문에 현지 교회나 다른 선교 단체와의 긴밀한 관계 없이 자체적인 병원 사역 등을 진행하는 경우가 많다. 그런데 이런 특성이 의료 선교를 고립되게 하기도 한다. 물론 병원과 같은 의료 선교 기관 내에서 자체적인 복음 전파 활동을 하지만 현지 교회와의 협력은 제한되어 있는 경우가 많다. 또한 지역 사회에 선한 영향력을 확대하기 위해서 현지 자원을 발견하고 그에 따른 개발 계획을 세우는 것은 현지 보건 의료 시스템 및 현지 교회와의 밀접한 관계 없이는 거의 불가능하다.

의료 선교는 지역 사회의 전반적인 보건 의료 시스템에 대한 정보에 기초한 자산-기반 방식의 사역 계획보다 현지 환자 진료에만 초점을 둔 필요-기반 방식을 택하는 경향이 있다. 의료 선교가 한국 교회뿐만 아니라 현지 교회와 사역을 함께하며 협력 관계를 발전시킬 수 있는 기초를 구축해야 하는 것이 정말 중요하다. 글린 슈바르츠(Glenn Schwartz)는 지역 사회에 건강하고 장기적인 영향을 끼칠 수 있도록 사역의 실행 원칙이 개발되어야 한다고 주장한다.[29] 멜리사 멜비(Melissa K. Melby) 등은 해외 연수 프로그램과 연계된 의과 대학 학생들의 단기 선교 경험을 평가하여 이에 대한 윤리적 원칙을 제안했다.

> (1) 타문화권에서의 유효성을 발전시키는 기술들과 다른 문화를 이해하는 겸손 (2) 양방향의 참여적 관계 (3) 현지에서 유지 가능한 능력을 발전시키고, 건강한 시스템을 구축하는 장기적 참여 (4) 지속 가능한 개발과 측정 가능한 지역 사회 이익에 초점을 맞추어 현지 지역 사회가 이끄는 활동에 동참[30]

이러한 원칙은 쉽게, 그리고 즉각적으로 얻어질 수 없고 많은 노력과 시간이 필요하지만 현지에 해로운 결과를 최소화하고 바람직한 양방향의 이익을 극대화할 수 있기 때문에, 모든 단기 의료 선교는 이러한 원칙을 따라야 한다. 같은 의미로 먼슨은 필리핀에서 진행된 단기 의료 선교에 관한 그의 연구를 통해 의료 선교의 네 가지 목표를 다음과 같이 정리한다.

> 올바른 동기, 효과적인 협력, 활발한 현지 지역 사회의 참여, 그리고 장기적인 전략과 계획(R.E.A.L. for Right motives, Effective partnering, Active community participation, and Long-term strategy and planning).[31]

그의 설명은 단기 의료 선교가 어떻게 하나님의 선교를 위해 그들의 전문적인 은사를 사용해야 하는지에 대해 더욱 깊이 생각하도록 도전한다.

현지 지역 사회를 위한 의료 선교와 더 넓은 범위의 장기 사역은 영적인 사역이다. 사역은 하나님의 사역이지 우리 자신의 것이 아니다. 이것은 연구, 평가, 목표 정하기, 전략 세우기, 그리고 수련의 모든 과정이 사역 활동에 포함된다는 사실을 잊어서는 안 된다. 영적 활동의 정당성이 사역의 준비와 실천이라는 더 많은 지상의 (또는 현실적인) 요소를 무시하는 핑계로 사용되어서는 결코 안 된다. 사실상 사역을 위해 적절한 계획과 전략을 세우는 것 역시 우리가 영적이라고 생각하는 기도, 묵상, 하나님의 뜻을 구하는 것과 같은 영적 활동에 포함되어야 한다.[32]

이런 관점에서 단기 의료 선교에 대한 실제적인 원칙을 제안한다. 현지 보건 의료 시스템과 협력 관계가 없는 일차적 진료 활동은 자연재해나 전쟁과 같은 상황에서 구호의 목적으로 긴급한 치료가 필요한 경우가 아니라면 추진하지 않는 것이 옳다. 단기 의료 선교는 현지 보건 의료 시스템과 연관성 없이 단기 팀 자체적인 의료 활동을 하기보다 현지 보건 의료 시스템의 역량을 강화하는 방법으로 진행되어야 한다. 1년에 한 차례나 두 차례 진행하는 일회적 일차 진료 활동은 현지 보건 의료 시스템의 개선에 거의 도움이 되지 않는다는 사실을 분명하게 고려해야 한다.

더 나아가 단기 의료 사역이 무료로 의료 서비스를 제공했을 때, 사람들은 무료로 처방된 약을 가치 있게 여기지 않아 의사가 지시한 대로 복용하지 않는 경우도 많다. 이런 모습은 의료진과 환자들 사이의 신뢰 관계를 손상시킬 수 있다. 환자들은 증상이 지속되거나 재발하는 경우 의사의 치료 지시에 잘 따르지 않았음을 반성하기보다 그들이 받은 치료나 처방약을 비난하는 경향이 있다. 이런 모습은 결핵 환자들에게서 흔히 나타나는데, 결핵 치료 약이 대부분의 나라에서 무료로 제공되고, 완전히 치유될 때까지 적어도 9개월간 약을 복용하도록 주의 깊게 지시받지만, 환자들은 증상이 좋아지면 약을 지속적으로 복용하지 않는 경우가 많다. 이는 결핵 환자들의 재발과 약에 내성을 갖게 되는 주요 원인들 중 하나다.[33]

단기 의료 선교팀이 제공하는 약이 좋은 효과를 보더라도 단기 팀은 찬사를 듣는 반면 현지 의료인들은 오히려 비난받기 때문에 환자들이 얻은 긍정적인 결과는 오히려 현지 보건 의료 시스템에 부정적인 결과를 일으킬 수 있다. 올바른 원칙에 의해 잘 계획된다면 단기 의료 사역은 선교의 훌륭한 잠재 능력을 가지고 있다. 단기 의료 선교 참여자들과 리더들은 단기 의료 선교가 유발한 많은 해로운 결과를 겸손하게 반성하고, 이를 바탕으로 하나님의 선교에 더 나은 역할을 할 수 있도록 고민해야 한다.

의료 선교의 건강한 패러다임에 대한 제안

최근 의료 선교가 당면한 도전을 면밀하게 검토하고, 변화하는 선교지 상황을 파악함으로 이에 적절히 대응하는 의료 선교의 패러다임 변화가 필요하다. 코베트와 피커트는 개인과 지역 사회에 변화를 가져오는 세 가지 중요한 요인을 보여 준다.

(1) 최근의 위기 (2) 현 상태에 대한 부담이 너무 커 사람들이 변화를 원

하는 경우 또는 (3) 삶의 개선을 기대할 수 있는 새로운 방법이 소개되는 경우[34]

현재 아랍 지역, 특별히 무슬림 사회에서 이 모든 요인을 볼 수 있는데, 의료 선교는 성경적인 원칙과 전략으로 이들에게 변혁을 가져올 수 있는 역할을 찾아야 한다. 선교 병원을 세워 소외된 사람들에게 치료를 베푸는 데 초점을 맞춘 사역 형태는 여러 상황에서 더는 최상의 전략이 아니다. 의료 선교가 더 효과적이고 지속 가능한 사역이 될 수 있도록 전통적인 선교 병원 모델로부터 현지 교회나 보건 의료 시스템과의 협력을 증대하는 방법으로 다양화하는 것이 필요하다. 패러다임의 전환을 위한 열쇠는 복음의 가치를 드러낼 수 있는 친밀한 협력 관계인데, 이를 통해 의료 선교는 이러한 모든 관계 가운데 하나님의 샬롬이 실현될 수 있도록 사용될 것이다.

아랍 지역의 현지 토착적 의료 선교를 촉진하기 위해 아랍 기독 의료인들과의 협력이 진행되고 있다. 최근 하나님이 이끄시는 긍정적인 모습이 아랍 기독 의료인들 내에서 목격되어 왔다. 이 아랍 기독 의료인들은 외국 선교사들과 비교할 때 이 지역의 문화적 배경과 언어를 공유하는 중요한 장점이 있다. 아랍 현지에 비해 경험과 자원이 많은 글로벌 노스로부터의 의료 선교는 여전히 영적, 학술적, 사회적, 재정적 자원이 필요한 아랍 의료 선교를 위해 큰 도움이 된다. 아랍 지역에 있는 기독 보건 의료 단체들과의 건강한 네트워크를 세워 상호 존경과 책임을 가지고 현지 아랍 출신 의료 선교사들의 역량을 강화하고, 또 그들을 보내는 데 헌신해야 한다.

2009년에 이집트에서 있었던 의료 선교 리더들 모임에서, 의사 출신의 이집트 목사는 이집트 복음주의 교회들이 하나님의 선교에 대한 신학적 기초가 없다고 했다. 대부분의 아랍 지역 교회는 아랍 지역의 미전도 종족, 특별히 무슬림에게 복음을 전하고자 하는 열망이 강하지 않았다. 이것은 기독교와 이슬람 간의 오랜 긴장의 역사와 다수 무슬림의 소수 기독교인에 대한 사회적 억압과 핍박이 중요한 요인이다. 리빙스톤은 이슬람에서 개종한 기독교인의 보기를 들면서 아랍 지역에서 사역하는 선교사와 현지 아랍 교회가 무슬림을 향한 선교에 자신감을 가지고 참여하도록 도전한다.

> 문화적인 무지, 역사적인 증오, 그리고 정부의 억압에 대한 두려움은 많은 현지 교회가 무슬림을 위한 사역에 주저하게 되는 이유다. 외국인들이 현지 교회를 비난하기보다 무슬림들이 진정으로 복음을 믿고 교회의 온전한 구성원으로 자라는 것이 가능함을 보여 주는 것이 중요하다.[35]

아랍 교회, 특히 젊은 의료 선교 지도자들의 영적 성숙을 돕고 그 역량을 강화하여 삶과 의료 사역의 모든 영역에서 하나님 나라의 가치를 드러낼 수 있어야 한다.

현지 교회 및 복음주의 단체들과의 협력

전 세계의 거의 모든 나라는 가시적 또는 비가시적 현지 토착 교회가 있고, 아랍 지역에도 이집트와 레바논에는 많은 교회가 존재하고 있다. 대부분의 아랍 교회는 하나님의 선교에 대하여 적절한 이해가 없이 오랜 기간 존재해 왔다. 하지만 최근에 아랍 지역에서 하나님의 선교에 참여하기 시작한 그리스도인들이 증가하고 있는데, 이는 전 세계 교회에 큰 축복이 아닐 수 없다. 의료 선교는 현지 교회가 존재한다면 그들과 협력 관계를 구축해야 한다.

존슨은 긍휼 사역의 세 가지 환경을 다음과 같이 기술한다. (1) 교회가 존재하는 곳 (2) 교회 개척 팀이 현지 교회를 세우기 위해 사역을 하는 곳 (3) 선교를 위한 기반으로서 긍휼 사역이 존재하는 곳이다.[36] 의료 선교는 현실 상황에 적절한 전략을 세우기 위해 주의 깊게 현지 교회의 상황을 살펴야만 한다. 필 본(Phil Bourne)은 기독교 선교가 아랍 세계에서 현지 교회들과 일해야만 하는 세 가지 실제적인 이유를 제안했다. (1) 그리스도의 선교 명령이 교회에 주어진 것이다. (2) 아랍 교회가 그들의 문화를 잘 해석할 수 있다. (3) 무슬림을 포함한 많은 사람에게 더 효과적으로 복음을 전할 수 있다.[37] 아랍 지역의 의료 선교가 가까운 미래에 많은 열매를 맺기 위해서는 현지 교회들과 더 적극적인 협력 관계를 모색해야 한다. 본은 계속해서 기독교 선교가 아랍 교회와의 친밀한 협력 관계를 세우는 데 헌신하도록 격려한다.

우리는 중동 그리스도인들로부터 무슬림들에 대한 이해와 더불어 배울 것이 많이 있다. 그들은 무슬림들이 어떻게 생각하는지에 대해 우리보다 훨씬 잘 알고 있다. 아랍 그리스도인들이 그들의 무슬림 이웃들에 복음을 전하는 데 관심이 없다는 것은 더 이상 사실이 아니다. 만약 당신이 오늘날 중동의 복음주의 교회들을 본다면, 비전과 열심으로 하나님의 부르심에 응답하기 위해 준비되어 있는 많은 그리스도인이 있다는

것을 알게 될 것이다.³⁸

사실상 선교 단체들은 현지 교회와 함께 사역해야 하는 중요성에 대해 소홀히 해왔는데, 그 이유는 아랍 교회들이 선교에 대해 마음을 닫고 있다고 생각할 뿐만 아니라 때로는 그들의 사역을 수행하는 데 장애물로 간주했기 때문이다. 일부 보수적인 아랍 교회들은 기독교에 적대적인 환경에서 그들이 지켜 온 것 안에 안주하려는 경향이 있다. 이러한 교회들은 선교에 참여하는 것이 무슬림들과의 심각한 분쟁을 야기한다고 보고 그들 스스로에게 다가올 위험을 감수하려고 하지 않았다. 하지만 아랍 그리스도인들을 깨워 온 영적 부흥은 이러한 모습을 바꾸어 놓고 있다.

더 많은 교회가 하나님이 부여하신 소명을 이해하기 시작했고, 어떻게 하나님의 선교에 더 적극적으로 참여할 수 있을지 배우려고 한다. 또한 이슬람에서 개종한 그리스도인들은 선교 단체의 도움을 받아 다른 아랍 국가에 가서 복음을 전하기 원한다. 어떤 그리스도인들은 이미 다른 아랍 국가에서 직업을 가지고 살고 있는데, 그들 역시 그곳에서 선교에 참여하도록 동원되어야 한다. 세계 선교는 어디서든 현지 교회가 주도권을 가지고 진행하는 것이 바람직하다. 벤더-사무엘은 다음과 같이 기록한다.

> 21세기 선교는 선교를 위해 현지 교회의 역량을 강화하는 데 초점을 두어야 한다. 모든 선교의 요인이 이를 바람직한 것으로 받아들이는 것뿐만 아니라 불가피하게 만들고 있다.³⁹

하지만 의료 선교를 포함한 전문적 선교 사역은 현지 교회와의 협력을 소홀히 하면서 긍휼 사역을 베푸는 그들만의 기관을 세워 독립적인 사역을 하는 경향이 있다. 아이어랜드는 이와 관련하여 심각하게 경고한다.

> 그들의 사역이 현지 교회로부터 분리되면 선교 사역에 대한 왜곡된 이해를 낳는다. 그리스도인들은 타문화권의 선교에 참여하는 데 대한 적절한 시각을 잃어버렸다. 그들은 교회가 하는 모든 것을 선교로 보는 경향이 있었다. 이것은 스티븐 닐(Stephen Neill)이 말한, "만약 모든 것이 선교라면, 아무것도 선교가 아니다(Neill, *Creative Tension*, 81.)"라는 것과 연관된다.[40]

아이어랜드는 이 문제에 대한 해결책을 제안하는데, 타문화권 선교사는 현지 교회를 사역 공동체로 인식하여 현지 교회를 돕고 협력하는 방향으로 노력해야 한다고 설명한다.[41] 존 스트링어(John Stringer) 역시 선교 단체에 관하여 다음과 같이 지적한다.

> 많은 선교 단체에게 교회 개척은 그들 사역의 중심적인 단어다. 현지 교회의 존재를 부정하면서 그들 자신의 '교회'를 시작하기로 결정한 열정적인 사람들을 본다. 그들이 좋은 현지 사람들을 얻게 되었을 때, 그들은 양을 훔치는 일을 한 것이라고 할 수 밖에 없는 경우가 대부분이다.[42]

스트링어는 이러한 경향이 선교 단체의 사역에서 나타날 뿐만 아니라, 복음주의 선교 공동체 전체에서도 드러난다고 주장한다.[43] 현대 기독교 선교는 현지 교회들의 성장과 그 교회들이 타문화권 선교와 '아랍인들의 아랍 사람들을 위한 운동'(the Arabs to Arabs movement [A to A movement])과 같은 동문화권 내 선교에 참여할 수 있도록 헌신해야 한다. 코베트와 피커트는 빈곤 경감을 위한 현지인들의 참여에 대해 "참여는 단지 목적을 이루는 수단이 아니라 그 자체로 중대한 목적"[44]이라고 지적한다. 이 원칙은 아랍 지역의 의료 선교에도 주의 깊게 적용되어야 한다.

 A to A 운동은 기독교 선교가 아랍 지역을 섬기기 위해 무엇을 할 수 있는지에 대한 비전을 제시한다. 이 운동은 아랍 교회들의 잠재 능력을 인정하고 현지 교회에 의한 지속 가능한 사역의 발전을 돕는다. 이 사역이 여러 영역에서 겪는 어려움에도 불구하고 실제적인 운동으로 성장하는 것을 보는 것은 큰 격려가 된다. 의료 선교사들과 현지 의료인들, 그리고 한국의 기독 의료인 네트워크를 통해 그들의 삶과 사역의 상황에 따라 서로의 필요를 채울 수 있다. 이 네트워크는 모든 기독 의료인이 그들이 처한 환경에서 그리스도의 제자로 함께 성장하고 각각의 은사를 사용하여 부르심을 성취하고자 한다. 이 선교 공동체에 속해 있다는 책임감을 가지고 서로 존중하며 기도하는 데 헌신해야 한다.

 지난 200년 동안 의료 선교는 하나님의 선교를 확장하는 주요한 도구였다. 비록 의료 선교와 현지 교회 둘 다 궁극적으로 하나님의 선교에 함께하는 같은 목표를 가지고 있지만, 실제 사역에 있어서는 서로 다른 목표가 있다는 사실은 매우 명확하게 인식되어야 한다. 존슨은 사도 바울의 선교팀이 그가 개척하고 성장하도록 도왔던 현지 교회와는 아주 다른 역할을 한 것을 예로 들고 있다.[45] 이 개념을 정확하게 이해함으로 그들 상황 가운데 명확한 각각의 목표를 정하여 함께 효과적으로 협력할 수 있도록 이끌어 주어야 한다. 아랍 세계에서 의료 사역과 교회가 서로 세우고 강하게 해주는 효과적인 협력은 중요한 목표다.

아랍 지역의 사역자들은 아랍 지역에서 다른 아랍 국가로 파송되는 선교사들에 대한 기대가 상당하다. 예를 들면, 이집트나 레바논의 아랍 기독교인들이 기존의 선교사가 들어갈 수 없는 나라에 선교사로 가기 시작하고 있다. 이 운동은 아랍 세계에 진행되는 의료 선교의 효과 역시 극대화해 주기 때문에 적극 지지되어야 한다. 아랍 지역에서 진행되는 의료 사역에 특별한 필요들이 있고, 아랍 기독 의료인들이 이런 필요를 잘 만족시킬 수 있다. 이런 현지 토착 운동이 성장하여 장기적인 열매를 맺기 위한 방법을 더 활발히 찾아야 한다.

우리는 부르심에 반응하는 것을 두려워하여 침묵하고 있던 아랍 교회를 위한 하나님의 특별한 계획이 있음을 믿는다. 아랍 교회가 하나님의 잃어버린 백성들에 대한 필요를 보며 하나님의 특별한 부르심에 반응하고 있다. 이 시점에 가장 중요한 것은 전문적인 역량과 영적으로 영향력이 있는 젊은 리더들을 키우는 것이다. 젊은 리더들이 하나님의 선교에 참여하기 위해 영적, 의료적 수련 프로그램이 진행되고 있고, 국제적인 네트워크를 통해 그들의 전문성을 키우기 위해 노력하고 있다. 현지 교회와 그들이 파송하는 선교사 사이에 친밀한 관계를 세우고, 의사소통을 위한 방법을 교육하는 것이 필수적이다. 전 세계 교회는 기도와 목회적 돌봄으로 이 사역이 안정적으로 성장할 수 있도록 함께 협력해야 한다.

결론적으로 의료 선교는 현지 교회가 하나님이 선교로 부르시는 그 소명에 반응하도록 격려하고 돕는 역할을 해야 한다. 그러므로 의료 선교는 독자적으로 사역하지 말고, 하나님이 목적하신 것을 현지 교회와 함께 찾아야 한다. 이것은 모두에게 연약함을 나누는 태도와 겸손하고 솔직한 모습을 필요로 한다. 선교지마다 상황이 다르기 때문에 선교사의 역할 역시 다를 수 있다. 존슨은 현지 교회가 존재하지 않거나 아주 약한 경우 선교사들이 복음 전도와 교회 개척에 초점을 맞추어야 하고, 현지 교회가 존재하는 경우에는 교회가 선교의 비전을 가지도록 교회와 깊은 관계를 가지고 사역해야 한다고 설명한다.[46] 하지만 이 구분은 항상 하나가 다른 하나에 우선해서 진행되어야 한다는 것은 아니고, 사역이 성장하는 상황 가운데 두 가지가 항상 함께 적용될 수 있다.

현지 정부 보건 의료 시스템과의 협력

비록 선교 병원이 창의적 접근 지역의 현지 정부 기관들에 의해 철저한 간섭과 통제를 받는 경우가 많지만 현지 정부의 보건 의료 시스템과 건강한 협력 관계를 구축할 실현 가능한 방법들이 있다. 이런 협력 관계 구축은 어렵고 시간도 많이 걸리는 일이지만 일단 구축되면 현지 지역 사회에 상당한 영향을 끼칠 수 있고, 현지의 자원으로 자립하여 지속 가능하게 될 가능성이 커진다. 처음에는 현지 보건 의료 시스템의 개선을 돕는 노력에 대해 인정해 주지 않는다 하더라도 현지인들에 대한 진실하고 겸손한 태도는 현지 정부와 친밀한 관계를 열어 줄 수 있다. 현지의 상황을 잘 이해하지 못하면서 현지 보건 의료에 대해 쉽게 판단하여 무례하게 비판하는 태도는 결코 장기적인 변화를 가져올 수 없음을 기억해야 한다.

현지에 의료 선교를 통한 의미 있는 변화를 위해서는 정부 관료들과 신뢰할 수 있는 관계가 맺어져야 할 뿐만 아니라 다양한 상황에 맞는 적절한 사역 구조를 만들어야 한다. 문누가는 중앙아시아 지역(CAR[47])에서 치과 의사로 전문인 선교 사역을 하고 있는데, 사역을 통한 총체적인 제자도의 전략을 소개한다.[48] 지역 사회 개발 사업 원칙에 기초한 그의 사역 구조(1. 완전히 외국 자금에 의존한 비정부 기구 2. 부분적으로 자립이 된 비정부 기구 3. 완전히 자립한 사업 형태)를 통해 현지 직원들과 환자들과의 친밀한 관계를 이루고 제자들을 키우는 전문적 선교 구조를 발전시킬 수 있었다.[49]

이런 다양한 사역 구조는 지난 수년 동안 그의 팀이 현지 직원을 제자화하고 많은 환자를 효과적으로 섬길 수 있도록 해주었다. 현지 직원들은 이 사역이 현지에서 자립하여 지속 가능하도록 필수적인 역할을 했다. 무슬림이 주된 마을에서 치과 질환 예방 프로그램은 외국 사역자와 현지 교회가 한 팀이 되어 이 마을에 복음을 전할 수 있도록 문을 열어 주었다. 또한 국제 비정부 기구 아래에서 현지 치과 의사들을 위한 치과 수련 프로그램이 개발되었고, 그 이후 사역이 현지에서 자립하여 지속 가능하도록 현지 비정부 기구를 시작하였다.

그 이후 장기적으로 지속 가능하도록 현지 전문인들과 함께 진료 수입을 충분히 올릴 수 있는 사업 모델(business as mission [BAM])을 추가했다.[50] 20여 년간 진행된 그의 사역을 통해 발전된 전문인 선교의 형태는 의료 선교가 현재의 도전을 극복할 수 있는 중요한 원칙과 전략을 제시한다. 문누가는 제자도 훈련과 함께 전문적인 치과 수련에 강조점을 두는데, 이는 수련 프로그램을 통해 기독교적 가치관으로 현지 전문인들의 삶의 전 영역에 변혁을 일으킬 수 있기 때문이다. 더 나아가 이 구조는 현지 직원들이 충분하게 그들의 가족을 부양할 수 있도록 재정적인 것과 전문적인 명성 등 의미 있는 개인적 이익도 제공한다. 프리즘(PRISM)은 현지 의료인과 지역 사회에 변혁을 일으키는 수련 프로그램의 중요성을 강조한다.

의료 선교의 목적은 재검토되어 분명하게 공유되어야 하는데, 의료 선교사들은 개인과 지역 사회 보건 의료 시스템을 위해 영향력을 더하고, 현지 동료를 위한 수련에 더 많이 참여하며, 치유를 위한 독창적이면서 증거에 기초한 전략을 만들어 가도록 요청받는다.[51]

현지 종교, 정치적 관료에 의한 강한 간섭 없이 선교사 리더십으로 현지 의료인들을 성경적인 가치관으로 수련하기 위해서는 선교 병원을 세우는 것에 분명한 장점이 있다. 하지만 이 선교 병원이 주로 외국 의료진에 의해 운영된다면 현지 보건 의료 시스템에서 분리되고 경쟁자로 간주될 가능성이 크다. 이러한 선교 병원 모델의 문제점을 잘 이해하여 선교 병원이 그 시작부터 현지 의료인과 직원들을 교육하는 데 그 목표를 세우고, 이른 시간 안에 현지화할 수 있는 구체적인 계획을 세워야 한다. 의료 선교가 현지 보건 의료 시스템에 적극적으로 참여하게 되면 다양한 보건 교육이나 전문적인 수련 프로그램을 통해 현지 지역 사회 전체에 장기적인 변화를 일으킬 수 있다.

의료 선교는 현지 정부 기관들과의 협력 방안을 더 적극적으로 찾아야 한다. 그들이 사역의 기반으로 이용될 수 있기 때문만이 아니라 현지 사람들을 지속적으로 섬기도록 성경적인 가치를 통한 변혁이 절실하게 필요하기 때문이다. 비록 현지 보건 시스템을 이끌어 가는 정부가 선교 사역을 더 제한한다고 하더라도 변혁은 복음 전도 활동에서만 이루어지는 것이 아니라, 복음과 하나님 나라의 가치를 드러내는 총체적인 사역을 통해서 일어난다는 것을 믿음으로 받아들여야 한다.

실제적인 원칙과 계획

북미에 있는 교회의 일원으로서 코베트와 피커트는 다음과 같은 단계들을 이용하여 '활동 계획과 자원에 기초한 참여적 개발'(Action Plan and the Principles of Asset-Based, Participatory Development) (1. 사람들의 변화를 촉진하기 2. 지지하는 사람들 동원하기 3. 초기에 성공을 인지할 수 있는 활동 찾기 4. 당신이 가는 환경에 대해 배우기 5. 사람들이 가장 쉽게 받아들이는 변화부터 시작하기)을 제안했다.[52] 복음에 기초한 변혁적 발전은 결코 단기에 이루어지는 프로젝트가 아니며, 궁극적으로 성령의 역사를 통해 사람들과 지역 사회 모두에 변화를 일으키는 복잡하고 오랜 여정이다.

- **작게 시작하고, 규모를 키우지 말고, 새로운 작은 것들을 개척하자**

만약 타문화권 선교에서 과거 20년간 보여진 추세가 지속된다면 장기 선교사로 선교지에 가고자 하는 헌신자는 더욱 줄어들 것이다. 아랍 지역에서 선교 사역의 운명은 외부 자원에 의존하는 현재 상태를 고려해 볼 때 낙관적이지 않다. 끊임없는 전쟁, 사회 불안, 종교적 극단주의에 의한 테러와 폭력 같은 인도주의적 재앙은 영적인 혼돈과 함께 현지 사람들을 절망하게 한다. 이런 상황 가운데 의료 선교는 그 역할이 더욱 커질 텐데, 그 필요를 채우기 위해 적절한 전략이 준비되어야 한다.

외부에서 조달된 자금을 가지고 병원이나 의과 대학 설립 등과 같은 큰 프로젝트의 시도가 여전히 존재한다. 의료는 아주 복잡한 분야여서 병원이나 의과 대학 등 큰 규모의 사역의 시작을 위해서는 인적 자원뿐만 아니라 비용도 많이 들 수밖에 없다. 이뿐만 아니라 이러한 큰 규모의 사역이 유지 발전되려면 지속적인 비용이 발생하기 때문에 인적 및 물적 자원의 장기적이고 구체적인 계획이 세워져야 한다. 이러한 큰 규모의 사역은 코베트와 피커트가 제안한 "초기에 성공을 인지할 수 있는 활동 찾기" 원칙에 맞지 않는다. 사역 초기에 성공적인 결과를 볼 수 있다면 프로젝트를 제공하는 사람들과 현지 참여자들 모두 사역에 대한 만족도가 커지고 이를 통해 지속적으로 사역에 헌신할 수 있게 된다.

사역 초기의 인지 가능한 성공을 실현하기 위해서는 사역을 작게 시작하는 것이 중요한데, 이는 초기 비용과 경영의 부담을 줄여 주고 프로젝트를 현지 자원들로 쉽게 지속 가능하도록 계획할 수 있게 해준다.[53] 의료 선교 사역의 규모가 커지고 복잡해질 때, 선교사는 외부에서 자금을 가져오는 데 많은 에너지를 쏟게 되기 때문에 현지 동역자들과 지역 사회와의 친밀한 관계를 유지하기 어렵게 된다. 그러므로 선교 사역을 계획하는 시작 단계에서부터 지속 가능성을 준비하고 이를 위한 구체적인 계획이 마련되어야 한다.

허스트는 "지속 가능성은 그 사역의 실행이 끝나는 단계에서 제기되는 잠재적 목표로 보아서는 안 되고, 사역 초기 단계에서부터 구체적으로 계획되어야 한다는 것"을 정확하게 지적한다.[54] 이러한 선교 사역의 지속 가능을 위한 계획이 현실화되도록 하기 위해 의료 선교 리더들은 사역을 작게 시작하여 작게 머무르는 원칙을 지키고, 사역이 안정되면 빠른 시간 안에 현지 리더십에게 이양하고 유사한 사역을 다른 곳에 개척하는 전략을 고려해야 한다.

소규모의 전문 클리닉(병원)은 빠른 시간 안에 자립할 수 있는 가능성이 큰데 그 이유는 작은 규모로 시작할 수 있고, 의료비가 조금 더 비싸더라도 많은 환자가 전문적인 치료를 위해 오게끔 한다. 더 중요하게 고려해야 할 것은 선교 병원이 건물이나 장비보다 현지 의사와 간호사들을 키우는 데 더 우선순위를 두는 것이다. 일반 종합 병원이나 의과 대학은 초기 설립 비용이 너무 많이 들어가고, 지속적으로 유지하는 것 역시 쉽지 않다. 그러므로 선교 사역을 작게 유지하기 위해서는 작은 규모의 전문화된 클리닉이 대안으로 고려되어야 한다.

이러한 전문 클리닉들은 작은 숫자의 직원으로도 운영 가능하기 때문에 경영 관리하는 것도 쉽고, 더 나은 의료 서비스를 제공할 수 있다. 이렇게 될 때 찾아오는 환자들에게도 더 집중하여 전인적 영향을 줄 수 있다. 또한 질적으로 우수한 장비와 시설을 상대적으로 낮은 비용으로 보유할 수 있어서 더 많은 환자가 찾아오게 되고, 현지에서 더 많은 수입을 얻게 되어 사역을 자립하여 지속 가능할 수 있도록 해준다. 더 나아가 이러한 전문 클리닉은 현지 의료인들에게 수련 기회를 더 쉽게 제공할 수 있어 현지 보건 의료 시스템에 기여할 수 있다. 또한 발전된 통신 수단을 통해 다른 나라에 있는 전문 병원과 네트워크를 구축하여 지속적으로 발전할 수 있다. 이렇게 의료적 저개발 국가를 위해 전 세계 의료 선교의 네트워크가 더욱 활발하게 실제적으로 선교에 참여할 수 있게 된다.

- **항상 관계를 최우선 순위에 두고, 지역 사회 공동체에 초점을 두자**

사람들과 친밀한 관계를 맺는 노력이 없다면 성경적인 선교는 있을 수 없는데, 이러한 깊은 관계가 없다면 복음을 적절하게 나눌 수 없기 때문이다. 대인 관계에서 신뢰가 없다면 사람들은 그 사람의 말에 결코 진심으로 귀 기울이지 않는다. 특별히 타문화권 상황에서 현지 사람들과 친밀한 관계를 맺지 않는다면 선교를 통한 어떠한 변혁도 일어나지 않을 것이다.

선교학자 듀안 엘머(Duane Elmer)는 다음과 같이 관계의 중요성을 강조한다.

> 대부분의 사람은 어떤 사람이 그들의 문화에 들어와 새로운 방법을 가르친다고 해서 일생 동안 살아온 삶의 방식을 바꾸지 않는다.[55]

코베트와 피커트도 변화에 가장 수용력이 있는 사람들이 있다고 주장하며, '변화에 대한 수용성의 연속체'에 대한 개념을 발전시켰다.[56] 비록 초기에는 선교 사역을 이용하여 개인적인 이익을 얻고자 하는 다른 마음을 품는 사람들이 있다고 하더라도 사람들은 그리스도인들의 신실한 사역을 통해서 성령의 역사로 그들이 평생 살아온 방법과 세계관을 기꺼이 바꾸려고 할 것이다. 의료 선교는 무조건적으로 관대함을 베풀거나 가부장적 방식으로 물질적 도움을 주기보다 선교의 궁극적인 목적을 잘 이해하여 지혜롭고 현명하게 행해야 한다. 의료 선교는 예수 그리스도와의 관계를 총체적으로 드러내고 또 현지 사람들과 깊은 관계를 이루어 복음을 나누어야 한다. 벤더-사무엘은 기독교 선교의 핵심 주제인 제자도와 연관하여 관계의 중요성을 다음과 같이 설명한다.

> 제자도에서 관계에 초점을 맞추는 것은 현지 언어, 전략과 기술을 익히는 노력과 함께 선교 사역의 축소주의에 대한 강한 해독제가 된다. 이것은 정책이나 프로그램으로 변혁을 일으키려는 유혹에 대한 효과적인 방어 수단이기도 하다. 회복을 위한 하나님의 사역의 중심에는 하나님과 살아 있는 관계를 누리는 사람들이 있다. 그들은 예수님이 가르치신 모든 것

에 순종하는 것을 배우며, 그의 주 되심을 경험하면서 성장해 간다.[57]

샬롬은 항상 예수 그리스도를 통한 하나님의 구속 사역에 의해 회복된 관계 가운데 현실화되기 때문에 사람들과 장기적이고 친밀한 관계를 맺지 않고서는 제자 삼는 일도 일어나지 않을 뿐만 아니라 기독교 선교도 없다. 하나님은 그분과 친밀한 관계를 누리는 그분의 백성과 교회를 하나님의 선교에 초대하시는데, 그분의 백성은 하나님의 초대에 기쁨으로 참여하여 진정한 샬롬을 누리게 된다.

교회는 항상 공동체적이다. 사람들은 복음의 메시지에 진심으로 반응하여 그들의 세계관에 있어서 변혁을 경험하게 되고, 변화된 삶을 통해 지역 사회에 변혁을 일으킨다. 예수 그리스도와 친밀한 관계를 누리는 성도는 항상 잃어버린 영혼에게 복음을 전하고자 하는 열망을 가진다. 서양 의학 교육 체계에 영향받은 의료 선교는 단지 치료받아야 하는 개인적인 의료적 문제들과 질병들, 그리고 개인적인 진리와의 조우에만 초점을 맞추는 경향이 있다. 만약 개인적인 변화가 그들이 속한 지역 사회에 변화를 일으키는 데까지 자라지 않는다면 이는 진정한 복음적 변화가 아니다. 개인 위생에 대한 보건 교육을 통해 개개인의 위생 관념에 변화가 있다 하더라도 지역 사회 전체로 확대되어 많은 사람과 주변 환경까지 변화되지 않는다면 효과적인 결과를 볼 수 없는 것과 마찬가지다. 이런 관점에서 의료 선교는 광범위하고 지속 가능한 변혁을 일으키는 적절한 전략을 가지고 개인과 지역 사회에 접근해야만 한다.

4장 한눈에 보기

- 하나님은 온 세계가 하나님 보시기에 공평하고 정의롭게 되기 위해 그분의 창조 세계뿐만 아니라 모든 민족과 사람들 안에서 능동적으로 일하신다. 또한 그리스도 예수를 통해 거룩한 회복 계획을 세우셨고, 하나님으로부터 인간을 빼앗으려는 끊임없는 사탄의 계략에도 불구하고 하나님은 승리와 회복을 약속하셨다. 그리고 그분의 약속을 성취하는 도구로 교회를 세우시고, 온 세상에 그리스도의 복음이 전해질 수 있도록 부르셨다.
- 의료 선교 역시 세상을 회복하는 하나님의 선교에 부름받았고, 특별히 아랍 세계에서 고통받고 있는 많은 사람에게 하나님의 사랑과 회복의 복음을 나누도록 부르셨다.
- 선교사들을 보내기 위해서는 몇 가지 실제적인 단계가 있어야 한다. 선교 단체와 주파송 교회, 선교 공동체로서의 재정 및 기도 후원자들, 현지 사역을 위한 적절한 기반 발견 등과 같은 복잡한 과정이 있지만, 이런 준비는 큰 실패 없이 주어진 선교 사역을 잘 성취할 수 있도록 해준다.
- 의심할 여지 없이 의료 선교는 지난 역사 동안 아픈 사람들, 그리고 소외된 사람들과 함께하면서 겸손하게 비천한 위치를 취함으로써 하나님의 선교에서 중요한 역할을 해왔다.
- 의료 사역을 통해 잃어버린 많은 영혼에게 복음이 전해졌고, 교회가 세워졌다. 그럼에도 불구하고 지금 이 순간에는 의료 선교가 잘해 온 것들과 그러지 못한 것을 겸손히 반성하여, 현 상황에 대한 더욱 깊은 이해로 많은 사람이 샬롬을 누릴 수 있도록 더욱 성경적이고 실제적인 방법들을 강구해야 한다.

나가는 말

이 세계에 대한 하나님의 궁극적인 열망은 모든 사람과 전 창조 세계가 주 예수 그리스도를 통하여 샬롬을 누리는 것이다. 하나님은 예수 그리스도를 통해 온전하게 회복될 새로운 창조 세계에 사람들을 초대하시고, 모든 그리스도인을 이러한 하나님의 선교에 참여하도록 부르신다. 많은 사람은 과학의 발전과 일상의 편리를 추구하며 행복해지기 원하면서도 자신의 깊은 고통은 물질적 쾌락 및 소비주의에 숨겨 왔다. 또한 개인주의와 더불어 자민족 또는 국가 중심주의는 전 세계의 정치, 경제, 사회, 문화에 더욱 광범위한 영향을 끼치고 있다. 이런 상황에서 오히려 많은 나라와 민족은 기독교에 강한 장벽을 쌓고 있어, 전 세계 교회는 잃어버린 백성들과 하나님의 복음을 나누는 데 큰 도전을 맞고 있다.

전쟁과 폭력, 그리고 그로 인한 절망이 가득 찬 아랍 세계에서 살아가고 있는 많은 사람은 기독교 선교를 통해 그들의 상처를 치유해 주시는 하나님의 능력을 경험하고 그분이 베풀어 주시는 샬롬을 누릴 수 있어야 한다. 기독교 선교는 사람들이 하나님의 은혜와 용서를 경험할 수 있도록 돕고, 다친 몸과 마음이 치유를 얻을 수 있도록 그들의 진정한 가족이 되어야 한다. 사랑과 의로움으로 가득한 하나님의 통치가 창조 세계에 대한 그분의 근본적인 열망인 샬롬을 그리스도를 통해 회복하실 것인데, 하나님은 이를 하나님의 백성과 함께 협력하여 이루어 가시는 방법을 선택하셨다. 하나님은 전 창조 세계, 그리고 모든 나라와 더불어 화해하기를 원하시고, 잃어버린 사람들에게 이러한 소식을 나누는 그분의 선교에 그분의 백성이 함께하도록 초대하신다. 기독교 선교는 이러한 하나님의 선교에 대한 궁극적인 목적, 즉 잃어버린 사람들이 그리스도를 통하여 그들 삶의 전 영역이 회복됨으로 말미암아 진정한 샬롬을 경험하고 누리도록 돕는 것임을 매 순간 분명하게 기억해야 한다.

아랍 세계의 대부분 지역은 이슬람에 의해 지배되고 있고, 이슬람의 가르침과 문화는 이 지역 사람들의 삶과 가치관에 깊숙이 침투해 있다. 질병과 건강에 대한 문제로 좁혀서 생각해 봐도 질병 치유를 위한 민속적 행위는 이슬람의 가르침과 연결되어 이 지역에 광범위하게 퍼져 있음을 알 수 있다. 기독교 타문화권 선교는 이러한 행위 이면에 있는 무슬림들의 세계관을 깊이 이해하여 그 문화에서 잘 이해될 수 있는 방법으로 복음의 본질과 능력을 전할 수 있어야 한다. 특히 질병 치유에 관하여 꾸란과 전통적인 이슬람의 가르침에 강한 영향을 받은 무슬림들을 대할 때 성경적 치유의 개념을 잘 이해하고 있는 것은 매우 중요하다.

하나님의 치유 능력은 초대 교회 이후 사라져 버린 것이 아니라, 잃어버린 사람들을 하나님 나라에 초대하는 하나님의 선교 가운데 계속해서 중요한 역할을 하고 있다. 무슬림들이 복음을 받아들이는 데 있어 능력 조우가 의미 있는 영적 전환점이 된다는 것은 어느 누구도 부인할 수 없는데, 이에 뒤따르는 진리 조우는 모든 창조 세계에 대한 그리스도의 주 되심을 인식함으로써 그들의 삶의 전 영역에 변혁이 일어나도록 한다. 의료 선교는 민속적 이슬람에 영향받은 무슬림들에게 복음을 나누는 과정에서 사탄의 영적 세력에 대항하는 능력 조우 사역에도 참여해야 하지만, 항상 이런 사역이 성경적으로뿐만 아니라 현대 과학에 근거한 의학적으로도 적절한지 신중하게 검토하며 접근해야 한다.

여호와 라파(Jehovah Rapha),[1] 전능하신 하나님만이 진정한 치료자시고, 그리스도를 통해 그분의 사랑과 진리를 모르는 사람들의 모든 고통과 괴로움을 치료해 주기 원하시는 분이다. 의료 선교는 질병과 죽음에 대한 두려움으로 고통받는 사람들이 하나님의 진정한 샬롬을 누릴 수 있도록 돕는 역할을 하고, 그 가운데 하나님 한 분만이 변함없이 신뢰할 수 있는 분이라는 것을 우리는 항상 경험하고, 또 고백하게 된다.

의료 선교는 타문화권 선교의 가장 중요한 부분으로 하나님의 선교에 참여하는 전 세계의 교회를 섬긴다. 총체적 선교의 개념은 의료 선교가 타문화권 상황에서 어떤 역할을 해야 하는지 정확하게 규정할 수 있도록 해주고, 전인적 치유의 원칙을 그 사역에 적용할 수 있도록 중요한 영향을 끼쳐 왔다. 의료 선교가 타문화권 상황에서 현재 진행되는 사역들에 대한 성경적 통찰 없이는 하나님이 주신 소중한 자원을 모두 소모하고도 바람직하지 않은 결과를 볼 수밖에 없음을 기억해야 한다. 의료 선교는 현지에 바람직하지 못한 여러 결과를 일으킨 전통적 개발 사역의 틀에 박힌 관점을 적절하게 비판하고, 전인 치유의 총체적 접근 방법을 실천하여 하나님의 정의와 사랑을 나누는 더 나은 선교의 도구가 되어야 한다. 비록 의료 선교가 진행되는 현지 상황들이 매우 다양하기 때문에 그 원칙들을 적용하는 데 어려움이 있겠지만 그럼에도 의료 선교는 하나님의 지혜를 간구하며 성경적 원칙들에 기초한 최선의 방법을 찾는 데 헌신해야 한다.

지난 수십 년간 의료 선교 사역이 어떻게 아랍 지역에 영향을 주었으며, 현재 어떠한 도전들을 맞이하고 있는지 살펴보았다. 의료 선교의 리더들은 확실한 선교적 영향을 얻기 위해 그들의 상황에 따른 구체적인 목적과 목표를 세우고 이를 함께 공유하는 노력을 해야만 한다. 사역의 동역자들 가운데 정확하고 이해하기 쉬운 목적과 목표가 지속적으로 공유되지 않으면, 시간이 지나면서 그 사역이 제대로 진행되지 않을 뿐만 아니라 목표를 이루고자 하는 개인적인 동기와 능력도 서서히 잃어버리게 된다. 하나님은 여전히 선교 공동체의 연약함조차 사용하시지만 의료 선교는 복음의 우수성을 추구하기 위해 그동안 어떤 부분을 잘했는지, 그리고 잘못했는지를 기도함으로 겸손하게 돌아보아야 한다.

Y국과 레바논이라는 아주 다른 상황들 가운데 진행한 개인적인 의료 선교의 경험을 정리했는데, 이는 의료 선교 사역의 발전에 유용한 정보라고 생각한다. 현재 의료 선교가 당면한 가장 심각한 도전들 중 하나는 두말할 필요도 없이 선교 사역의 지속 가능성에 대한 문제다. 지속 가능성에 대한 문제는 기독교 선교 원칙과 전략의 모든 면에 연관되어 있는데, 이는 현지 토착 리더십 개발, 선교 사역에 대한 소유권 문제, 현지에서 발견 가능한 자원을 이용하는 접근 방법, 강한 협력 관계 구축을 통한 자립 등과 같은 모든 중요한 과제가 사역이 진행되는 모든 과정 중에 전략적으로 계획되고 실천되어야 함을 의미한다. 의료 선교는 현지 관계자들과의 친밀한 관계 형성을 통해 현지 보건 의료 시스템을 강화하는 데 헌신하여

장기적으로 지속 가능한 선교 사역이 되도록 노력해야 한다.

 수십 년 전과는 달리 늘어나는 유지 비용으로 말미암아 큰 규모의 선교 병원들은 많은 어려움을 겪고 있고, 이런 어려움이 지속적으로 성경적인 가치를 가지고 현지 지역 사회에 영향을 끼치는 데 한계를 드러내고 있다. 그러므로 의료 선교의 선교적 원칙과 가치에 잘 맞고, 현지 상황에 기초한 장기적 지속 발전 계획이 없다면, 큰 규모의 종합 병원이나 의과 대학을 세워 운영하는 것은 의료 선교의 실천적 방법으로 더 고려되어서는 안 된다.

 또한 의료 선교는 그 모든 활동 가운데 성경적 가치들을 잘 반영해야 하는데, 현지의 소외된 사람들을 의료를 통해 섬기면서 복음을 나눈다는 이유로 현지 사회에 대한 불법적이고 비윤리적인 행위를 합리화해서는 안 된다. 이런 모습은 특히 현지 상황에 대한 충분한 인식 없이 진행되는 단기 의료 선교 활동에서 흔히 발견되는데, 전 세계 교회는 이에 대한 적극적인 반성과 더불어 더 나은 전략을 모색해야 한다. 의료 선교는 현지 보건 의료의 궁극적 책임이 현지 보건 의료 시스템과 현지 교회에 있다는 것을 정확하게 인식하고, 그 역할을 현지 보건 의료 시스템의 역량을 강화하는 데 두어야 한다. 현재 의료 선교가 당면한 많은 도전은 상당히 극복하기 어렵다고 할 수 있지만, 오히려 이런 도전은 더욱 성경적인 방법으로 현지 교회와 사람들을 섬길 수 있도록 해주는 다양한 방법을 찾게 한다.

 하나님은 전 세계 교회를 부르셔서 그분의 잃어버린 사람들을 섬기고 말씀을 선포하여 담대하게 하나님 나라를 드러내도록 요청하셨다. 그리고 하나님의 백성인 교회는 아랍 지역의 무슬림들에게 복음을 나누는 하나님의 선교에 신실하게 참여해 왔다. 신실한 하나님 자녀들의 헌신은 성령님의 능력을 통하여 전 세계 교회가 더욱 그리스도를 닮아 가도록 해주고, 사랑이 풍성한 하나님의 공동체 안에서 진정한 샬롬을 누리도록 해준다. 이 가운데 의료 선교는 육체적, 정서적, 영적 필요에 처한 사람들, 하나님의 사랑을 누리지 못함으로 말미암아 두려움과 증오 가운데 고통받는 사람들을 계속해서 섬기길 원한다.

    의료 선교에 참여하는 모든 사람이 하나님의 신실한 청지기로 살아가고 하나님의 선교를 위한 효과적인 도구가 되기 위해서는 그들의 선교 원칙과 방법을 더욱 조심스럽게 평가하고 발전시켜야 한다. 선교 병원, 수련 프로그램, 지역 사회 개발 프로젝트, 긴급 구호 등 다양한 사역의 장점과 단점에 대한 더 깊은 연구가 필요하고, 이러한 연구와 실천은 복음의 메시지가 하나님의 선교에 참여하는 모든 교회에 변혁적인 영향을 끼칠 수 있도록 도울 것이다.

참고 문헌

사전

Encyclopaedia Judaica. "Shalom Aleikhem," https://www.encyclopedia.com/religion/encyclopedias-almanacs-transcripts-and-maps/shalom-aleikhem (2018년 11월 27일 접속함).

English Oxford Living Dictionaries. "Islam." https://en.oxforddictionaries.com/definition/islam.

_____. "Peace." https://en.oxforddictionaries.com/definition/peace.

Merriam-Webster's Collegiate Dictionary, 11th ed. "Folk Medicine." Springfield, MA: Merriam-Webster, Inc., 2003.

Merriam-Webster Online Dictionary. "Bait and Switch." https://www.merriam-webster.com/dictionary/bait%20and%20switch.

_____. "Evil Eye." https://www.merriam-webster.com/dictionary/evil%20eye

Stanford Encyclopedia of Philosophy. "Fatalism." https://plato.stanford.edu/entries/fatalism

_____. "Miracles." https://plato.stanford.edu/entries/miracles/#ConDef.

Vocabulary.com. "Reductionism." https://www.vocabulary.com/dictionary/reductionism.

논문 & 도서 & 기고

Adamu, Umar F. *Medicine in the Qur'an and Sunnah: An Intellectual Reappraisal of the Legacy and Future of Islamic Medicine and Its Representation in the Language of Science and Modernity.* Ibadan: Safari Books Ltd, 2006.

"Affinity Bloc: Arab World." *Joshua Project.* https://joshuaproject.net/affinity_blocs.

Al-Jeraisy, Khaled. "Self-Ruqya Treatment: Do It Yourself Treat Your Family." http://www.muslim-library.com/dl/books/english_Self_Ruqya_Treatment.pdf.

Anderson, John E. "A Biblical and Economic Analysis of Jubilee Property Provisions." *Faith and Economics,* no. 46 (Fall, 2005): 25-41. https://pdfs.semanticscholar.org/8e0f/1f37009dbf571b680c193d0063432ed46f17.pdf.

Andrew, David. "Integral Mission, Relieve and Development." http://www.daveandrews.com.au/articles/Integral%20Mission%20in%20Relief%20and%20Development.pdf.

Ansari, Ali. "The Principles and Importance of Spiritual Healing in Islam." http://www.surrenderworks.com/library/abidance/inislam.html.

Arrahim, Bismillah A. "Ruqya: Qur'anic Treatment for Jadoo, Jinn, and Zazar." https://alruqya.wordpress.com.

Asar, Adam, *Peace of Mind and Healing of Broken Lives: Spiritual Healing for Body, Mind and Spirit through Qur'an – Diagnosis, Treatment Methods and Protection from Psychic Attack.* Chicago, IL: The Universal Mercy, 2010.

"Ash –Shaafee: The One Who Cures." *Understand Quran Academy.* http://understandquran.com/19384.html.

Ateeq, Mohammad, Shazia Jehan, and Riffat Mehmmod, "Faith Healing: Modern Health Care," *The Professional Medical Journal* 21, no. 2 (2014): 295-301. http://applications.emro.who.int/imemrf/Professional_Med_J_Q/Professional_Med_J_Q_2014_21_2_295_301.pdf.

Balmer, Randall. "Wheaton Declaration." in *Encyclopedia of Evangelicalism.* London: Westminster John Knox Press, 2002.

Barry, John D., et al. "Peace." in *The Lexham Bible Dictionary.* Bellingham, WA: Lexham Press, Logos Edition, 2016.

Bendor-Samuel, Paul. "Discipleship: Center of Mission." in *Discipleship: Reclaiming Mission's Strategic Focus,* edited by Melanie McNeal, 98-115. Kuala Lumpur, Malaysia: Grassroots Mission Publication, 2014.

―――. Paul. "Holistic Ministry in an Islamic Context: Initial Reflections." in *Doing Mission in the Arab World,* edited by John Stringer, 1-18. Grassroots Mission Publications, 2008.

Bernstein, Mark. "Fatalism." In *The Oxford Handbook of Free Will,* edited by Robert H. Kane, 65-83. New York, NY: Oxford University Press, 2002.

Bido, Jennifer, et al. "Sustainability Assessment of a Short-Term International Medical Mission." *The Journal of Bone and Joint Surgery* 97, no.11 (June 2015): 944-949. https://www.ncbi.nlm.nih.gov/pmc/articles/PMC4449340 .

Bonhoeffer, Dietrich. *God is in the Manger: Reflections on Advent and Christmas.* Louisville, KY: Westminster John Knox Press, 2012.

Booth, Beverley E. "Sustainability of Christian Mission Hospitals in India and Nepal: Impact of History." *Healthcare Mission Forum* (November 2002). https://www.cmf.org.uk/resources/publications/content/?context=article&id=2627.

Bourne, Phil. "The Hand cannot say to the Eye: 'I have no need of You': The Importance of the Local Church." *In Ministry of Reconciliation,* edited by John Stringer, 197-203. Bangalore, India: Grassroots Mission Publications, 2009.

Brand, Chad O., et al. "Peace." in *Holman Illustrated Bible Dictionary.* Nashville, TN: Holman Bible Publishers, Logos Edition, 2003.

Brocker, Mark S. *Coming Home to Earth.* Eugene, OR: Cascade Books, 2016.

Brown, Rick. "Contextualization without Syncretism." *International Journal of Frontier Missions* 23, no.3 (Fall, 2006): 127-133.

Buenting, Debra, "Evangelicals and Social Action: YWAM's Adoption of Kingdom Mission, Thy Kingdom Come: Proceedings of the 2008 ISFM Conference, Part II," *International Journal of Frontier Missiology* 26, no.1 (2009): 15-19.

Bunn, Alex and David Randall, "Health Benefits of Christian Faith," *CMF Files,* no. 44 (Easter, 2010) http://admin.cmf.org.uk/pdf/cmffiles/44_faith_benefits.pdf.

Butrin, JoAnn and A. Chadwick Thornhill. "Defining Poverty and Need," in *For the*

Love of God: Principles and Practices of Compassion in Missions. edited by Jerry M. Ireland. Eugene, OR: Wipf and Stock, Kindle Edition, 2017.

Calmet, Augustin, *Calmet's Great Dictionary of the Holy Bible: Historical, Critical, Geographical, and Etymological.* Charlestown: MA, Samuel Etheridge, 1812.

Carpenter, Eugene E. and Philip W. Comfort. "Peace." *Holman Treasury of Key Bible Words: 200 Greek and 200 Hebrew Words Defined and Explained.* Nashville, TN: Broadman & Holman Publishers, Logos Edition, 2003.

Carver, William O. "Keys, Power of." *The International Standard Bible Encyclopaedia*, Volumes 1-5, ed. James Orr, et al. Chicago, IL: The Howard-Severance Company, Logos Edition,1915.

Chedid, Bassam M. *Islam: What Every Christian Should Know.* Webster, NY: Evangelical Press USA, 2004.

Chepkemoi, Joyce. "Religious Beliefs in Yemen." *World Atlas.* https://www.worldatlas.com/articles/religious-beliefs-in-yemen.html.

"Chicago Declaration of Evangelical Social Concern (1973)" http://www.evangelicalsforsocialaction.org/about-esa/history/chicago-declaration-of-evangelical-social-concern.

Claxton, Robert. *A Christian Doctor Speaks on Healing.* Homebush West, Australia: Lancer Books, 1987.

Cohen-Mor, Dalya. *A Matter of Fate: The Concept of Fate in the Arab World as Reflected Modern Arabic Literature.* NY: Oxford University Press, 2001.

"Community Health Evangelism (CHE)." *CHE Network.* https://www.chenetwork.org/what.php.

"Community Health Evangelism (CHE)." *Medical Ambassadors International.* https://www.medicalambassadors.org.

Corbett, Steve and Brian Fikkert. *When Helping Hurts: How to Alleviate Poverty without Hurting the Poor and Yourself.* Chicago, IL: Moody Publishers, 2012.

Coulson, Noel J. "Shariah: Islamic Law" in *Encyclopaedia Britannica.* https://www.britannica.com/topic/Shariah.

Cowan, J. Milton, ed. Hans Wehr: *A Dictionary of Modern Written Arabic*, 4th ed. Wiesbaden, Germany: Otto Harrassowitz GmbH & Co. 1979.

"Creative Access Nations." *IBM Global.* http://www.ibmglobal.org/ministry/creative-access-nations.

Creswell, John W. *Qualitative Inquiry and Research Design: Choosing Among Five Approaches.* Thousand Oaks, Ca: SAGE Publications, 2007.

"Declaration on Integral Mission," *Micah Network.* http://www.micahnetwork.org/sites/default/files/doc/page/mn_integral_mission_declaration_en.pdf.

DeYoung, Kevin and Greg D. Gilbert, *What Is the Mission of the Church? Making Sense of Social Justice, Shalom, and the Great Commission.* Wheaton, IL: Crossway, 2011.

Dockery, David S. "Isaiah 9:1-7," in *Holman Concise Bible Commentary.* Nashville, TN: Broadman & Holman Publishers, Logos Edition, 1998.

Dodge, Huda. "*Shirk:* Associating Others with Allah." *ThoughtCo.* https://www.thoughtco.com/shirk-2004293.

_____ . "The Meaning of Da'wah in Islam." *ThoughtCo.* https://www.thoughtco.com/the-meaning-of-dawah-in-islam-2004196.

Elmer, Duane. *Cross-Cultural Connections: Stepping Out and Fitting in Around the World.* Downers Grove, IL: InterVarsity Press, 2002.

Elwell, Walter A. *Evangelical Commentary on the Bible, Vol. 3.* Grand Rapids, MI: Baker Book House, Logos Edition,1995.

Erickson, Millard J. *Introducing Christian Doctrine.* Grand Rapids, MI: Baker Book House, 2006.

Esposito, John L. "Islam and Political Violence,"in *Religion,* edited Peter Iver Kaufman. Prince Alwaleed Bin Talal Center for Muslim-Christian Understanding Georgetown University, Washington DC: 2015.1067-1081.

Evans, Christopher H. *The Social Gospel in American Religion: A History.* New York, NY: New York University Press, 2017.

Evans, Stephen C. "Relativism." in *Pocket Dictionary of Apologetics and Philosophy of Religion.* Downers Grove, IL: InterVarsity Press, Logos Edition, 2002.

Flanders, Christopher L. *About Face: Rethinking Face for 21st Century Mission.* Eugene,

OR: PICKWICK Publications, 2011.

Flemming, Dean. *Contextualization in the New Testament: Patterns for Theology and Mission.* Downers Grove, IL: InterVarsity Press, 2005.

Freeman, James M. *The New Manners and Customs of the Bible.* North Brunswick, NJ: Bridge-Logos Publishers, Logos Edition, 1998.

Gabriel, Mark A. *Islam and Terrorism: The Truth about ISIS, the Middle East, and Islamic Jihad.* Lake Mary, FL: Frontline, 2002.

Gaiser, Frederick J. *Healing in the Bible: Theological Insight for Christian Ministry.* Grand Rapids, MI: Baker Academic, 2010.

Geisler, Norman L. "Miracle." in *Baker Encyclopedia of Christian Apologetics.* Grand Rapids, MI: Baker Books, Logos Edition, 1999.

Gholipour, Bahar. "Supernatural 'Jinn' Seen as Cause of Mental Illness Among Muslims," (2014). https://www.livescience.com/47394-supernatural-jinn-mental-illness-islam.html.

Gilliland, Dean S. "Chapter 28: The Incarnation as Matrix for Appropriate Theologies," in *Appropriate Christianity,* edited by Charles H. Kraft. Pasadena, CA: William Carey Library, 2005.

Goheen, Michael W. "Gospel, Culture, and Cultures: Lesslie Newbigin's Missionary Contribution," in *Cultures and Christianity A.D. 2000* (International Symposium of the Association for Reformational Philosophy, 2000). http://missionworldview.com/wp-content/uploads/2011/06/Gospel-and-Culture-in-Newbigin.pdf.

Gomes, Gabriel J. *Discovering World Religions: A Guide for the Inquiring Reader.* Bloomington, IN: iUniverseInc., 2012.

Gorske, Arnold. "Harm from Drugs in Short-Term Mission: Review of the Medical Literature," *The Best Practices in Global Health Missions* (December, 2009). http://www.csthmbestpractices.org/resources/Harm+From+Drugs+in+Short-term+Missions.pdf.

Goss, Leonard G. "What is the Occult?" in *the Apologetics Study Bible: Real Questions, Straight Answers, Stronger Faith.* Nashville, TN: Holman Bible Publishers, Logos

Edition, 2007.

Greenall, John. "What is the Future of Medical Mission?" *Nucleus*, 46, no. 2 (May 2016): 6-10.

Greever, Joshua M. "Peace," in *The Lexham Bible Dictionary*. Bellingham, WA: Lexham Press, Logos Edition, 2016.

Grenz, Stanley J. and John R. Franke. *Beyond Fundamentalism: Shaping Theology in a Postmodern Context*. Louisville, KY: Westminster John Knox Press, 2001.

Grudem, Wayne. *Systematic Theology: An Introduction to Biblical Doctrine*. Leicester, UK: IVP, 1994.

Gumprecht, Jane D. *Holistic Health: A Medical and Biblical Critique of New Age Deception*. Moscow, Idaho: Ransom Press, 1986.

Hardiman, David, ed. *Healing Bodies, Saving Souls: Medical Missions in Asia and Africa*. New York, NY: Rodopi, 2006.

Hart, Henry C. *The Animals Mentioned in the Bible*. London, UK: The Religious Tract Society, Logos Edition, 1888.

"Hasanat Ruqya: Services of Spiritual Healing." http://hasanatruqya.com.

Hesselgrave, David J. *Communicating Christ Cross-Culturally: An Introduction to Missionary Communication*, 2nd ed. Grand Rapids, MI: Zondervan, 1991.

_____ . "Contextualization that is Authentic and Relevant," *International Journal of Frontier Missions* 12, no. 3 (1995): 115-119.

_____ . "Great Commission Contextualization," *International Journal of Frontier Mission* 12, no.3 (1995): 139-144.

_____ . *Planting Churches Cross-Culturally: A Guide for Home and Foreign Missions?* Grand Rapids, MI: Baker Book House Co., 1980.

Hesselgrave, David J. and Edward Rommen, *Contextualization: Meanings, Methods, and Models*. Pasadena, CA: William Carey Library, 2016.

Hesselgrave, David J. and Ed Stetzer, *Mission Shift: Global Mission Issues in the Third Millennium*. Nashville, TN: B&H Publishing Group, 2010.

Hiebert, Paul G. *Anthropological Insights for Missionaries*. Grand Rapids, MI: Baker books, 1985.

_____. *Anthropological Reflections on Missiological Issues*. Grand Rapids, MI: Baker Books, 1994.

_____. "The Flaw of the ExcludedMiddle," *Missiology* 10, no.1 (1982): 35-47.

Hiebert, Paul G., R. Daniel Shaw, and Tite Tienou, "Responding to Split-Level Christianity and Folk Religion," *International Journal of Frontier Mission* 16, no.4 (1999/2000): 173-182.

"How to Do *Istinja* – Part 2." *My Islam*. http://www.myislaam.com/fiqh/how-to-do-istinja-part2.

Hurst, Suzanne. "Best Practices in Compassionate Mission," in *For the Love of God: Principles and Practices of Compassion in Missions*. edited by Jerry M. Ireland. Eugene, OR: Wipf & Stock, Kindle Edition, 2017.

Hussain, Musharraf. *The Five Pillars of Islam: Laying the Foundations of Divine Love and Service to Humanity*. Leicestershire, UK: KUBE Publishing, 2012.

Hussnayn, Abu Ibraheem, "Ruqya-QA: The Official Ruqyah Website of Abu Ibraheem Hussnayn." http://www.ruqya-qa.co.uk/the-ruqya-plan.

Inchley, Valerie. "Medical Mission: What's the Future?" *Triple Helix* (Winter 2003) https://www.cmf.org.uk/resources/publications/content/?context=article&id=1084.

Institute for Economics & Peace. "Global Peace Index 2017: Measuring Peace in a Complex World." http://visionofhumanity.org/app/uploads/2017/06/GPI-2017-Highlights-1.pdf.

"Integral Mission," *Lausanne*. https://www.lausanne.org/networks/issues/poverty-and-wealth.

Ireland, Jerry M., ed. *For the Love of God: Principles and Practice of Compassion in Missions*. Eugene, OR: Wipf & Stock, Kindle Edition, 2017.

_____. ed. *Evangelism and Social Concerns in the Theology of Carl F. H. Henry*. Eugene,OR: Wipf & Stock, 2015.

"Islamic Method of Slaughtering," *Department of Halal Certification EU*. http://halalcertification.ie/islamic-method-of-slaughtering.

Johnson, Alan R. "Missions and Compassion," in *For the Love of God: Principles and Practices of Compassion in Missions,* edited by Jerry M. Ireland. Eugene, OR: Wipf & Stock, Kindle Edition, 2017.

Johnson, Jean. "Counterintuitive Missions in a McDonald's Age: Recovering the Apostolic, Incarnational Model to Integrating Gospel–As–Mission and Gospel–As–Deed", in *For the Love of God: Principles and Practice of Compassion in Missions* edited by Jerry M. Ireland. Eugene, OR: Wipf & Stock, Kindle Edition, 2017.

Jones, Francis P. "The Christian Church in Communist China," *Far Eastern Survey* 24, no. 12 (December, 1955). http://www.jstor.org/stable/3023787.

Kabbani, Hisham M. "Spiritual Healing in the Islamic Tradition." http://www.nurmuhammad.com/Dwnlds/harvardhealinglecture.pdf.

Kaltner, John. *Introducing the Qur'an: For Today's Reader.* Minneapolis, MN: Fortress Press, 2011.

Keene, Michael. *This is Islam.* Cheltenham, UK: Stanley Thornes, 1999.

Keener, Craig S. *Miracles: The Credibility of the New Testament Accounts.* Grand Rapids, MI: Baker Book House, 2011.

Kennard, Douglas W. *The Gospel.* Eugene, OR: Wipf & Stock, 2017.

Kennedy, D. James. *Led by the Carpenter: Finding God's Purpose for Your Life.* Nashville, TN: Thomas Nelson Publishers, 1999.

Khan, Maulana W. "The Concept of Peace in Islam", *CPS International Center of Peace and Spirituality* (2005). http://cpsglobal.org/content/concept-peace-islam.

Kim, Hark Yoo. "What Sort of Relationship Does the Sending Church Want with the Receiving Church?" In *Church and Mission: Partnership in Mutual Dependence,* edited by John Stringer, 81-98. Groningen, Netherlands: Grassroots Mission Publications, 2011.

Kim, Min Chul. "Missionary Medicine in a Changing World," *Evangelism and Missions Information Service (EMIS): Missio Nexus.* https://missionexus.org/missionary-medicine-in-a-changing-world.

Kim, Sophia. *"Sufism* in Egypt: The Shrine Culture of Cairo," in *Doing Mission in the Arab World*, edited by John Stringer, 105-117. Grassroots Mission Publications, 2008.

Kittel, Gerhard and Gerhard Friedrich, ed. *Theological Dictionary of the New Testament: Abridged in One Volume*. Grand Rapids, MI: William B. Eerdmans Publishing Company, 1985.

Kotze, Zacharias. "The Evil Eye of Sumerian Deities," *Asian and African Studies* 26, no.1 (2017): 102-115.

Kraft, Charles H., ed., *Appropriate Christianity*. Pasadena, CA: William Carey Library, 2005.

_____. *Power Encounter in Spiritual Warfare*. Eugene, OR:Wipf & Stock, 2017.

Landa, Apolos. "How Short-Term Missions Can Go Wrong," *International Journal of Frontier Missions* 20, no.4 (Winter, 2003): 104-118.

"The Lausanne Covenant." https://www.lausanne.org/content/covenant/lausanne-covenant.

Lazich, Michael C. *Seeking Souls through the Eyes of the Blind: The Birth of the Medical Missionary Society in Nineteenth-Century China*, edited by David Hardiman, 59-86. NY, NY: Rodopi B.V., 2006.

Langston, Scott and E. Ray Clendenen, "Sacrifice and Offering," in *Holman Illustrated Bible Dictionary*. Nashville, TN: Broadman & Holman Publishers, Logos Edition, 2003.

"Lebanon," *World Council of Churches*. https://www.oikoumene.org/en/member-churches/middle-east/lebanon.

"The Legacy of the Lausanne Movement: The Beginnings of the Lausanne Movement." https://www.lausanne.org/our-legacy (2018년 1월 26일 접속함).

Lemaire, Andre. "Who or What Was Yahweh's Ashera?" *BAR* 10, no. 06 (Nov-Dec, 1984). http://cojs.org/who-or-what-was-yahwehs-asherah.

Livermore, David A. *Serving with Eyes Wide Open: Doing Short-Term Missions with Cultural Intelligence*. Grand Rapids, MI: Baker Books, 2006.

Livingstone, Greg. *Planting Churches in Muslim Cities: A Team Approach.* Grand Rapids, MI: Baker Book House Co., 1993.

Longman, T. III., et al. ed. "Sacrifice and Offering," in *The Baker Illustrated Bible Dictionary.* Grand Rapids, MI: Baker Books, Logos Edition, 2003.

Love, Richard D. "Church Planting Among Folk Muslims," *International Journal of Frontier Missions* 11, no.2 (April, 1994): 87-91.

Love, Rick. *Muslims, Magic, and the Kingdom of God: Church Planting among Folk Muslims.* Pasadena, CA: William Carey Library, 2000.

Maclean, Ruth. "Crisis Engulfs Gabon Hospital Founded to Atone for Colonial Crimes: Institution Launched by Novel Prize Winner Dr. Albert Schweitzer on Brink of Closure as Funding Woes and Racism Dispute Take Toll." In *The Guardian, International Edition* (September 7, 2016). https://www.theguardian.com/world/2016/sep/07/gabon-hospital-albert-schweitzer-atone-colonial-crimes-funding-racism-allegations.

Manser, Martin H. *Dictionary of Bible Themes: The Accessible and Comprehensive Tool for Topical Studies.* London, UK: Logos Edition, 2017.

"Mapping the Global Muslim Population." *Pew Research Center.* http://www.pewforum.org/2009/10/07/mapping-the-global-muslim-population.

Martin, John A. "Isaiah." In *The Bible Knowledge Commentary: An Exposition of the Scriptures,* edited by John F. Walvoord and Roy B. Zuck. Wheaton, IL: Victor Books, 1985.

Mathews, Ed. "History of Mission Methods: A Brief Survey." *Journal of Applied Missiology* 1, no.1. http://web.ovc.edu/missions/jam/histmeth.htm.

McGonigal, Terry. "If You Only Knew What Would Bring Peace: Shalom Theology as the Biblical Foundation for Diversity," *Council for Christian Colleges & Universities* (2009). https://www.cccu.org/filefolder/2009_CMD_Shalom_theology.pdf.

McNeil, Melanie. "Mission Paradigms: Is Discipleship Important?" in *Discipleship: Reclaiming Mission's Strategic Focus,* edited by Melanie McNeal, 48-97. Kuala Lumpur: Grassroots Mission Publications, 2014.

Melby, Melissa K., et al. "Beyond Medical 'Missions' to Impact-Driven Short-Term Experiences in Global Health (STEGHs): Ethical Principles to Optimize Community Benefit and Learner Experience." *Academic Medicine*, 1-6. https://www.nafsa.org/_/File/_/2016colloquia/2016_health_missions.pdf.

Migliore, Sam. *Mal'uocchiu: Ambiguity, Evil Eye, and the Language of Distress*. Toronto, Canada: University of Toronto Press Inc., 1997.

Miller, Darrow L. *Discipling Nations: The Power of Truth to Transform Cultures*. Seattle, WA: YWAM Publishing, 2001.

"Millennium Development Goals," *The United Nations*. http://www.undp.org/content/undp/en/home/sdgoverview/mdg_goals.html.

"Mi`raj," in *Encyclopaedia Britannica*. https://www.britannica.com/event/Miraj-Islam.

Mish, Frederick C. "Peace," in *Merriam-Webster's Collegiate Dictionary*, 11th ed. Springfield, MA: Merriam-Webster, Inc., 2003.

Moon, Luke S. "Cases of Comprehensive Disciple-Making (Discipling) in the Workplace of CAR Muslim Context." In *Discipleship: Reclaiming Mission's Strategic Focus*, edited by Melanie McNeal, 192-207. Kuala Lumpur, Malaysia: Grassroots Mission Publication, 2014.

Moreau, A. Scott. *Contextualization in World Missions: Mapping and Assessing Evangelical Models*. Grand Rapids, MI: Kregel Publications, 2012.

Moreau, A. Scott, Evvy Hay Campbell, and Susan Greener. *Effective Intercultural Communication: A Christian Perspective*. Grand Rapids, MI: Baker Academic, 2014.

Moreau, A.Scott, Gary R. Corwin, and Gary B. McGee. *Introducing World Missions: A Biblical, Historical, and Practical Survey*. Grand Rapids, MI: Baker Academic, 2004.

Muhaiyaddeen, M. R. *Bawa, Islam and World Peace: Explanations of a SUFI*. Philadelphia, PA: The Fellowship Press, 1987.

Munson, Robert H. "Changing Priorities and Practices in Christian Missions: Case Study of Medical Missions." https://www.slideshare.net/bmunson3/changing-priorities-in-christian-missions.

Muslimah, "The Healing Powers of the Names of Allah." https://amuslimsistermaria200327.wordpress.com/2010/05/14/the-healing-powers-of-the-names-of-allah.

Musk, Bill. *The Unseen Face of Islam: Sharing the Gospel with Ordinary Muslims at Street Level.* Grand Rapid, MI: Monarch Books, 2003.

Myers, Bryant L. *Walking with the Poor: Principles and Practices of Transformational Development.* Maryknoll, NY: Orbis Books, 1999.

Newbigin, Lesslie. *Foolishness to the Greeks: The Gospel and Western Culture.* Grand Rapids, MI: W.B. Eerdmans Pub., 1986.

Newell, James. "Asherah, Asherim or Ashera" in *Holman Illustrated Bible Dictionary.* Nashville, TN: Holman Bible Publishers, Logos Edition, 2003.

Odeh, Lemuel Ekedegwa. "A Comparative Analysis of Global North and Global South Economies." *Journal of Sustainable Development in Africa* 12, no.3 (2010): 338-348.

"One Race, One Gospel, One Task," *The World Congress on Evangelism 1966.* http://www2.wheaton.edu/bgc/archives/berlin66.htm.

Oyewole, Yahya. "Healing in Islam, Continuity + Change: Perspectives on Science and Religion." University of Maiduguri (2006). http://irfi.org/articles3/articles_4201_4300/healing%20in%20islamhtml.htm.

Padilla, Rene. "Integral Mission and Its Historical Development." http://formacaoredefale.pbworks.com/f/Integral+Mission+and+its+Historical+Development_Ren%C3%A9+Padilla.doc.

Palmer, Jeff and Lynda Hausfeld, "Compassion and Unreached People Groups." In *For the Love of God: Principles and Practice of Compassion in Missions* edited by Jerry M. Ireland. Eugene, OR: Wipf & Stock, Kindle Edition.

Parshall, Phil. *Bridges to Islam: A Christian Perspective on Folk Islam.* Grand Rapids, MI: Baker Book House. 1983.

_____ . *Muslim Evangelism: Contemporary Approaches to Contextualization.* Downers Grove, IL: InterVarsity Press, 2003.

_____ . *The Cross and the Crescent; Understanding the Muslim Heart and Mind.*

Waynesboro, GA: Authentic, 2002.

Pelaia, Ariela. *Learn About the Hamsa Hand and What It Represents: Find out About This Protective Talisman Guarding Against Evil.* https://www.thoughtco.com/what-is-a-hamsa-2076780.

Qamar, Azher H. "Belief in the Evil Eye and Early Childcare in Rural Punjab, Pakistan." *Asian Ethnology* 75, no. 2 (2016): 397-418.

"Observance of *Salat* – Daily Prayers." *Understanding Islam.* https://free-islamic-course.org/stageone/stageone-module-2/observance-salat-daily-prayers.html.

Qureshi, Nabeel. *No God But One: Allah or Jesus?* Grand Rapids, MI: Zondervan, 2016.

Reimer, Johannes and Zuze Banda. "Doing Mission Inclusively." *Herv.teol.stud.* 72, no. 1 (2016). http://www.scielo.org.za/scielo.php?script=sci_arttext&pid=S0259-94222016000100016.

The Religion of Peace. "What Makes Islam So Different: What Does Islam Teach About Violence." https://www.thereligionofpeace.com/pages/quran/violence.aspx.

Ritzer, George. *The McDonaldization of Society: 20th Anniversary Edition.* Thousand Oaks, CA: SAGE Publications, Inc., 2013.

Sahih Bukhari. "Book 55: Prophets, Hadith Number 549, Volume 4." http://www.gowister.com/sahihbukhari-4-549.html.

Said, Chrystal. *Muslim Southern Belle Guide for Teens.* Houston, TX: Pink Hijab Publishing, 2017.

Sanders, Fred. "The Kingdom in Person." http://scriptoriumdaily.com/the-kingdom-in-person.

Schimmel, Annemarie. "*Sufism:* Islam," in *Encyclopaedia Britannica.* https://www.britannica.com/topic/Sufism.

Schwartz, Glenn. "Short-Term Medical Missions: A Summary of Experiences." *Latin American Theology* 2, no. 2 (2006): 27-34.

Scofield, C. I., ed. *The Scofield Reference Bible: The Holy Bible Containing the Old and New Testaments.* New York, NY: Oxford University Press, Logos Edition, 1917.

Shah, Niaz A. "The Use of Force under Islamic Law." *European Journal of International*

Law 24, no.1 (February 2013): 343-65.

Sherali, Hanif D. *Spiritual Discourses.* Bloomington, IN: AuthorHouse LLC, 2014.

Snodderly, Beth. "Shalom: The Goal of the Kingdom and of International Development," *International Development from a Kingdom Perspective,* edited by James Butare-Kiyovu. Pasadena, CA: WCIU Press, 2010.

Sourdel, Dominique, Sourdel-Thomine, Janine. *A Glossary of Islam.* Edinburgh, UK: Edinburgh University Press, 2007.

Srinivasan, Lysa. *Tools for Community Participation, A Manual for Training Trainers in Participatory Techniques.* Washington, DC: PROWWNESS/UNDP, 1990.

Steyne, Philip M. *In Step with the God of the Nations.* Columbia, SC: Impact International Foundation, 1999.

Stockwell, Clinton. "Fundamentalisms and the Shalom of God: An Analysis of Contemporary Expressions of Fundamentalism in Christianity, Judaism and Islam." *ERT* 36, no.3 (2012): 266-279.

Stringer, John. "Two for a Tango: The Delicate Relationship Between Church and Mission." *Church and Mission: Partnership in Mutual Dependence,* edited by John Stringer, 15-24. Groningen, Netherlands: Grassroots Mission Publications, 2011.

Strong, James. *The New Strong's Concise Dictionary of Bible Words.*

Stott, John R. W., ed. *Making Christ Known: Historic Mission Documents from the Lausanne Movement,* 1974-1989. Grand Rapids, MI: W.B. Eerdmans Pub., 1997.

Strand, Mark A. "Medical Missions in Transition: Taking to Heart the Results of the PRISM Survey." *Christian Medical and Dental Association* (September,2011) https://www.cmda.org/library/doclib/Prism-Survey-2011.pdf.

"Sustainable Development Goals." *The United Nations.* https://sustainabledevelopment.un.org/?menu=1300.

"Sustainable Development, Knowledge Platform: Multi-stakeholder partnerships and voluntary commitments." *The United Nations.* https://sustainabledevelopment.un.org/sdinaction.

Swanson, James A. *Dictionary of Biblical Languages with Semantic Domains: Aramic, Old Testament.* Oak Harbor: Logos Research Systems, Inc., 1997.

_____. *Dictionary of Biblical Languages with Semantic Domains: Hebrew, Old Testament,* Oak Harbor: Logos Research Systems, Inc., 1997.

Swartley, Keith E., ed., *Encountering the World of Islam.* Colorado Springs, CO: Authentic Publishing, 2008.

Swartley, Willard M. *Covenant of Peace: The Missing Peace in New Testament Theology and Ethics.* Grand Rapids, MI: Wm. B. Eerdmans Publishing Co., 2006.

"TB Treatment – TB cure, how is TB cured, TB drugs, treatment duration." TBFACTS.ORG: *Information about Tuberculosis.* https://www.tbfacts.org/tb-treatment.

Teague, David P. "Integral Mission: A Truer Theological Foundation." in *Ministry of Reconciliation,* edited by John Stringer, 13-26. Groningen, Netherlands: Grassroots Mission Publications, 2009.

Tennent, Timothy C. *Invitation to World Missions: A Trinitarian Missiology for the Twenty-first Century.* Grand Rapids, MI: Kregel Publications, 2010.

"The Theology of Medical Mission." *Rendle Short Lecture,* April 2002. https://www.cmf.org.uk/doctors/miscellaneous/working-overseas/rsl-2002-medical-mission.

"Three Self Church: China's Three Self Church." http://www.billionbibles.com/china/three-self-church.html.

Tripathi, Mayank. Salvadora Persica L. *"Miswak:* An Endangered Multipurpose Tree of India" (Indian Journal of Plant Sciences) 5 no. 3 (July-September, 2016): 24-29. https://www.researchgate.net/profile/Mayank_Tripathi5/publication/308951379_SALVADORA_PERSICA_L_MISWAK_AN_ENDANGERED_MULTIPURPOSE_TREE_OF_INDIA/links/57f9bb-9f08ae8da3ce5a15b8/SALVADORA-PERSICA-L-MISWAK-AN-ENDANGERED-MULTIPURPOSE-TREE-OF-INDIA.pdf.

Turner, David L. "Whom Does God Approve: The Context, Structure, Purpose, and Exegesis of Matthew's Beatitudes." *Grand Rapids Baptist Seminary.* https://faculty.gordon.edu/hu/bi/ted_hildebrandt/ntesources/ntarticles/ctr-nt/turner-beatitudes-ctr.htm.

Tursunova, Zulfiya, et al. "Cultural Patterns of Health Care Beliefs and Practices among Muslim Women in Uzbekistan." *Health, Culture and Society* 6, no.1 (2014): 47-61.

UNHCR: Figures at a Glance. http://www.unhcr.org/figures-at-a-glance.html (2020년 10월 2일에 접속함).

UNHCR: Syria: Internally Displaced People. http://www.unhcr.org/sy/29-internally-displaced-people.html (2020년 10월 2일에 접속함).

UNHCR: Syria Regional Refugee Response: Inter-Agency Information Sharing Portal. http://data.unhcr.org/syrianrefugees/country.php?id=122 (2020년 10월 2일에 접속함).

UNHCR: Syria Regional Refugee Response, Operational Portal: Refugee Situations. https://data2.unhcr.org/en/situations/syria (2020년 10월 2일에 접속함).

United Lutheran Church in America. *Anointing and Healing*. Philadelphia, PA: United Lutheran Church Board of Publication,1962.

"Urban CHE Overview: Community Health Evangelism." *Medical Ambassadors International*. http://www.medicalambassadors.org/wp-content/uploads/2016/01/Urban-CHE-Overview-09-2013.pdf (2018년 1월 27일에 접속함).

VanRheenen, Gailyn. *Communicating Christ in Animistic Context*. Pasadena, CA: William Carey Library, 1991.

Walter, Suzan."Holistic Health." https://ahha.org/selfhelp-articles/holistic-health.

Walker, W. L. "Peace," in *The International Standard Bible Encyclopaedia*, edited by James Orr, et al. Chicago, IL: The Howard-Severance Company, 1915.

Wang, Chuanxin."Holistic Health Definition: The Essential Elements." http://www.amcollege.edu/blog/the-essential-elements-that-define-holistic-health.

Weddle, David L. *Miracles: Wonder and Meaning in World Religions*. New York, NY: New York University Press, 2010.

Wehr, Hans. *A Dictionary of Modern Written Arabic,* 4th ed. Wiesbaden, Germany: Otto Harrassowitz GmbH & Co. 1979.

"What are Hadith?" *WhyIsalm*. https://www.whyislam.org/prophet-muhammad/hadith.

"What is Haram?" *Halal Certification Services: Live Halal-Choose Halal*. http://www.halalcs.org/halal-explained/what-is-haram.html.

"Wheaton Declaration: The Congress on the Church's Worldwide Mission." In *International Review of Mission* 55, no. 220 (October 1966): 458-476.

WHO. "Constitution of the World Health Organization, WHO Basic Documents", 45th ed., *Supplement* (2006). http://www.who.int/governance/eb/who_constitution_en.pdf.

"Who was Edgar Cayce?" *Edgar Cayce's Association for Research and Enlightenment*, https://www.edgarcayce.org/edgar-cayce/his-life.

Wiersbe, Warren W. *The Bible Exposition Commentary*, Vol. 1. Wheaton, IL: Victor Books, 1996.

Wilkinson, John. "Making Men Whole: The Theology of Medical Missions," The Maxwell Memorial Lecture for 1989. London, UK: Christian Medical Fellowship, 1990.

Winter, Ralph. "The Two Structures of God's Redemptive Mission," *Missiology: An International Review* 2, no. 1 (January,1974): 121-139

Woodberry, J. Dudley. *Muslims & Christians on the Emmaus Road: Crucial Issues in Witness among Muslims*. Monrovia, CA: MARC Publications, 1989.

Woodward, Kenneth L. *The Book of Miracles: The Meaning of the Miracle Stories in Christianity, Judaism, Buddhism Hinduism, and Islam*. New York, NY: Simon & Schuster, 2000.

"The World of *Jinn*: A Brief Introduction about the Existence and Abilities of *Jinn*." *The Religion of Islam*, 2009. https://www.islamreligion.com/articles/669/viewall/world-of-jinn.

Wright, Christopher J. H. *The mission of God: Unlocking the Bible's Grand Narrative*. Downers Grove, IL: IVP Academic, 2006.

"*Wudu* Steps – How should a Muslim Perform *Wudu* or Ablution?" *IqraSense*. http://www.iqrasense.com/salat-prayers/how-should-a-muslim-perform-wudu-or-ablution.html.

Yamamori, Tetsunao. "Christian Health Care and Holistic Mission," *International Journal of Frontier Missions* 18, no. 2 (Summer 2001): 98-103.

Yassin, Nasser. *101 Facts & Figures on the Syrian Refugee Crisis.* Issam Fares Institute for Public Policy and International Affairs: American University of Beirut (Beirut, 2018).

Yoder, Perry B. *Shalom: The Bible's Word for Salvation, Justice, and Peace.* Eugene, OR: Wipf & Stock, 1997.

Yucel, Salih, *Prayer and Healing in Islam.* Clifton, NJ: Tughra Books, 2010.

Zaharna, R. S. "An Associative Approach to Intercultural Communication Competence in the Arab World," 181. https://www.researchgate.net/publication/278157448_An_Associative_Approach_to_Intercultural_Communication_Competence_in_the_Arab_World.

주

들어가는 말

1 성경에서 샬롬은 평화, 번영, 완전, 안전, 그리고 구원과 같은 다양한 의미를 가지고 있다. James Strong, "shalom," in *The New Strong's Concise Dictionary of Bible Words*.

2 아랍 지역(the Arab World)은 중동과 북아프리카에서 아랍어를 사용하는 나라들로 정의할 수 있는데, 특별히 이들은 유사한 정치적 또는 문화적 가치와 영향을 가지고 있다. R. S. Zaharna, "An Associative Approach to Intercultural Communication Competence in the Arab World," 181, https://www.researchgate.net/publication/278157448_An_Associative_Approach_to_Intercultural_Communication_Competence_in_the_Arab_World. 아랍 지역은 북아프리카의 모리타니아, 서사하라, 모로코, 튀니지, 알제리, 리비아, 이집트; 호른 오브 아프리카를 따라 수단, 에리트레아, 지부티, 소말리아; 중동의 비옥한 초승달 지대(또는 빌라드 앗샴, 대시리아 제국, 또는 레반트[the Levant])로 알려져 있는 팔레스타인, 요르단, 레바논, 시리아; 이라크와 아라비아 반도의 오만, 예멘, 사우디아라비아, 쿠웨이트, 바레인, 카타르, 아랍에미리트 등의 22개국을 일컫는다. "Arab World," in *English Oxford Living Dictionaries*, accessed August 15, 2017, https://en.oxforddictionaries.com/definition/arab_world (2017년 8월 15일에 접속함).

3 이슬람(Islam)은 무슬림들의 종교로 알라의 선지자인 무함마드를 통해 계시된 유일신 신앙이다. 이슬람의 종교적 의식과 도덕적 규칙은 꾸란(Qur'an)에 의해 성문화

된 일련의 계시에 의해 이루어졌다. Keith E. Swartley, ed., *Encountering the World of Islam* (Colorado Springs, CO: Authentic Publishing, 2008), 506. "Islam," in *English Oxford Living Dictionaries*, https://en.oxforddictionaries.com/definition/islam.

4   Christopher J. H. Wright, *The mission of God: Unlocking the Bible's Grand Narrative* (Downers Grove, IL: IVP Academic, 2006), 22-23, 「하나님의 선교」, IVP

1장. 성경의 샬롬과 이슬람에서의 평화는 어떻게 다른가

1   James A. Swanson, "Shalom," in *Dictionary of Biblical Languages with Semantic Domains: Hebrew (Old Testament) DBL Hebrew (electronic ed.)* (Oak Harbor: Logos Research System, Inc., 1997).

2   Terry McGonigal, "If You Only Knew What Would Bring Peace: Shalom Theology as the Biblical Foundation for Diversity," *Council for Christian Colleges & Universities* (2009), https://www.cccu.org/filefolder/2009_CMD_Shalom_theology.pdf.

3   사사기 18장 6절, 사무엘상 20장 42절, 사무엘상 25장 35절, 열왕기하 5장 19절에서도 같은 작별 인사가 나타난다.

4   James A. Swanson, "Peace" in *Dictionary of Biblical Languages with Semantic Domains: Aramic (Old Testament)* (Oak Harbor: Rogos Research Sytetmes, Inc., 1997), 10720 under [~l'v.(šelām)].

5   "Hebrew Greetings & Congratulations," *Jewish Virtual Library: A Project of AICE*, http://www.jewishvirtuallibrary.org/hebrew-greetings-and-congratulations. "Shalom Aleikhem," in *Encyclopaedia Judaica*, https://www.encyclopedia.com/religion/encyclopedias-almanacs-transcripts-and-maps/shalom-aleikhem.

6   Perry B. Yoder, *Shalom: The Bible's Word for Salvation, Justice, and Peace* (Eugene, OR: Wipf & Stock, 1997), 15. 유진 카펜터(Eugene E. Carpenter)와 필립 컴포트(Philip W. Comfort)는 샬롬을 완전, 온전, 번영으로 해석한다. "Peace," in *Holman Treasury of Key Bible Words: 200 Greek and 200 Hebrew Words Defined and Explained* (Nashville, TN: Broadman & Holman Publishers, Logos Edition, 2003), 135.

7   David Andrew, "Integral Mission, Relieve and Development," http://www.daveandrews.com.au/articles/Integral%20Mission%20in%20Relief%20and%20Development.pdf.

8   앞의 글.

9   Yoder, *Shalom: The Bible's Word for Salvation, Justice, and Peace* (Eugene, OR: Wipf & Stock, 1997), 76 참조. 그리버(Greever)는 '샬롬'을 다음과 같이 정의한다. "하나님과 사람들 상호 간에 사랑과 충성의 관계와 연결되어 있는, 성경에서 가장 흔히 나타나는 개념." Joshua M. Greever, "Peace," in *The Lexham Bible Dictionary* (Bellingham, WA: Lexham Press, Logos Edition, 2016).

10 McGonigal 참조.

11 앞의 글.

12 앞의 글.

13 Frederick C. Mish, "Peace," in *Merriam-Webster's Collegiate Dictionary*, 11th ed. (Springfield, MA: Merriam-Webster, Inc., 2003), 911.

14 Joshua M. Greever, "Peace," in *The Lexham Bible Dictionary* (Bellingham, WA: Lexham Press, Logos Edition, 2016), under "Peace in the New Testament; Peace as the Absence of Hostility."

15 Scott Langston and E. Ray Clendenen, "Sacrifice and Offering," in *The Holman Illustrated Bible Dictionary* (Nashville, TN: Broadman & Holman Publishers, Logos Edition, 2003), 1428.

16 Ill T. Longman, et al. ed., "Sacrifice and Offering," in *The Baker Illustrated Bible Dictionary* (Grand Rapids, MI: Baker Books, Logos Edition, 2003), 1461.

17 Dockery, "Peace Offering," under Leviticus 3:1-17 참조.

18 Longman, 1461 참조.

19 앞의 책.

20 James Strong, "1515. εἰρήνη eˌirēnē," in *A Concise Dictionary of the Words in the Greek Testament and the Hebrew Bible with Their Renderings in the Authorized English Version* (Biblia.com: Logos Edition, 2000).

21 E. Ray Clendenen, "Peace," in *The Holman Illustrated Bible Dictionary* (Nashville, TN: Holman Bible Publishers, Logos Edition, 2003), 1261-1262.

22 앞의 책.

23 Warren W. Wiersbe, *The Bible Exposition Commentary* Vol. 1 (Wheaton, IL: Victor Books, 1996), 176.

24　Willard M. Swartley, *Covenant of Peace: The Missing Peace in New Testament Theology and Ethics* (Grand Rapids, MI: Wm. B. Eerdmans Publishing Co., 2006), 30.

25　앞의 책, 50.

26　Martin H. Manser, "3215.Holy Spirit, and Peace," in *Dictionary of Bible Themes: The Accessible and Comprehensive Tool for Topical Studies* (London: Martin Manser, Logos edition, 2009).

27　앞의 글.

28　앞의 글.

29　Harold W. Hoehner, "Ephesians," in *The Bible Knowledge Commentary: An Exposition of the Scripture*, eds. J. F, Walvoord and R. B. Zuck (Wheaton, IL: Victor Books, Logos edition, 1985).

30　Swartley, 162-163 참조.

31　McGonigal 참조.

32　Augustin Calmet, *Calmet's Great Dictionary of the Holy Bible: Historical, Critical, Geographical, and Etymological* (Charlestown: MA, Samuel Etheridge, 1812), under Jubilee. 그는 '희년'이 히브리어로 '*Jobel*'이라고 가리킨다. 존 배리(John D. Barry) 등은 렉스함 성경 사전에서 "희년이 숫양의 뿔로 만든 나팔을 불어서 시작됨을 알렸기 때문에 희년(jubilee)이라는 단어가 숫양의 뜻을 가진 페니시아어의 *ybl* 에서 유래했다"고 설명한다. John D. Barry et al, "Year of *Jubilee*," in *The Lexham Bible Dictionary* (Bellingham, WA: Lexham Press, Logos edition, 2016).

33　앞의 글.

34　DeYoung and Gilbert, 147-148 참조.

35　Matthew G. Easton, "Jubilee," in *Easton's Bible Dictionary* (New York: Harper & Brothers, Logos edition, 1893); John D. Barry et al, "Year of Jubilee," in *The Lexham Bible Dictionary* (Bellingham, WA: Lexham Press, Logos edition, 2016).

36　John E. Anderson, "A Biblical and Economic Analysis of Jubilee Property Provisions," *Faith and Economics*, no. 46 (Fall, 2005): 27, https://pdfs.semanticscholar.org/8e0f/1f37009dbf571b680c193d0063432ed46f17.pdf. 홀만 삽화 성경 사전은 이에 대해 다음과 같이 설명한다. "희년은 또한 토양의 보존을 위한 하나님의 공급하심을 반영한다(레 25:11-12, 18-21). 희년 동안 이스라엘 백성은 다시 한 번 주님께

서 그들의 필요들을 만족시키시는 분이라는 믿음으로 살도록 배우게 되었다." Chad Brand, et al., "Year of *Jubilee*," in *Holman Illustrated Bible Dictionary* (Nashville, TN: Holman Bible Publishers, Logos edition, 2003), 1695.

37   Ronald J. Sider, *Rich Christians in an Age of Hunger: Moving from Affluence to Generosity* (Nashville, TN: Thomas Nelson, 2015), 74. 「가난한 시대를 사는 부유한 그리스도인」, IVP

38   Robert Jamieson, A. R. Fausset, and David Brown, *Commentary Critical and Explanatory on the Whole Bible* (Oak Harbor, WA: Logos Research Systems, Inc., 1997).

39   David P. Teague, "Integral Mission: A Truer Theological Foundation", in *Ministry of Reconciliation,* edited by John Stringer (Groningen, Netherlands: Grassroots Mission Publications, 2009), 18.

40   Jerry M. Ireland, "Introduction," *For the Love of God: Principles and Practice of Compassion in Missions,* ed. Jerry M. Ireland (Eugene, OR: Wipf & Stock, Kindle, 2017), under A Missionary Theology of Compassion: Defining the Kingdom of God

41   L. R. Arul Sam, *The Love Commandment of Jesus Christ in the Gospel of Luke and Its Implication in the Indian Context* (Kashmere Gate, Delhi: Cambridge Press, 2008), 41.

42   Mark R. Gornik, *To Live in Peace: Biblical Faith and the Changing Inner City* (Grand Rapids, MI: William B. Eerdmans Publishing Company, 2002), 28.

43   Swartley, 135-136 참조.

44   앞의 책, 136. John H. Yoder, *The Politics of Jesus: Vicit Agnus noster* (Grand Rapids, MI: Eerdmans, 1972), 39.

45   John D. Barry, et al, "Peace," in *The Lexham Bible Dictionary* (Bellingham, WA: Lexham Press, Logos Edition, 2016).

46   David S. Dockery, "Isaiah 9:1-7," in *The Holman Concise Bible Commentary* (Nashville, TN: Broadman & Holman Publishers, Logos Edition, 1998).

47   앞의 책.

48   Chad O. Brand, et al., 1261-1262 참조.

49   Charles H. Dyer, "Ezekiel," in *The Bible Knowledge Commentary: An Exposition of the Scriptures,* ed. J. F. Walvoord & R. B. Zuck (Wheaton, IL: Victor Books, Logos Edition, 1985).

50   Chad O. Brand, et al. *The Holman Illustrated Bible Dictionary* (Nashville, TN: Holman Bible Publishers, Logos Edition, 2003) 참조.

51   Yoder, 14 참조.

52   Dockery 참조.

53   Mark S. Brocker, *Coming Home to Earth* (Eugene, OR: CascadeBooks, 2016), 68-69.

54   Beth Snodderly, "Shalom: The Goal of the Kingdom and of International Development," in *International Development froma Kingdom Perspective*, ed. James Butare-Kiyovu (Pasadena, CA: WCIU Press, 2010), 196.

55   Walter A. Elwell, *Evangelical Commentary on the Bible,* Vol. 3 (Grand Rapids, MI: Baker Book House, Logos Edition, 1995).

56   Greever 참조.

57   Swartley, 31 참조.

58   James Strong, "932. βασιλεία," in *A Concise Dictionary of the Words in the Greek Testament and the Hebrew Bible with Their Renderings in the Authorized English Version* (Biblia.com: Logos Edition, 2000).

59   앞의 책, 30.

60   앞의 책, 41.

61   앞의 책, 78.

62   Kevin DeYoung and Greg D. Gilbert, *What Is the Mission of the Church? Making Sense of Social Justice, Shalom, and the Great Commission* (Wheaton, IL: Crossway, 2011), 203-205. 「교회의 선교란 무엇인가」, 부흥과개혁사.

63   Swartley, 14 참조.

64   Eugene E. Carpenter and Philip W. Comfort, "Kingdom," *Holman Treasury of Key Bible Words: 200 Greek and 200 Hebrew Words Defined and Explained* (Nashville, TN: Broadman & Holman Publishers, Logos Edition, 2000).

65   David L. Turner, "Whom Does God Approve: The Context, Structure, Purpose, and Exegesis of Matthew's Beatitudes", *Grand Rapids Baptist Seminary,* https://faculty.gordon.edu/hu/bi/ted_hildebrandt/ntesources/ntarticles/ctr-nt/

turner-beatitudes-ctr.htm, 33-41.

66 Chad O. Brand at el., "Peacemakers," in *The Holman Illustrated Bible Dictionary* (Nashville, TN: Holman Bible Publishers, Logos Edition, 2003), 1262.

67 Swartley, 401 참조.

68 앞의 책.

69 Kenneth E. Bailey, *Jesus Through Middle Eastern Eyes: Cultural Studies in the Gospels* (Downers Grove, IL: IVP Academic, Logos Edition, 2008), 87. 「중동의 눈으로 본 예수」, 새물결플러스.

70 Swartley, 56 참조.

71 Swartley, 56 참조.

72 Institute for Economics & Peace, "Global Peace Index 2017: Measuring Peace in a Complex World," http://visionofhumanity.org/app/uploads/2017/06/GPI-2017-Highlights-1.pdf.

73 Dean S. Gilliland, "Chapter 28: The Incarnation as Matrix for Appropriate Theologies," in *Appropriate Christianity*, ed. Charles H. Kraft (Pasadena, CA: William Carey Library, 2005), 511. 각주에 샬롬은 하나님과 사람들 사이에 나타나는 화합(harmony)이고, 이는 인간관계의 모든 영역에 영향을 준다고 기록되어 있다. 이스라엘 백성이 바벨론 유수 기간에 그들과 다른 문화에서 살아갈 때 조차 하나님은 바벨론의 샬롬을 구하라고 그들에게 명령하셨다(Jeremiah 29:7).

74 DeYoung and Gilbert, 201 참조.

75 앞의 책, 203.

76 Robert C. Linthicum, "Why Build a Justice Interpretation Around 'Shalom'?" http://www.rclinthicum.org/fullset/RCL_Cycles_ABC_Chapter_4.pdf, 1-2.

77 Walter Brueggemann, *Peace: Understanding Biblical Themes Series* (St. Louis, MO: Chalice Press, 2001), 25-53.

78 Robert C. Linthicum, 3 참조.

79 Clinton Stockwell, "Fundamentalisms and the Shalom of God: An Analysis of Contemporary Expressions of Fundamentalism in Christianity, Judaism and Islam," *ERT* 36:3 (2012), 266-279.

80   Robert C. Linthicum, 6 참조.

81   Warren W. Wiersbe, *The Bible Exposition Commentary* Vol. 1 (Wheaton, IL: Victor Books, 1996), 176.

82   Beth Snodderly, "Shalom: The Goal of the Kingdom and of International Development," in *International Development from a Kingdom Perspective,* ed. James Butare-Kiyovu (Pasadena, CA: WCIU Press, 2010), 194.

83   Beth Snodderly, 197 참조. 평안은 헬라어로 에이레네(εἰρήνη), 진실은 헬라어로 피스티스 (πίστις, 신실함의 어근)이다.

84   Jerry M. Ireland, *For the Love of God: Principles and Practice of Compassion in Missions,* ed. Jerry M. Ireland (Eugene: OR: Wipf & Stock, Kindle, 2017), Chapter 2, under Compassion, Community, and the Kingdom of God: Justice and Righteousness.

85   William E. Swing, "The Etymology of Salam: An Insight Into the Arabic Word for Peace," http://www.uri.org/the_latest/2010/10/the_etymology_of_salam__an_insight_into_the_arabic_word_for_peace.

86   M. R. Bawa Muhaiyaddeen, *Islam and World Peace: Explanations of a SUFI* (Philadelphia, PA: The Fellowship Press, 1987), 11, 160.

87   Hussein Algul, "Islam is a Religion of Love and Peace," http://www.peaceandislam.com.

88   앞의 글, 175. 자카(زكاة): 빈민에 대한 자선 또는 기부. 이슬람의 다섯 기둥 중 하나로 가난하고 어려운 사람들에게 선을 베푸는 것.

89   Joshua Gillum, "Is Islam Peaceful or Violent: Comparing Islam and Christianity to Reveal the Propaganda of Terrorism," http://www.culturaldiplomacy.org/academy/content/pdf/participant-papers/2010www/Is_Islam_Peaceful_or_Violent_-_Comparing_Islam_&_Christianity_to_Reveal_the_Propaganda_of_Terrorism.pdf.

90   앞의 글.

91   John L. Esposito, "Islam and Political Violence," in *Religions,* ed. Peter Iver Kaufman (Prince Alwaleed Bin Talal Center for Muslim-Christian Understanding Georgetown University, Washington DC: 2015), 1079.

92   Niaz A. Shah, "The Use of Force under Islamic Law," *European Journal of*

International Law 24, no.1 (February 2013): 347.

93 The Religion of Peace, "What Makes Islam So Different: What Does Islam Teach About Violence," https://www.thereligionofpeace.com/pages/quran/violence.aspx.

94 Mark A. Gabriel, *Islam and Terrorism: The Truth about ISIS, the Middle East, and Islamic Jihad*, (Lake Mary, FL: Frontline, 2002), 28. 「이슬람과 테러리즘」, 글마당.

95 Shaykh Muhammad Hisham Kabbani and Shaykh Seraj Hendricks, "Jihad, A Misunderstood Concept from Islam—What Jihad is, and is not," The Islamic Supreme Council of America, http://islamicsupremecouncil.org/understanding-islam/legal-rulings/5-jihad-a-misunderstood-concept-from-islam.html?start=9.

96 Shah, 345 참조.

97 Abdullah Saeed, "Jihad and Violence: Changing Understandings of Jihad Among Muslims," in *Terrorism and Justice: Moral Argument in a Threatened World*, ed. Tony Coady and Michael O'Keefe (Victoria, Australia: Melbourne University Press, 2002), 74-75.

98 Esposito, 1070 참조.

99 Shah, 345 참조.

100 Saeed, 84-86 참조.

101 Bassam M. Chedid, *Islam: What Every Christian Should Know* (Webster, NY: Evangelical Press USA, 2004), 73. 이슬람 역으로 2-3세기(8-9 세기) 동안 만들어진 샤리아(شريعة) 법은 이슬람의 종교적 신앙을 바탕으로 한 일련의 의무를 집대성한 것이다. 이는 꾸란과 하디스의 가르침에 따라 이루어진 이슬람의 종교적 규율이고, 그 목적은 무슬림들이 그들의 종교적 신념에 따라 살아갈 수 있도록 안내해 주는 것이다. 이는 중세 동안 많은 해설서와 함께 체계화되었고, 알라와의 관계(종교적 의식)와 사람들과의 관계(사회적 관계) 모두에 대한 광범위한 규칙을 제공한다. 또한 이는 이슬람의 신앙에 따라 실천되어야 하는 행동 강령의 역할을 가진 종교 의식들과 윤리적 규범도 포함하고 있다. Noel James Coulson, "Shariah: Islamic Law" in *Encyclopaedia Britannica*, https://www.britannica.com/topic/Shariah.

102 Phil Parshall, *Muslim Evangelism: Contemporary Approaches to Contextualization* (Downers Grove, IL: InterVarsity Press, 2003), 89.

103 Chedid, 125 참조.

104 Rick Love, *Muslims, Magic, and the Kingdom of God: Church Planting among*

Folk Muslims (Pasadena, CA: William Carey Library, 2000), 171-175.

105 앞의 책, 172.

106 앞의 책, 175.

2장. 이슬람에서는 질병 치유를 어떻게 바라보는가

1 Robert Claxton, *A Christian Doctor Speaks on Healing* (Homebush West, Australia: Lancer Books, 1987), 8.

2 민속적 행위들(folk practices)이란, 현지 거주(토착)민들의 공동체적 삶의 방식을 반영하는 전통적 관습을 일컫는데, 이는 그들의 세계관과 신앙관을 잘 드러내 준다. 민속적 의료(folk medicine)는 현대 의료 서비스에서 격리된 사람들에 의한 비전문적인 의료 행위로 정의되며, 보통 경험에 기초하여 약초 등과 같은 식물로부터 유래한 치료법을 사용한다. ("Folk Medicine," in *Merriam-Webster's Collegiate Dictionary*, 11th ed (Springfield, MA: Merriam-Webster, Inc., 2003), 1878.

3 WHO, "Constitution of the World Health Organization, WHO Basic Documents", 45th ed., Supplement (2006), http://www.who.int/governance/eb/who_constitution_en.pdf.

4 앞의 글.

5 Halal Certification Services: Live Halal-Choose Halal, "What is Haram?" http://www.halalcs.org/halal-explained/what-is-haram.html.

6 Halal Food Authority, "Definition of Halal," http://halalfoodauthority.com/definition-of-halal. 할랄(Halal)은 이슬람법에 따라 무슬림이 사용하거나 참여할 수 있는 적법한 물건이나 행동을 일컫는다. 동물의 고기는 무슬림들이 먹을 수 있도록 적절한 방법에 의해 적법하게 준비되어야 한다. *Department of Halal Certification EU*, http://halalcertification.ie/islamic-method-of-slaughtering (2018년 10월 28일에 접속함).

7 Bassam M. Chedid, *Islam: What Every Christian Should Know* (Webster, NY: Evangelical Press USA, 2004), 154.

8 Musharraf Hussain, *The Five Pillars of Islam: Laying the Foundations of Divine Love and Service to Humanity* (Leicestershire, UK: KUBE Publishing, 2012), 57. 우두(*Wudu*)의 전체 과정은 다음 웹사이트를 참고하기 바란다. "*Wudu* Steps - How should a Muslim Perform *Wudu* or Ablution?" *IqraSense,* http://www.iqrasense.com/salat-prayers/how-should-a-muslim-perform-wudu-or-ablution.html.

9 Chrystal Said, *Muslim Southern Belle Guide for Teens* (Houston, TX: Pink Hijab Publishing, 2017), 52. '이스탄자' 과정은 다음을 참고하라. "How to Do *Istinja*– Part 2," *My Islam,* http://www.myislaam.com/fiqh/how-to-do-istinja-part2. '살라'는 이슬람의 다섯 가지 기둥 중 하나로 하루 다섯 번 행해야 하는 정례화된 무슬림들의 기도 의례다. Bassam M. Chedid, 97. '살라'를 관찰한 방법을 다음과 같이 설명하였다. "Observance of *Salat* – Daily Prayers," *Understanding Islam,* https://free-islamic-course.org/stageone/stageone-module-2/observance-salat-daily-prayers.html. 무슬림들은 자신이 알라에 복종하는 것을 표현하기 위해 단체적으로, 그리고 개인적으로 꼭 시간에 맞추어 '살라'를 행해야 한다.

10 Umar F. Adamu, *Medicine in the Qur'an and Sunnah: An Intellectual Reappraisal of the Legacy and Future of Islamic Medicine and Its Representation in the Language of Science and Modernity* (Ibadan: Safari Books Ltd, 2006), 35.

11 Mayank Tripathi, *Salvadora Persica L. (Miswak): An Endangered Multipurpose Tree of India,* (Indian Journal of Plant Sciences) 5 no. 3 (July-September, 2016): 24-29, https://www.researchgate.net/profile/Mayank_Tripathi5/publication/308951379_SALVADORA_PERSICA_L_MISWAK_AN_ENDANGERED_MULTIPURPOSE_TREE_OF_INDIA/links/57f9bb9f08ae8da3ce5a15b8/SALVADORA-PERSICA-L-MISWAK-AN-ENDANGERED-MULTIPURPOSE-TREE-OF-INDIA.pdf. 트리파티는 칫솔 나무의 존재를 위협하는 다목적 사용으로 인해 최근 수십 년 동안 발생하는 이 나무의 착취에 대해 경고한다.

12 Adamu, 39-41 참조.

13 앞의 책, 151.

14 Ali Ansari, "The Principles and Importance of Spiritual Healing in Islam," http://www.surrenderworks.com/library/abidance/inislam.html. 미라지는 선지자 무함마드가 메카(Mecca)의 성지인 카바(the *Ka'bah*)에서 밤에 잠 들었을 때 하늘로 올라갔던 여정이라고 여겨진다. 이 밤의 여정은 두 부분으로 구성되어 있는데, 첫 번째 것은 무함마드가 메카에서 더 나은 예배 장소로 옮겨 갔던 이스라(*Isra*)이고 두 번째 것은 그의 심장을 정결하게 하기 위해 간 천국과 지옥으로의 미라지이다. 미라지는 무슬림들에게 아주 중요한 영적 의미를 가진다. ("*Mi`raj*," in *Encyclopaedia Britannica,* https://www.britannica.com/event/Miraj-Islam.)

15 Adam Asar, *Peace of Mind and Healing of Broken Lives: Spiritual Healing for Body, Mind and Spirit through Qur'an – Diagnos is, Treatment Methods and Protection from Psychic Attack* (Chicago, IL: The Universal Mercy, 2010), 51. 히샴 캅바니 (Hisham M. Kabbani) 역시 하버드 의대에서 의학에 있어서의 영성과 치유에 대한 연구를 통해 영적 치유 방법들과 연관된 연구와 관심은 현대 의학이 더욱 발전할 수 있도록 도울 것이라고 설명하며 무슬림들의 기적적인 치유와 연관된 영성의 중요성에 대해 기술한다. Hisham M. Kabbani, "Spiritual Healing in the Islamic Tradition," http://www.nurmuhammad.com/Dwnlds/harvardhealinglecture.pdf.

16 Hisham M. Kabbani, "Spiritual Healing in the Islamic Tradition," http://www.nurmuhammad.com/Dwnlds/harvardhealinglecture.pdf.

17 앞의 글.

18 Hanif D. Sherali, *Spiritual Discourses* (Bloomington, IN: AuthorHouse LLC, 2014), 143. 이맘 야히야 오예우리는 이슬람의 치유(쉬파)는 꾸란에 여섯 번 언급되어 있다고 설명한다.(9:14, 10:57, 16:69, 17:82, 26:80, 41:44). 이 구절들은 일반적으로 치유의 근원에 대한 힌트를 제공한다. Oyewole, "Healingin Islam," University of Maiduguri (2006), https://www.coursehero.com/file/13549126/healing-provisions-in-islam참조.

19 Yahya Oyewole, "Healing in Islam," University of Maiduguri (2006), https://www.coursehero.com/file/13549126/healing-provisions-in-islam.

20 Adamu, 171-177 참조. 꾸란과 하디스는 이슬람의 두 가지 주된 경전이다. 꾸란은 알라가 선지자 무함마드를 통해 직접적으로 계시한 것이고, 하디스는 무함마드가 말하고 행동한 것을 가르침으로 기록한 순나(the *Sunna*)를 함께 기록한 문서다. ("What are Hadith?" in *WhyIsalm*, https://www.whyislam.org/prophet-muhammad/hadith.)

21 앞의 책, 172-173.

22 Chedid, 161 참조. 리차드 러브는 전 세계 무슬림들의 75퍼센트 이상이 민속적 무슬림이라고 지적하고, 이러한 무슬림들을 위한 교회 개척에 있어 하나님 나라의 신학에 기초한 3차원적 모델로서 능력, 진리, 그리고 문화적인 조우의 중요성을 강조한다. Richard D. Love, "Church Planting Among Folk Muslims," *International Journal of Frontier Missions*, 11 no. 2 (1994): 87-91.

23 Phil Parshall, *Muslim Evangelism: Contemporary Approaches to Contextualization* (Downers Grove, IL: InterVarsity Press, 2003), 217.

24   Chedid, 147 참조.

25   Zulfiya Tursunova, et al. "Cultural Patterns of Health Care Beliefs and Practices among Muslim Women in Uzbekistan," *Health, Culture and Society* 6, no.1 (2014): 48.

26   Phil Parshall, *Bridges to Islam: A Christian Perspective on Folk Islam* (Grand Rapids, MI: Baker Book House, 1983), 75.

27   Adamu, 172-173 참조.

28   The Understand Quran Academy Team, *Ash-Shaafee*: The One Who Cures, http://understandquran.com/19384.html.

29   Muhammad Al-Humoud Al-Najdi, *Ash-Shaafee* (The One Who Cures) in Allah's Names and Attributes, http://www.4theseekeroftruth.com/index.php/ash-shaafee-the-one-who-cures.

30   Muslimah, "The Healing Powers of the Names of Allah", https://amuslimsistermaria200327.wordpress.com/2010/05/14/the-healing-powers-of-the-names-of-allah.

31   Frederick J. Gaiser, *Healing in the Bible: Theological Insight for Christian Ministry* (Grand Rapids, MI: Baker Academic, 2010), 36.

32   Bill Musk, *The Unseen Face of Islam: Sharing the Gospel with Ordinary Muslims at Street Level* (Grand Rapid, MI: Monarch Books, 2003), 184.

33   앞의 책, 180.

34   Adamu, 179-181 참조. 셔르크는 하람(이슬람법에 의해 금지된)으로 간주되는 행위를 말하며, 문자적으로 (어떤 사람의) 동료를 만든다는 뜻을 가지고 있는데, 이는 알라를 다른 신과 연관시키는 것을 일컫는다. 이는 이슬람의 근본적인 신앙이 유일신 신앙(*tawhid*)이기 때문에 이슬람에서 우상 숭배나 다신 숭배로 간주되어 가장 중대하고 용서받을 수 없는 죄로 여겨진다(수라 4:116). Huda Dodge, "Shirk: Associating Others with Allah," *ThoughtCo*, https://www.thoughtco.com/shirk-2004293.

35   Asar, 132 참조. Under "The Secret of Charms and Amulets Exposed."

36   Salih Yucel, *Prayer and Healing in Islam* (Clifton, NJ: Tughra Books, 2010), 39.

37   Gabriel J. Gomes, *Discovering World Religions: A Guide for the Inquiring Reader* (Bloomington, IN: iUniverse Inc., 2012), 328.

38   Musk, 214-215 참조.

39 앞의 책, 215.

40 Parshall, *Muslim Evangelism: Contemporary Approaches to Contextualization*, 162 참조.

41 Annemarie Schimmel, "*Sufism: Islam*," in *Encyclopaedia Britannica*, https://www.britannica.com/topic/Sufism.

42 Parshall, *Muslim Evangelism: Contemporary Approaches to Contextualization*, 162-164 참조.

43 Sophia Kim, "*Sufism* in Egypt: The Shrine Culture of Cairo," in *Doing Mission in the Arab World*, ed. John Stringer (Grassroots Mission Publications, 2008), 109-111.

44 Parshall, *Muslim Evangelism: Contemporary Approaches to Contextualization*, 166 참조.

45 Hans Wehr, *A Dictionary of Modern Written Arabic*, 4th ed. (Wiesbaden, Germany: Otto Harrassowitz GmbH & Co., 1979), 164.

46 Parshall, *Muslim Evangelism: Contemporary Approaches to Contextualization*, 33-35 참조.

47 Adamu, 161 참조.

48 앞의 책.

49 Ansar, 136 참조. 바하르 고리푸어는 많은 무슬림 정신 질환 환자가 진을 환상과 같은 증상을 일으키는 원인으로 생각한다고 보고하는데, 이는 무슬림들 안에서 발견되는 흔한 믿음이다. Bahar Gholipour, "Supernatural *'Jinn'* Seen as Cause of Mental Illness Among Muslims," (2014), https://www.livescience.com/47394-supernatural-jinn-mental-illness-islam.html.

50 Bahar Gholipour, "Supernatural *'Jinn'* Seen as Cause of Mental Illness Among Muslims," (2014), https://www.livescience.com/47394-supernatural-jinn-mental-illness-islam.html.

51 The Religion of Islam, "The World of *Jinn*: A Brief Introduction about the Existence and Abilities of *Jinn*," (2009), https://www.islamreligion.com/articles/669/viewall/world-of-jinn.

52 Musk, 33 참조.

53 Gailyn Van Rheenen, *Communicating Christ in Animistic Context* (Pasadena,

CA: William Carey Library, 1991), 257.

54 Adamu, 166-171 참조.

55 Musk, 94 참조.

56 앞의 책, 163.

57 앞의 책, 103.

58 레 19:31, 신 18:9-22, 고전 10:13-14, 사 8:19, 행 13:6-12, 갈 5:13-26 참조.

59 Leonard G. Goss, "What is the Occult?" in *the Apologetics Study Bible: Real Questions, Straight Answers, Stronger Faith* (Nashville, TN: Holman Bible Publishers, Logos Edition, 2007)

60 Musk, *The Unseen Face of Islam*, 62-64 참조.

61 Parshall, *Bridges to Islam: A Christian Perspective on Folk Islam*, 119 참조.

62 정령 신앙(애니미즘)이라는 개념은 문화적 우월감의 한 부분으로 여겨져서 이를 더 이상 사용하지 말아야 한다고 주장하는 학자들이 있다. 팀 잉골드(Tim Ingold)는 애니미즘을 "원시적 미신, 즉 이성적인 사람에게는 '명백하게' 단순한 자연의 대상으로 볼 수밖에 없는 생명체, 또는 어떠한 물체에 연관하여 영들이나 혼들을 믿는 신앙관"으로 정의한다. 그는 이 개념을 토착적인 현지 문화에 대해 존경심을 가지고 대해야 한다는 필리페 데스콜라(Philippe Descola)의 주장과 비교하면서, 애니미즘을 인간의 성향뿐만 아니라 자연적 존재에도 그 가치를 부여하는 일종의 자연에 대한 객관화라고 생각할 수 있다고 설명한다. 이러한 신앙은 그 자연적 존재들에게 인간의 감정, 그리고 말할 수 있는 능력뿐만 아니라 사회적 속성, 즉 직책의 위계질서, 혈연에 기초한 행동들, 그 사회에서 인정하는 정상적 행동 강령과 같은 모든 것을 포함한 사람들의 상태와 연관성을 가지고 있다고 설명한다. *Figured Worlds: Ontological Obstacles in Intercultural Relations* edited by John Clammer, Sylvie Poirier, and Eric Schwimmer (Toronto, Canada: University of Toronto Press, 2004), 50.

63 Van Rheenen, 35-36 참조.

64 Merriam-Webster Online Dictionary, "Evil Eye," https://www.merriam-webster.com/dictionary/evil%20eye.

65 Zacharias Kotze, "The Evil Eye of Sumerian Deities," *Asian and African Studies* 26, no.1 (2017): 102.

66 Azher H. Qamar, "Belief in the Evil Eye and Early Childcare in Rural Punjab,

Pakistan," *Asian Ethnology* 75 no. 2 (2016): 398.

67　Musk, 22-23 참조.

68　Qamar, 413-415 참조.

69　함사(خمسة; 파티마의 손)는 아랍 세계에서 흔히 사용되는 손 모양의 부적이다. 아랍어로 함사는 다섯 개의 손가락을 상징하는 다섯을 의미하고, 파티마(Fatima)는 선지자 무함마드의 딸이다. 이 부적은 악한 영들(흉안)로부터 무슬림을 보호해 주고 행복과 행운을 가져온다고 믿어진다. Ariela Pelaia, *Learn About the Hamsa Hand and What It Represents: Find out About This Protective Talisman Guarding Against Evil*, https://www.thoughtco.com/what-is-a-hamsa-2076780.

70　Mark Bernstein, "Fatalism," in *The Oxford Handbook of Free Will*, ed. Robert H. Kane (New York, NY: Oxford University Press, 2002), 65. 스탠포드 철학 백과 사전은 운명론을 "우리가 실제로 할 수 있는 이상의 어떤 것에 대해서는 무력하다고 생각하는 관점"으로 정의한다. Stanford Encyclopedia of Philosophy, https://plato.stanford.edu/entries/fatalism.

71　Dalya Cohen-Mor, *A Matter of Fate: The Concept of Fate in the Arab World as Reflected Modern Arabic Literature* (NY: Oxford University Press, 2001), Chapter 1. "God's Will: The Principle of the Prime Mover", 4-9.

72　Sahih Bukhari, Book 55: Prophets, Hadith Number 549, Volume 4, http://www.gowister.com/sahihbukhari-4-549.html.

73　Chedid, 115-116 참조.

74　개인 정보를 보호하기 위해 이름을 변경하였다.

75　개인 정보를 보호하기 위해 이름을 변경하였다.

76　"*Bismillah*" in English Living Oxford Dictionary. https://en.oxforddictionaries.com/definition/bismillah. 무슬림들이 어떤 일을 시작할 때 사용하는 주문 같은 구절이다.

77　Parshall, *Muslim Evangelism: Contemporary Approaches to Contextualization*, 226 참조.

78　개인 정보를 보호하기 위해 이름을 변경하였다.

79　개인 정보를 보호하기 위해 이름을 변경하였다.

80　Paul G. Hiebert, R. Daniel Shaw, and Tite Tienou, "Responding to Split-Level

Christianity and Folk Religion," *International Journal of Frontier Mission* 16, no.4 (1999/2000): 177.

81   Yucel, 38-39 참조. 정통적 루끼야는 이슬람에서 질병 치유를 위한 적절한 방법으로 간주되고, 치료 효과가 있는 꾸란과 특별한 단어들을 이용한 치료이며 다양한 질병을 치료하는 데 사용된다. *Hasanat Ruqya: Services of Spiritual Healing,* http://hasanatruqya.com.

82   Khaled Al-Jeraisy, "Self-Ruqya Treatment: Do It Yourself Treat Your Family," http://www.muslim-library.com/dl/books/english_Self_Ruqya_Treatment.pdf, 9-10. 디크르는 문자(아랍어)적으로 '어떤 사람에게 생각나게 하는 행위' 또는 '언급하다'는 의미를 가지고 있는데, 무슬림들, 특히 수피 신비주의 무슬림들이 알라를 영화롭게 하고 영적으로 완전함을 얻기 위해 행하는 기도 의례 또는 탄원을 가리킨다. *Dhikr,* in Encyclopaedia Britannica, https://www.britannica.com/topic/dhikr. 루끼야의 전 과정에 대한 예는 '아부 이브라힘 후스나인의 공식적인 루끼야 웹사이트'(Official Ruqyah Website of Abu Ibraheem Hussnayn)에 기술되어 있다. Abu Ibraheem Hussnayn, "Ruqya-QA: The Official Ruqyah Website of Abu Ibraheem Hussnayn," http://www.ruqya-qa.co.uk/the-ruqya-plan.

83   Bismillah A. Arrahim,"Ruqya: Qur'anic Treatment for Jadoo, Jinn, and Zazar," https://alruqya.wordpress.com. 다와(دعوة; 초청 또는 부르심)의 문자적 의미는 무슬림이나 무슬림이 아닌 사람 모두 꾸란에 따라 알라를 예배하는 것을 알리는 호출이나 초대다. Huda Dodge, "The Meaning of Da'wah in Islam," *ThoughtCo,* https://www.thoughtco.com/the-meaning-of-dawah-in-islam-2004196.

84   Al-Jeraisy, 9-10 참조.

85   앞의 책, 10.

86   Charles H. Kraft, ed., *Appropriate Christianity* (Pasadena, CA: William Carey Library, 2005), 365.

87   Parshall, *Bridges to Islam: A Christian Perspective on Folk Islam,* 122 참조.

88   풀러 신학교의 선교학자 앨런 티펫(Alan Tippett)은 거짓 신들 또는 영들의 힘에 대항하여 나타나는 하나님의 능력의 주요한 역사를 기술하기 위해 '능력 조우'(Power Encounter)라는 용어를 사용했다. 영적 능력의 강한 영향 아래의 많은 사람은 그들의 거짓 신들과 영들의 복수에 대한 두려움을 안고 살아가는데, 이들은 이러한 조우(만남)를 통해 하나님의 승리의 능력을 인지하게 된다. 찰스 크래프트는 영적 수준과 인간적 수준이라는 두 수준의 능력 조우에 대해 설명한다. 전능하신 하나님은 영

적 수준에서 거짓 신들을 이기시고, 인간적 수준에서는 능력 조우를 경험한 사람들이 복수의 도전을 하는 신들을 대표하는 상징들의 영적 힘에 대한 두려움으로부터 벗어날 수 있도록 해주신다. 능력 조우는 하나님의 탁월한 능력을 드러냄으로 복음을 전할 수 있는 중요하고 명백한 도구다. Charles H. Kraft, *Power Encounter in Spiritual Warfare* (Eugene, OR: Wipf & Stock, 2017), 1-5.

89 Van Rheenen, 258-259 참조.

90 Love, 39-46 참조.

91 앞의 책.

92 앞의 책.

93 Musk, *The Unseen Face of Islam*, 98 참조.

94 앞의 책.

95 Wayne Grudem, *Systematic Theology: An Introduction to Biblical Doctrine* (Leicester, UK: IVP, 1994), 1063-1065. 「웨인 그루뎀의 조직 신학」, 은성.

96 Van Rheenen, 116 참조.

97 Grudem, 1063-1065 참조.

98 Paul G. Hiebert, "The Flaw of the Excluded Middle," *Missiology* 10, no.1 (1982), 35-47. 히버트는 서구의 현실 세계에 대한 두 층으로 된 관점을 설명하는데, (1) 믿음, 기적, 다른 세상의 문제들과 성스러운 것과 연관된 종교, (2) 보는 것과 경험하는 것, 자연의 질서, 이 세상의 문제들과 세속적인 것과 연관된 과학이 그것이다. 이 두 세계 사이에 발생하는 문제에는 미래에 대한 불확실성, 현재 삶에 일어나는 위기 상황들, 그리고 과거의 불분명한 것들에 대한 의문점들이 있다.

99 David J. Hesselgrave, "Contextualization that is Authentic and Relevant," *International Journal of Frontier Missions* 12, no. 3 (1995), 119.

100 David J. Hesselgrave, "Great Commission Contextualization," *International Journal of Frontier Mission* 12, no. 3 (1995), 139-144.

101 Paul G. Hiebert, R. Daniel Shaw, and Tite Tienou, "Responding to Split-Level Christianity and Folk Religion," *International Journal of Frontier Mission* 16, no.4 (1999/2000), 17.

102 Martin H. Manser, "Syncretism," in *Dictionary of Bible Themes: The Accessible and Comprehensive Tool for Topical Studies* (London: Martin Manser, 2009).

103 Andre Lemaire, "Who or What Was Yahweh's Ashera?" *BAR* 10, no.06 (Nov-Dec, 1984), http://cojs.org/who-or-what-was-yahwehs-asherah.

104 James Newell, "Asherah, Asherim or Ashera", in *Holman Illustrated Bible Dictionary* (Nashville, TN: Holman Bible Publishers, Logos Edition, 2003).

105 Randall Balmer, "Wheaton Declaration," in *Encyclopedia of Evangelicalism* (London: Westminster John Knox Press, 2002), 613.

106 Hesselgrave, "Contextualization that is Authentic and Relevant," 115 참조.

107 Lesslie Newbigin, *Foolishness to the Greeks: The Gospel and Western Culture* (Grand Rapids, MI: W.B. Eerdmans Pub., 1986), 102. 「헬라인에게는 미련한 것이요」, IVP.

108 John R. W. Stott, ed., *Making Christ Known: Historic Mission Documents from the Lausanne Movement, 1974-1989* (Grand Rapids, MI: W.B. Eerdmans Pub., 1997), 102.

109 Newbigin, 102 참조.

110 Michael W. Goheen, "Gospel, Culture, and Cultures: Lesslie Newbigin's Missionary Contribution," in *Cultures and Christianity A.D. 2000* (International Symposium of the Association for Reformational Philosophy, 2000), http://missionworldview.com/wp-content/uploads/2011/06/Gospel-and-Culture-in-Newbigin.pdf.

111 Paul G. Hiebert, *Anthropological Reflections on Missiological Issues* (Grand Rapids, MI: Baker Books, 1994), 81-84. 「선교 현장의 문화 이해」, 죠이선교회.

112 앞의 책.

113 Stephen C. Evans, "Relativism." in *Pocket Dictionary of Apologetics and Philosophy of Religion*. (Downers Grove, IL: InterVarsity Press, Logos Edition, 2002) 상대주의(Relativism)는 특별히 윤리적인 부분에 있어 절대적이거나 객관적인 기준들을 부정하며, 이와 유사하게 인식론에서의 상대주의는 진실이 각 개인 또는 문화에 의존하다는 명제를 중시한다.

114 Rick Brown, "Contextualization without Syncretism," *International Journal of Frontier Missions* 23, no.3 (Fall, 2006): 127-133.

115 존 트라비스(John Travis)는 이슬람 세계에 대한 기독교 선교의 상황화(Contextualization)를 C1-C6 스펙트럼으로 그리스도 중심의 공동체와 구별하여 설명한다. C1은 선교사들이 어디서 왔든지 기본적으로 그들의 문화와 동일한 교회를 개척하는 형태, C2는 예배가 그 지역의 현지 언어로 진행되는 것을 제외하면 C1과

같은 형태, C3은 현지의 여러 비종교적인 일상적 문화 형태, 즉 복장이나 예술 등과 같은 것이 교회 공동체에 병합된 모습을 보이지만, 어떠한 이슬람의 종교적 요소들도 용납하지 않는 형태, C4는 C3와 비슷하지만, 돼지고기를 먹지 않고, 이슬람식으로 기도하고, 이슬람식 의복을 입고, 이슬람의 용어들을 사용하는 등과 같은 이슬람의 종교적 요소들을 받아들여 사용하는 형태로 스스로를 예수를 따르는 제자나 그와 유사한 명칭을 사용하여 부른다. C5는 모두 무슬림으로서 그들의 법적, 사회적 정체성을 유지하고, 성경을 부정하는 이슬람의 행위나 교리에 대해서는 거부하거나 재해석한다. 그들은 모스크를 주기적으로 가거나 또는 가지 않을 수도 있고, 다른 무슬림들과 예수 그리스도에 대한 그들의 믿음을 적극적으로 나눈다. 그들 스스로를 예수 그리스도(Isa al-Masih)를 따르는 무슬림 또는 그냥 무슬림이라고 부른다. 그들은 무슬림 공동체에서 약간 정통적이지 않은 무슬림으로 여겨진다. C6는 극단적인 핍박, 고난, 또는 법적 보복의 위협 때문에 믿음을 비밀로 유지하고, 소그룹 모임을 하며 비밀스럽게 예배를 드린다. 보통 그들의 믿음을 다른 사람들과 드러내어 나누지 않고, 100퍼센트 무슬림 정체성을 유지한다. (이 내용은 C1-C6 스펙트럼을 정리한 것이다. https://www.thepeopleofthebook.org/about/strategy/c1-c6-spectrum.) (2018년 1월 19일에 접속함)

116   "Miracles," in *Stanford Encyclopedia of Philosophy*, https://plato.stanford.edu/entries/miracles/#ConDef.

117   Claxton, 23 참조.

118   Norman L. Geisler, "Miracle," in *Baker Encyclopedia of Christian Apologetics* (Grand Rapids, MI: Baker Books, 1999, Logos Edition), 449-451.

119   William O. Carver "Keys, Power of," in *The International Standard Bible Encyclopaedia*, Volumes 1-5, ed. James Orr, et al. (Chicago, IL: The Howard-Severance Company, Logos Edition, 1915), 1796.

120   Millard J. Erickson, *Introducing Christian Doctrine* (Grand Rapids, MI: Baker Book House, 2006), 144-146.

121   앞의 책, 144.

122   Craig S. Keener, *Miracles: The Credibility of the New Testament Accounts* (Grand Rapids, MI: Baker Book House, 2011), chapter 10.

123   앞의 책.

124   Teague, 23 참조. 알렉산드리아의 오리게네스(Origen of Alexandria)가 처음 사용한 아우토바실레이아(자신 왕국; *Autobasileia*)는 문자적으로는 그리스도의 인격

속에 나타난 하나님 나라(the Kingdom-in-Person)로 표현할 수 있는데, 이는 예수 그리스도를 통해 하나님과 회복(화해)된 관계에 그 중점을 두고 있는 개념이다. 더 자세한 내용은 3장에서 다룰 것이다.

125   Gaiser, 222 참조.

126   United Lutheran Church in America, *Anointing and Healing* (Philadelphia: United Lutheran Church Board of Publication, 1962), 21.

127   Musk, 100 참조.

128   Gaiser, 224 참조.

129   앞의 책.

130   Dean S. Gilliland, "Chapter 28: The Incarnation as Matrix for Appropriate Theologies," in *Appropriate Christianity*, ed. Charles H. Kraft (Pasadena, CA: William Carey Library, 2005), 502-503.

131   앞의 책.

132   Love, 135 참조.

133   Musk, 224 참조.

134   Love, 131 참조.

135   Musk, 99-100 참조.

3장. 의료 선교, 어떤 방향으로 나아가야 하는가

1   아이어랜드에 의하면 선교(mission)는 하나님이 자기 백성을 세상 가운데 보내서서 행하시는 모든 행위이고, 선교 사역(missions)은 교회를 개척하여 하나님 나라를 확장하는 데 참여하는 모든 타문화권에서의 활동을 의미한다. Ireland, under "The Approach of This Text: Defining Mission(s)" 참조. 스캇 모레우(A. Scott Moreau) 등도 선교는 넓은 개념으로 하나님 나라를 위해 교회가 하는 모든 것이고, 선교 사역은 문화의 경계들을 넘어 그리스도의 복음을 전하는 교회와 단체의 특정한 일로 구분했다. A. Scott Moreau, Gary R. Corwin, and Gary B. McGee, *Introducing World Missions: A Biblical, Historical, and Practical Survey* (Grand Rapids, MI: Baker Academic, 2004), 17.

2   Martin H. Manser, *Dictionary of Bible Themes: The Accessible and Comprehensive*

Tool for Topical Studies (London: Logos Edition, 2017), 7948. "mission." 미시오 데이 (*Missio Dei*)는 하나님의 선교 또는 하나님의 보내심으로 번역될 수 있는데, 이는 아브라함에 대한 언약(창 12:1-3)과 예수 그리스도의 지상 명령(마 28:18-20; 요 20:21)에 기초하고 있다. Tremper Longman III, Peter Enns, and Mark L. Strauss, *The Baker Illustrated Bible Dictionary* (Grand Rapids, MI: Baker Books, 2013), 1164, under "Mission as Sending."

3 Christopher J. H. Wright, *The mission of God: Unlocking the Bible's Grand Narrative* (Downers Grove, IL: IVP Academic, 2006), 62-63. 「하나님의 선교」, IVP

4 Joshua Project, "Affinity Bloc: Arab World", https://joshuaproject.net/affinity_blocs.

5 "Creative Access Nations", *IBM Global,* http://www.ibmglobal.org/ministry/creative-access-nations.

6 제프 파머와 린다 호스펠트는 '기반'(platform)을 "어떤 사람/팀이 그들의 대상 인구들에 접근하여 설 수 있도록 해주는 어떤 것"으로 정의한다. 몇몇 학자는 이러한 '기반'이라는 용어가 속임수와 같은 느낌을 주고 사역을 단순히 목적을 위한 수단으로 취급하는 의미를 가지기 때문에 적절하지 못하다는 의견을 피력한다. 하지만 이 '기반'은 그리스도인 전문가들이 현지 사람들과 상호 교류할 수 있는 기회들을 제공하고, 이를 통해 그들이 친밀한 관계와 기독교 신앙을 나누도록 해줄 수 있다는 것은 명확한 사실이다. 비록 어느 정도는 현지 사람들에게 의심을 받기도 하겠지만, 여러 사역의 '기반'을 통해 이루어지는 전문인 선교의 지성적이면서 위협적이지 않은 역할이 현지 공동체에 긍정적인 기여로 받아 들여진다. 창의적 접근 지역에서 표면적으로는 사업이나 전문적 직업을 사용하여 거주 비자나 노동 허가를 받고도 그에 맞는 적절한 사업이나 전문적인 일을 하지 않는 선교사들이 있다. 대신에 그들은 대부분의 시간을 이른바 영적 사역에 사용하는데, 이런 접근 방식은 그들이 섬기는 사람들에게 매일의 삶과 일 가운데 예수 그리스도를 따르는 것이 무엇을 의미하는지에 대한 좋은 간증이 되지 못한다. 더 나아가 이런 모습은 복음을 왜곡하고 현지 교회 안에 건강하지 못한 신학을 세우게 될 우려가 있다. 의료 선교는 이러한 '기반' 접근 방식에서 문제가 되는 이슈들을 잘 이해해야 한다. 개인 관계에서 신뢰성과 정직성이 생명이라는 믿음을 가지고 현지 공동체에 접근할 수 있도록 해준 전문적 의료 기술을 충실하게 사용하여 현지의 개개인과 공동체를 섬겨야 한다. '기반'이라는 용어를 사용하는 데 있어서의 문제점을 인식하지만, 여기서는 창의적 접근 국가들에 접근하는 다양한 방법 또는 형태를 기술하기 위해 이 용어를 계속 사용한다. Jeff Palmer and Lynda Hausfeld, "Compassion and Unreached People Groups," in *For the Love of God: Principles and Practice of Compassion in Missions* ed. Jerry M. Ircland (Eugene, OR: Wipf & Stock, Kindle Edition, 2017).

7   Robert H. Munson, "Changing Priorities and Practices in Christian Missions: Case Study of Medical Missions," https://www.slideshare.net/bmunson3/changing-priorities-in-christian-missions.

8   Jeff Palmer and Lynda Hausfeld, "Compassion and Unreached People Groups," in *For the Love of God: Principles and Practice of Compassion in Missions* ed. Jerry M. Ireland (Eugene, OR: Wipf & Stock, Kindle Edition, 2017), under "The Universal Compassion of God: The Strategic Perspective."

9   "The Theology of Medical Mission," *Rendle Short Lecture 2002*, https://www.cmf.org.uk/doctors/miscellaneous/working-overseas/rsl-2002-medical-mission.

10   존 윌킨슨는 교회 내 원조를 사도행전 24장 17절, 로마서15장 25-28절, 고린도전서 16장 1-2절, 고린도후서 8장 1절-9장 15절에 나타난 내용을 기초로 하고 있는데, 사도 바울이 어려움 가운데 있던 예루살렘 교회를 돕기 위해 소아시아와 그리스의 교회에 요청한 정황을 기초로 설명한다. "Making Men Whole: The Theology of Medical Missions", *The Maxwell Memorial Lecture for 1989* (London, UK: Christian Medical Fellowship, 1990), 12.

11   John Wilkinson, "Making Men Whole: The Theology of Medical Missions," *The Maxwell Memorial Lecture for 1989,* (London, UK: Christian Medical Fellowship, 1990), 11-12.

12   앞의 책, 12.

13   앞의 책, 11.

14   앞의 책, 14.

15   Rendle Short Lecture 2002, "The Theology of Medical Mission," Phases in Medical Missions 참조.

16   Min Chul Kim, "Missionary Medicine in a Changing World," *Evangelism and Missions Information Service (EMIS): MissionNexus,* https://missionexus.org/missionary-medicine-in-a-changing-world.

17   부엔팅은 아우구스티누스(Augustine, 주후 354-430)가 예수님이 이 세상에 오신 목적은 사람들의 빛의 영혼을 육체적 감옥으로부터 해방시키는 것이라고 기술한 것을 바탕으로 아우구스티누스를 삶이 성스러운(영적인) 것과 세속적인(육적인) 것으로 나누어질 수 있다는 이원론적 생각을 제안한 신학자라고 설명한다. 그녀는 이 이원론적 신앙관이 영적인 활동들과 연관된 모든 것은 성스러운 것으로, 그 외 다른

것들은 세속적인 것으로 간주하는 분리된 그리스도인들의 사고를 야기한다고 설명한다. 그리고 이에 대한 예도 직접 소개하는데, 벽돌공, 농부, 교사, 변호사, 작가, 예술가, 사업가 등보다 목사, 선교사, 수도사, 집사 등을 영적 직업으로 간주하여 더 많은 가치와 권위를 준다는 것이다. Debra Buenting, "Evangelicals and Social Action: YWAM's Adoption of Kingdom Mission, Thy Kingdom Come: Proceedings of the 2008 ISFM Conference, Part II", *International Journal of Frontier Missiology* 26:1 (Spring 2009): 15-19.

18 Debra Buenting, "Evangelicals and Social Action: YWAM's Adoption of Kingdom Mission, Thy Kingdom Come: Proceedings of the 2008 ISFM Conference, Part II," *International Journal of Frontier Missiology* 26:1 (Spring 2009): 15-19.

19 앞의 책.

20 DeYoung and Gilbert, 227-229 참조. 유인 상술은 다음과 같이 정의될 수 있다. (1) 낮은 가격의 상품을 광고하여 고객을 유인한 뒤 높은 가격의 상품을 사도록 하는 판매 전략 (2) (정치적 지지와 같은) 호의를 얻기 위해 어떤 원하는 것을 제공한 다음 바람직하지 않은 것으로 기대를 좌절시키는 모략. "Bait and Switch," in *Merriam-Webster Online Dictionary,* https://www.merriam-webster.com/dictionary/bait%20and%20switch.

21 앞의 책, 229.

22 Melanie McNeil, "Mission Paradigms: Is Discipleship Important?" in *Discipleship: Reclaiming Mission's Strategic Focus,* ed. Melanie McNeal (Kuala Lumpur: Grassroots Mission Publications, 2014), 74.

23 Paul Bendor-Samuel, "Discipleship: Center of Mission," in *Discipleship: Reclaiming Mission's Strategic Focus,* ed. Melanie McNeil (Kuala Lumpur, Malaysia: Grassroots Mission Publication, 2014), 98-99. 축소주의(reductionism)는 문제를 지나치게 단순화하여 문제가 실제로 얼마나 복잡한 지를 반영하지 않는 작은 부분으로 나누는 것으로 정의할 수 있다. "Reductionism," in *Vocabulary.com,* https://www.vocabulary.com/dictionary/reductionism.

24 Philip M. Steyne. *In Step with the God of the Nations* (Columbia, SC: Impact International Foundation), 1999.

25 베드로전서 2장 9절에 사도 바울은 그리스도인의 진정한 본성에 대해 설명하면서 하나님이 그들을 부르시는 목적을 "어두운 데서 불러내어 그의 기이한 빛에 들어가게 하신 이의 아름다운 덕을 선포하게 하려 하심"이라고 기록한다. 여기서 선포

한다(proclaim)로 번역된 단어의 헬라어 원문은 ἐξαγγέλλω(엑상겔로)로 복음 전파(선포) (Strong Concordance, 1804) 또는 찬양이나 선포를 통해 알리거나 어떤 사람의 행적을 높이고 축하한다(Thayer's Greek Lexicon)는 뜻도 가지고 있다. 제프 아놀드(Jeffrey Arnold)와 스테파니 블랙(Stephanie Black)은 복음 전파(evangelism)를 말과 행동을 통해 예수 그리스도의 좋은 소식을 다른 사람과 나누어 그들이 그리스도의 제자가 되도록 하는 의식적인 시도로 정의한다. Jeffrey Arnold and Stephanie Black, *The Big Book on Small Groups*, (Downers Grove, IL: InterVarsity Press, 1992) under "11 An Evangelizing Community, What is Evangelism?" 윌리엄 슈위어(William G. Schweer)는 복음 전파의 정의를 넓은 범위로 정리했는데, 그는 복음 전파의 총체적인 정의에 대해 강조한다. 복음 전파는 듣는 사람들이 하나님 나라의 복음에 대해 성령이 인도하시는 적절한 의사소통을 통해 듣고, 그 결과 예수 그리스도를 주님으로, 그리고 구원자로 받아들여 지상 교회의 책임 있는 구성원이 되도록 하는 것이다. 이러한 정의는 필수적으로 성령의 역사에 의존한다는 것을 강조하면서 복음을 실천하여 행하는 다양한 방법, 듣는 사람들에 대한 총체적 관심과 진정한 마음, 복음에 대한 실체적인 의사소통과 이해의 필요성, 그리고 회심자들을 위한 교회의 헌신적인 섬김과 관계의 필요성을 모두 포함한다. William G. Schweer, *Evangelismin Holman Illustrated Bible Dictionary* (Nashville, TN: Holman Bible Publishers, 2003), 519.

26 D. James Kennedy, *Led by the Carpenter: Finding God's Purpose for Your Life* (Nashville, TN: Thomas Nelson Publishers, 1999), 7.

27 DeYoung and Gilbert, 208-213 참조.

28 앞의 책, 208-213.

29 Kennedy, 8 참조.

30 로잔 세계 복음화 위원회(the Lausanne Committee for World Evangelization)와 세계 복음주의 연맹(the World Evangelical Fellowship)은 복음 전도와 사회적 책임의 관계를 다루는 국제 회의를 후원했다 (Grand Rapids, Michigan, June 19-25, 1982). 로잔 운동의 복음주의 위원회(LOP 21)는 복음 전도와 사회·문화적 명령의 세 가지 관계에 대해 설명한다. (1) 사회적 활동은 복음 전도로 나타나는 하나의 결과다 (2) 사회 활동은 복음 전파로의 연결 다리가 될 수 있다. (3) 사회 활동은 그 결과나 목표로서 복음 전도가 이루어지게 하는 것뿐만 아니라 그의 동료로 동반된다. 그러므로 복음 전도는 주된 사회적 의도를 가지고 있지 않을 때조차도 사회적 범위와 중요성을 가진다. 더불어 사회적 책임 역시 주된 복음 전도의 의도를 가지고 있지 않더라도 복음 전도의 중요성을 가진다는 사실을 분명히 인식해야 한다. Lausanne Movement, "Evangelism and Social Responsibility: An Evangelical Commitment"

(Lausanne Occasional Paper 21), https://www.lausanne.org/content/lop/lop-21. 이 두 명령(위임)의 동등한 통합이 진정한 샬롬을 경험하도록 해주는 복음의 총체성을 드러낼 수 있다. 이는 기독교 선교에 필수적이다.

31   DeYoung and Gilbert, 208-213 참조.

32   교회는 신약 시대 그 탄생에서부터 하나님의 선교의 근본적인 도구다. 랄프 윈터(Ralph Winter)는 하나님의 선교의 두 가지 구조로 교회와 선교 단체를 소개한다. 교회는 하나님의 선교를 수행하는 믿는 자들로 구성된 공동체이고 선교 단체는 교회의 한 구성이라는 정체성을 넘어 교회와 협력 관계를 가진 헌신된 선교사들의 모든 활동과 노력을 포함한다. 윈터는 하나님의 선교에 있어서 이 두 구조의 중요성을 분명하게 구별하고, 하나님의 선교를 이루어 나가는 데 상호간 존경심을 가지고 협력해야 한다는 것을 강조한다. Ralph Winter, "The Two Structures of God's Redemptive Mission," *Missiology: An International Review*, 2:1 (January, 1974): 121-139.

33   Lausanne Movement: Integral mission 참조.

34   Bendor-Samuel, "Holistic Ministry in an Islamic Context: Initial Reflections," 2-3 참조.

35   앞의 책.

36   Parshall, *Muslim Evangelism: Contemporary Approaches to Contextualization*, 102 참조.

37   Ireland, "A Missionary Theology of Compassion," under "Compassion, Community, and the Kingdom of God" 참조.

38   앞의 책, under "Compassion, Community, and the Kingdom of God: Justice and Righteousness."

39   Teague, 13-22 참조.

40   Teague, 19 참조.

41   Fred Sanders, "The Kingdom in Person," http://scriptoriumdaily.com/the-kingdom-in-person.

42   Ireland, under Chapter 1. "Introduction: Biblical Principles" 참조.

43   앞의 책, "The Local Church."

44   "Who was Edgar Cayce?" *Edgar Cayce's Association for Research and Enlightenment*, https://www.edgarcayce.org/edgar-cayce/his-life.

45 Jane D. Gumprecht, *Holistic Health: A Medical and Biblical Critique of New Age Deception* (Moscow, Idaho: Ransom Press, 1986), 1-5.

46 Chuanxin Wang, "Holistic Health Definition: The Essential Elements," http://www.amcollege.edu/blog/the-essential-elements-that-define-holistic-health.

47 Suzan Walter, "Holistic Health," https://ahha.org/selfhelp-articles/holistic-health.

48 Gumprecht, 223 참조.

49 Stanley J. Grenz and John R. Franke, *Beyond Fundamentalism: Shaping Theology in a Postmodern Context* (Louisville, KY: Westminster John Knox Press, 2001), 6-7.

50 C. Stephen Evans. "Liberation Theology," In *Pocket dictionary of apologetics & philosophy of religion* (Downers Grove, IL: InterVarsity Press, Logos ed., 2002) 참조.

51 Alan R. Johnson, "Missions and Compassion," in *For the Love of God: Principles and Practices of Compassion in Missions*, ed. Jerry M. Ireland (Eugene, OR: Wipf & Stock, Kindle Edition, 2017) under "Mission, Compassion and the Need for Integrated Practice."

52 Evans, "Liberation Theology" 참조.

53 Steve Corbett and Brian Fikkert, *When Helping Hurts: How to Alleviate Poverty without Hurting the Poor and Yourself* (Chicago, IL: Moody Publishers, 2012, 43-44). 크리스토퍼 에반스는 미국의 개신교 역사에서 복음주의와 자유주의 신학 진영을 통합하려고 했던 사회 복음 운동의 세 가지 특징을 다음과 같이 설명한다. (1) 독특한 자유주의적 통합에서 나온 사회적 이상주의 (2) 종교의 주된 목적이 체계적인 사회의 변화를 지지하는 것이라는 믿음 (3) 종교적, 문화적으로 다원적인 사회로서 미국의 비전을 이루고자 하는 동기. Christopher H. Evans, *The Social Gospel in American Religion: A History* (New York, NY: New York University Press, 2017), 2-3.

54 "Wheaton Declaration: The Congress on the Church's Worldwide Mission," in *International Review of Mission 55*, no. 220 (October 1966), 458-476.

55 "One Race, One Gospel, One Task," *The World Congress on Evangelism 1966*, http://www2.wheaton.edu/bgc/archives/berlin66.htm.

56 "The Legacy of the Lausanne Movement: The Beginnings of the Lausanne Movement," https://www.lausanne.org/our-legacy.

57 "The Lausanne Covenant," https://www.lausanne.org/content/covenant/lausanne-covenant.

58   Teague, 19-22 참조.

59   "Chicago Declaration of Evangelical Social Concern(1973)," http://www.evangelicalsforsocialaction.org/about-esa/history/chicago-declaration-of-evangelical-social-concern.

60   Ireland, under Introduction, "The Prioritism-Holism Debate: The Lausanne Movement" 참조.

61   The Lausanne Covenant: 5. Christian Social Responsibility, https://www.lausanne.org/content/covenant/lausanne-covenant.

62   Teague, 20 참조.

63   Ireland, under "Chapter 1. Introduction, The Prioritism-Holism Debate: The Lausanne Movement" 참조.

64   Stott 참조.

65   Rene Padilla, "Integral Mission and Its Historical Development," http://formacaoredefale.pbworks.com/f/Integral+Mission+and+its+Historical+Development_Ren%C3%A9+Padilla.do.

66   Lausanne Movement: Integral mission, https://www.lausanne.org/networks/issues/poverty-and-wealth.

67   "Declaration on Integral Mission," *Micah Network,* http://www.micahnetwork.org/sites/default/files/doc/page/mn_integral_mission_declaration_en.pdf.

68   J. Dudley Woodberry, *Muslims & Christians on the Emmaus Road: Crucial Issues in Witness among Muslims* (Monrovia, CA: MARC Publications, 1989), 301-302.

69   조지 리처는 맥도날드화라는 사회적 현상을 항상 같은 방식을 사용하여 원하는 결과물을 산출하기 위한 효율적이고 논리적인 일련의 방법들을 추구하는 합리화의 과정으로 기술한다. http://www.mcdonaldization.com/whatisit.shtml.

70   Jean Johnson, "Counterintuitive Missions in a McDonald's Age: Recovering the Apostolic, Incarnational Model to Integrating Gospel–As–Mission and Gospel–As–Deed, in *For the Love of God: Principles and Practice of Compassion in Missions,* ed. Jerry M. Ireland (Eugene, OR: Wipf & Stock, Kindle Edition, 2017 under "The McDonaldization of Missions."

71   Tetsunao Yamamori, "Christian Health Care and Holistic Mission," *Interna-*

tional Journal of Frontier Missions 18, no. 2 (Summer 2001): 98-103.

72   Alex Bunn and David Randall, "Health Benefits of Christian Faith," *CMF Files*, no. 44 (Easter, 2010), http://admin.cmf.org.uk/pdf/cmffiles/44_faith_benefits.pdf.

73   Johnson, under "The McDonaldization of Missions" 참조.

74   Mark A. Strand, "Medical Missions in Transition: Taking to Heart the Results of the PRISM Survey," *Christian Medical and Dental Association*, September, 2011, https://www.cmda.org/library/doclib/Prism-Survey-2011.pdf.

75   Michael C. Lazich, *Seeking Souls through the Eyes of the Blind: The Birth of the Medical Missionary Society in Nineteenth-Century China*, ed. David Hardiman, (NY, NY: Rodopi B.V., 2006), 75.

76   앞의 책, 75.

77   John Greenall, "What is the Future of Medical Mission?" *Nucleus* 46, no. 2 (May 2016), http://admin.cmf.org.uk/pdf/nucleus/spr16/spr16.pdf.

78   앞의 글.

79   "Community Health Evangelism (CHE)," *CHE Network*, https://www.chenetwork.org/what.php.

80   "Community Health Evangelism (CHE)," *Medical Ambassadors International*, https://www.medicalambassadors.org.

81   Suzanne Hurst, "Best Practices in Compassionate Mission," in *For the Love of God: Principles and Practices of Compassion in Missions*, ed. Jerry M. Ireland (Eugene, OR: Wipf & Stock, Kindle, 2017), under "Development."

82   Greg Livingstone, *Planting Churches in Muslim Cities: A Team Approach* (Grand Rapids, MI: Baker Book House Co., 1993), 73.

83   앞의 책, 139.

84   Teague, 23 참조.

85   Parshall, *Muslim Evangelism: Contemporary Approaches to Contextualization*, 111 참조.

86   Livingstone, 139 참조.

87   Nabeel Qureshi, *No God But One: Allah or Jesus?* (Grand Rapids, MI: Zonder-

van, 2016). 「누가 진짜 하나님인가? 알라인가, 예수인가?」, 새물결플러스.

88　McNeil, 48-97 참조.

89　Johnson, under "Problems with Compartmentalized Compassion Approaches" 참조.

90　앞의 책.

91　앞의 책.

92　앞의 책, under "Conclusion".

93　Livingstone, 94 참조.

94　앞의 책, 95.

95　Ireland, under "Chapter 2. A Missionary Theology of Compassion, The Kingdom of God and Discipleship" 참조.

96　Hurst, under "Development" 참조.

97　Corbett and Fikkert, 155 참조.

98　Ireland, under "Chapter 2. A Missionary Theology of Compassion, The Kingdom of God and Discipleship" 참조.

99　Corbett and Fikkert, 99-100 참조.

100　"Urban CHE Overview: Community Health Evangelism," *Medical Ambassadors International*, http://www.medicalambassadors.org/wp-content/uploads/2016/01/Urban-CHE-Overview-09-2013. pdf, 4.

101　앞의 글, 101.

102　Darrow L. Miller, *Discipling Nations: The Power of Truth to Transform Cultures* (Seattle, WA: YWAM Publishing, 2001), 34.

103　앞의 책, 177.

104　앞의 책, 232.

105　Corbett and Fikkert, 54-59 참조. 코베트와 피커트는 각 사람에 대한 4가지 근본적인 관계를 브라이언트 마이어즈(Bryant L. Myers)의 책, *Walking with the Poor: Principles and Practices of Transformational Development*([Maryknoll, NY: Orbis Books, 1999], 27.)에서 참고하였다.

106 Corbett and Fikkert, 74 참조.

107 앞의 책, 77.

108 JoAnn Butrin and A. Chadwick Thornhill, "Defining Poverty and Need," in *For the Love of God: Principles and Practices of Compassion in Missions,* ed. Jerry M. Ireland (Eugene, OR: Wipf & Stock, Kindle, 2017), under "Defining Poverty."

109 앞의 책.

110 Ireland, under "Chapter 1. Introduction, Development" 참조.

111 Corbett and Fikkert, 109 참조.

112 Johnson, under "Indigenous Principles and the Work of Cross-Cultural Mission" 참조.

113 Francis P. Jones, "The Christian Church in Communist China," *Far Eastern Survey* 24, no. 12 (December, 1955) https://www.jstor.org/stable/3023787?seq=1, 186. 삼자 원칙은 세 명의 개신교 선교사, 헨리 벤, 루퍼스 앤더슨, 존 네비우스에 의해 발전되었다. 이 원칙의 근본적 개념은 모든 현지 지역 교회와 사역은 유럽이나 북미에 있는 모교회에서 빠른 시간 안에 독립해야 한다는 것이다. 또한 모든 외국계 선교 단체들은 자치(self-governing), 자립(self-supporting), 자전(self-extending 또는 self-propagation)의 구조로 현지 지역 교회와 사역을 세워 모든 운영을 현지 지역 리더들에게 넘겨야 한다고 주장한다. 이 원칙은 현지 교회가 성장할 수 있는 중요한 활력이 되었는데, 장로교 선교사인 네비우스는 중국과 한국에서 이 원칙의 의미 있는 성공을 볼 수 있었다. "Three-Self Principles" in *Encyclopedia of Protestantism,* http://protestantism.enacademic.com/594/three-self_principles.

114 Three Self Church: China's Three Self Church, http://www.billionbibles.com/china/three-self-church.html: "Three Self Churches are the 57,000+ churches in China that belong to the Chinese Communist Party-controlled Three Self Patriotic Movement (TSPM)."

115 Hark Yoo Kim, "What Sort of Relationship Does the Sending Church Want with the Receiving Church?" in *Church and Mission: Partnership in Mutual Dependence,* ed. by John Stringer (Groningen, Netherlands: Grassroots Mission Publications, 2011), 83-84.

116 Johnson, under "Indigenous Principles and the Work of Cross-Cultural Mission" 참조.

117   Corbett and Fikkert, 119-120 참조.

118   앞의 책, 120.

119   Ireland, under "Introduction: Development" 참조.

120   앞의 책.

121   앞의 책, 120-121.

122   DeYoung and Gilbert, 238 참조.

4장. 아랍 세계의 기독교 의료 선교, 어떻게 샬롬을 이룰 것인가

1   Timothy C. Tennent, *Invitation to World Missions: A Trinitarian Missiology for the Twenty-first Century* (Grand Rapids, MI: Kregel Publications, 2010), 18-52.

2   글로벌 노스(Global North)와 글로벌 사우스(Global South)는 선진국(developed countries)과 후진국(underdeveloped countries)을 지칭할 때 부르는 조금 더 나은 명칭이다. 이는 1960년대 후반에 칼 오글레스비(Carl Oglesby)가 사용하기 시작하여, 최근 더 광범위하게 사용되고 있다. 레무엘 에케데그와 오데(Lemuel Ekedegwa Odeh)는 이 두 경제적 세계를 분석하여 두 명칭의 개념을 정리하면서 이 두 그룹으로 나라들을 구별하는 네 가지 광범위한 지표를 소개했다. 글로벌 노스는 정치적으로 안정되어 있고, 기술적으로 발전되어 있으며, 경제적으로 부유하고, 인구 성장이 거의 없는 특징을 가지고 있다. 반면, 글로벌 사우스는 이러한 특징들과는 정반대의 모습을 보여 준다. Lemuel Ekedegwa Odeh, "A Comparative Analysis of Global North and Global South Economies," *Journal of Sustainable Development in Africa* 12 no. 3 (2010): 338-340.

3   Strand, 4 참조.

4   Min Chul Kim 참조.

5   Ruth Maclean, "Crisis Engulfs Gabon Hospital Founded to Atone for Colonial Crimes: Institution Launched by Novel Prize Winner Dr. Albert Schweitzer on Brink of Closure as Funding Woes and Racism Dispute Take Toll," in *The Guardian, International Edition,* September 7, 2016, https://www.theguardian.com/world/2016/sep/07/gabon-hospital-albert-schweitzer-atone-colonial-crimes-funding-racism-allegations (2018년 1월 30일에 접속함).

6   앞의 글.

7   "Sustainable Development Goals," *The United Nations,* https://sustainabledevelopment.un.org/?menu=1300.

8   "Millennium Development Goals," *The United Nations,* http://www.undp.org/content/undp/en/home/sdgoverview/mdg_goals.html.

9   "Sustainable Development, Knowledge Platform: Multi-stakeholder partnerships and voluntary commitments The United Nations," *The United Nations,* https://sustainabledevelopment.un.org/sdinaction.

10   크리스토퍼 플란더스(Christopher L. Flanders)는 죄의식에 바탕한 문화와 명예-수치에 바탕한 문화로 구별되는 문화적 기준(경향)을 비교하였다. 비록 개인적인 다양성이 분명히 존재하고, 서로 연관되거나 동반되지 않고 순수하게 죄의식 바탕의 문화 또는 명예-수치 바탕의 문화는 없지만, 문화는 한쪽으로 치우치는 경향이 있다는 것을 고려할 때 서양 문화는 죄의식에 더 기초한 문화라고 할 수 있고, 반면에 동양 문화는 명예-수치에 더 중점을 둔 문화라고 볼 수 있다. 플란더스는 죄의식(guilt)을 자기 스스로에 대한 책망이나 후회, 자책 또는 사람들이 스스로 한 일에 대해 느끼는 양심의 가책 등과 같은 느낌이라고 설명하고, 이는 그들 자신이 내적으로 가지고 있는 도덕적인 기준, 즉 개인적인 양심과 더 깊은 연관을 가지고 있다고 말했다. 반면에 수치(shame)는 순수하게 사적인 문제로 여겨지며, 자기 자신이 원하는 어떤 목표를 달성하지 못했을 때 느끼는 감정으로 다른 사람들이 그것에 대해 어떻게 생각하는지에 대한 것과 더 깊이 연관되어 있다고 말했다. Christopher L. Flanders, *About Face: Rethinking Face for 21st Century Mission* (Eugene, OR: PICKWICK Publications, 2011), 58-64. 히버트는 죄의식을 사람들이 스스로 가지고 있는 도덕적 절대적 기준과 내적 양심을 어겼을 때 느끼는 감정으로 정의하고, 수치를 다른 사람들의 비난에 대한 반응, 즉 다른 사람들이 그들에게 가지는 의무와 기대만큼 살지 못한 것에 대한 즉각적이고 개인적인 원통한 감정으로 정의한다. Paul G. Hiebert, *Anthropological Insights for Missionaries* (Grand Rapids, MI: Baker books, 1985), 212-213.

11   Johnson, under "The McDonaldization of Missions" 참조.

12   Kim, *Missionary Medicine in a Changing World: Lessons from Missionary Medicine in South Korea* 참조.

13   Inchley 참조.

14   Hurst, under "Best Practice" 참조.

15   Nasser Yassin, *101 Facts & Figures on the Syrian Refugee Crisis,* Issam Fares Institute for Public Policy and International Affairs: American University of Beirut

(Beirut, 2018), 9.

16 UNHCR: Figures at a Glance, http://www.unhcr.org/figures-at-a-glance.html (2020년 10월 2일에 접속함).

17 UNHCR: Syria Regional Refugee Response, Operational Portal: Refugee Situations, https://data2.unhcr.org/en/situations/syria (2020년 10월 2일에 접속함).

18 UNHCR: Syria, Internally Displaced People, http://www.unhcr.org/sy/29-internally-displaced-people.html (2020년 10월 2일에 접속함).

19 Yassin, 68 참조.

20 "Lebanon," *World Council of Churches,* https://www.oikoumene.org/en/member-churches/middle-east/lebanon (2020년 10월 2일에 접속함).

21 엘피스(Elpis)는 헬라어(ἐλπίς)로 소망을 뜻한다. HOME은 Health Outreach to the Middle East의 줄임말로 엘피스 홈 클리닉은 중동 지역에 의료 사역과 교육을 베풀어 사람들의 육체적이고 영적인 치유를 제공하는 초교파 기독교 단체다(http://www.homeforhim.org).

22 UNHCR: Syria Regional Refugee Response: Inter-Agency Information Sharing Portal, http://data.unhcr.org/syrianrefugees/country.php?id=122 (2020년 10월 2일에 접속함).

23 Corbett and Fikkert, 151 참조.

24 앞의 책, 155.

25 Gorske, 7-16 참조. 여기에 드러난 33가지는 환자들에 대한 정보 및 적절한 의료 기록의 부족, 환자들의 병력을 인지할 충분한 시간의 부족, 신뢰할 만한 임상 병리적 검사의 부족, 의료 장비나 시설의 부족, 현지 언어, 문화, 현지 법률에 대한 이해 부족으로 적절한 의사소통이 어렵다는 이유들을 포함한다.

26 Corbett and Fikkert, 158 참조.

27 Jennifer Bido, et al., "Sustainability Assessment of a Short-Term International Medical Mission," *The Journal of Bone and Joint Surgery,* 97, no.11 (June 2015): 944-949, https://www.ncbi.nlm.nih.gov/pmc/articles/PMC4449340.

28 앞의 글, Result.

29 Glenn Schwartz, "Short-Term Medical Missions: A Summary of Experiences." *Latin American Theology* 2, no. 2 (2006), 27-34.

30 Melissa K. Melby, et al., "Beyond Medical 'Missions' to Impact-Driven Short-

Term Experiences in Global Health (STEGHs): Ethical Principles to Optimize Community Benefit and Learner Experience." *Academic Medicine* 1-6, https://www.nafsa.org/_/File/_/2016colloquia/2016_health_missions.pdf, 1-6.

31 Robert H. Munson, "Healthy Medical Missions: Principles for the Church's Role in Effective Community Outreach in the Philippines." 이 문서는 다음 논문에 나타난 몇몇 주장에 기초하여 쓰여졌다. "Strategic Use of Medical Mission Events in Long-Term Medical Mission Events in Long-Term Local Church Outreach: A Consultant-style Framework for Medical Mission Practitioners in the Ilocos Region, Philippines" (*Asia Baptist Graduate Theological Seminary*, 2012).

32 앞의 글.

33 "TB Treatment – TB cure, how is TB cured, TB drugs, treatment duration," *TBFACTS.ORG: Information about Tuberculosis*, https://www.tbfacts.org/tb-treatment.

34 Corbett and Fikkert, 208 참조.

35 Greg Livingstone, *Planting Churches in Muslim Cities: A Team Approach* (Grand Rapids, MI: Baker Book House Co., 1993), 203.

36 Johnson, under "What Integration Looks Like: Illustrating Integration in Three Common Missions Scenarios" 참조.

37 Phil Bourne, "The Hand cannot say to the Eye: 'I have no need of You': The Importance of the Local Church," in *Ministry of Reconciliation*, ed. John Stringer (Bangalore, India: Grassroots Mission Publications, 2009), 199-201.

38 앞의 책, 203.

39 Bendor-Samuel, *Discipleship: Center of Mission*, 112 참조.

40 Ireland, under "The Kingdom, Mission, and the Local Church" 참조.

41 앞의 책, 834.

42 John Stringer, "Two for a Tango: The Delicate Relationship Between Church and Mission," in *Church and Mission: Partnership in Mutual Dependence*, ed. John Stringer (Groningen, Netherlands: Grassroots Mission Publications, 2011), 19.

43 앞의 책, 20.

44 Corbett and Fikkert, 136 참조.

45 Johnson, under "Implications of Indigenous Principles" 참조.

46 Alan R. Johnson, under "Implications of Indigenous Principles" 참조.

47 CAR은 중앙아시아 지역(Central Asia Region)의 약자다.

48 Luke S. Moon, "Cases of Comprehensive Disciple-Making (Discipling) in the Workplace of CAR Muslim Context," in *Discipleship: Reclaiming Mission's Strategic Focus*, ed. Melanie McNeal, (Kuala Lumpur, Malaysia: Grassroots Mission Publication, 2014), 192-207.

49 앞의 책, 200-207.

50 앞의 책.

51 Strand, 32 참조.

52 Corbett and Fikkert, 223-232 참조.

53 앞의 책.

54 Hurst, under "Best Practice: Sustainable" 참조.

55 Duane Elmer, *Cross-Cultural Connections: Stepping Out and Fitting in Around the World* (Downers Grove, IL: InterVarsity Press, 2002), 98.

56 Corbett and Fikkert, 216-218 참조. "The Continuum of Receptivity to Change"는 Lysa Srinivasan, *Tools for Community Participation, A Manual for Training Trainers in Participatory Techniques* (Washington, DC: PROWWNESS/UNDP, 1990), 161에서 인용하였다.

57 Bendor-Samuel, "Discipleship: Center of Mission," 105 참조.

나가는 말

1 여호화 라파는 치료하시는 하나님(The Lord that healeth [출 15:26])이라는 뜻이다. 본문의 문맥에서 보면 육체적인 치유를 말하고 있지만 영혼의 병에 대한 깊은 치유의 의미를 가진다. C. I. Scofield, ed., *The Scofield Reference Bible: The Holy Bible Containing the Old and New Testaments* (New York, NY: Oxford University Press, Logos Edition, 1917), under "The Old Testament, The Pentateuch, The First Book of Moses Called Genesis, Chapter 2."

샬롬, 이 세상을 향한 하나님의 열정

초판 발행	2020년 10월 20일
지은이	이대영
발행인	김수억
발행처	죠이선교회(등록 1980. 3. 8. 제5-75호)
주소	02576 서울시 동대문구 왕산로19바길 33
전화	(출판부) 925-0451
	(죠이선교회 본부, 학원사역부, 해외사역부) 929-3652
	(전문사역부) 921-0691
팩스	(02) 923-3016
인쇄소	영진문원
판권소유	ⓒ죠이선교회
ISBN	978-89-421-0452-9 03230

책값은 뒤표지에 있습니다.
잘못된 도서는 교환하여 드립니다.
이 책 내용을 허락 없이 옮겨 사용할 수 없습니다.

이 도서의 국립중앙도서관 출판예정도서목록(CIP)은 서지정보유통지원시스템 홈페이지
(http://seoji.nl.go.kr)와 국가자료공동목록시스템(http://www.nl.go.kr/kolisnet)에서
이용하실 수 있습니다. (CIP제어번호: CIP2020040542)